STARK

2023

Training

mit Original-Prüfungen

Hauptschule Niedersachsen

Deutsch 9./10. Klasse

STARK

18. ergänzte Auflage
www.stark-verlag.de

Inhalt

Über den QR-Code kannst du **Lernvideos** zu wichtigen Rechtschreibregeln abrufen.

B Original-Prüfungsaufgaben

Abschlussprüfung 2018 – Klasse 9

Audiodateien

Über die Plattform *MyStark* gelangst du zu allen **Audiodateien**. Nutze dafür den vorne im Buch abgedruckten Link und deinen persönlichen Zugangscode.

Hinweis: Die MP3-Dateien kannst du ebenfalls über die Plattform MyStark abrufen.

Lernvideos

Wenn du den QR-Code mit deinem Smartphone oder Tablet scannst, kannst du Lernvideos abrufen, die dir wichtige Rechtschreibregeln erläutern.

Im Hinblick auf eine eventuelle Begrenzung des Datenvolumens wird empfohlen, dass du dich beim Ansehen der Videos im WLAN befindest. Hast du keine Möglichkeit, den QR-Code zu scannen, findest du die Lernvideos auch unter:

http://qrcode.stark-verlag.de/rechtschreibung-deutsch

Themen der Videos:

- Großschreibung
- Nominalisierung
- Kommaregeln bei Haupt- und Nebensätzen
- Kommasetzung bei Infinitivgruppen
- Rechtschreibstrategien

Autorin: Marion von der Kammer (Training)

Interaktives Training

Dieses Buch enthält ein ActiveBook, mit dem du interaktiv üben kannst. Genauere Informationen dazu stehen auf den Farbseiten vorne im Buch. Zum ActiveBook gelangst du über die Online-Plattform *MyStark*. Nutze dafür den **Link** und deinen persönlichen **Zugangscode** auf den Farbseiten.

Hier findest du das Inhaltsverzeichnis zum ActiveBook. Die **Symbole** am Rand siehst du auch auf anderen Seiten im Buch. Sie zeigen dir, zu welchen Kompetenzbereichen es im ActiveBook **zusätzliche interaktive Aufgaben** gibt.

Inhalt ActiveBook

Interaktive Aufgaben
Aufgaben mit Tipps, Feedback und sofortiger Auswertung zu allen Bereichen der Prüfung:

Hauptteil I

1 Hörverstehen

Hauptteil II

2 Basisteil

Wahlteile

3 Wahlteil A: Informierend-argumentierender Text
4 Wahlteil B: Innerer Monolog

Aufsatzhilfe

5 Rechtschreibung und Zeichensetzung
6 Ausdruck und Stil

Flashcards
Interaktive Lernkarten zu wichtigen Fragen und Fehlerschwerpunkten

Digitales Glossar
Einfaches und schnelles Nachschlagen von Fachbegriffen, wie z. B. Textsorten, Stilmittel, Grammatikwissen

Lernvideos
Fünf Lernvideos mit verständlichen Erläuterungen wichtiger Rechtschreibregeln

Vorwort

Liebe Schülerin, lieber Schüler,

mit diesem Buch kannst du dich selbstständig und effektiv auf die zentralen **Abschlussprüfungen** im Fach **Deutsch** in **Klasse 9** und **Klasse 10** vorbereiten. Wenn du die einzelnen Kapitel gründlich durcharbeitest, bist du für alle Anforderungen der Prüfung gut gerüstet.

- Anhand der folgenden **zehn Fragen und Antworten** kannst du dir zuerst einmal einen Überblick über den Ablauf und die Besonderheiten der Prüfung verschaffen. Sollten nach Erscheinen dieses Buches noch wichtige Änderungen zu den **Abschlussprüfungen 2023** bekannt gegeben werden, findest du aktuelle Informationen dazu im Internet auf der Plattform *MyStark*: www.stark-verlag.de/mystark
- Im **Training Grundwissen** werden alle wichtigen **Kompetenzbereiche** ausführlich wiederholt und anhand zahlreicher **Übungen** gefestigt. Einprägsame **Tipps**, zahlreiche **Hinweise** sowie Übersichten, in denen alles **auf einen Blick** zusammengefasst wird, helfen dir, deine Fähigkeiten gezielt auf Prüfungsniveau zu trainieren. Du erfährst, wie die einzelnen Aufgaben aussehen können und wie du sie **Schritt für Schritt** bearbeitest.
- Mit den **Original-Prüfungsaufgaben** kannst du dich gezielt auf die Prüfung vorbereiten. Sie enthalten alle **prüfungsrelevanten Aufgabentypen** und zeigen dir genau, was dich erwartet. Am besten führst du zu Hause schon einmal eine „eigene" Prüfung durch. So lernst du, dir die Prüfungszeit sinnvoll einzuteilen.
- Auf *MyStark* stehen außerdem alle **digitalen Inhalte** zum Buch bereit. Den Link zur Online-Plattform und deinen Zugangscode siehst du ganz vorne im Buch. Du findest auf *MyStark* die **Audiodateien** zum Üben des Hörverstehens sowie die **Prüfungsaufgaben aus dem Jahr 2022**. Auch das **ActiveBook** mit zusätzlichen **interaktiven Aufgaben** fürs Lernen am Computer oder Tablet kannst du dort abrufen. Außerdem stehen dir auf *MyStark* **Lernvideos** zur Verfügung, die kurz und verständlich wichtige **Rechtschreibregeln** erklären.
- Zu diesem Buch ist ein separates **Lösungsbuch** (Titelnummer C03340L) erhältlich. Dort findest du zu allen Trainings-, Übungs- und Prüfungsaufgaben **ausführliche Lösungsvorschläge** mit hilfreichen Hinweisen und Tipps zur selbstständigen Bearbeitung.

Viel Spaß beim Üben und vor allem viel Erfolg in der Prüfung wünschen dir die Autorin und der Verlag!

Die Abschlussprüfung – 10 wichtige Fragen und Antworten

1 Die Abschlussprüfung im Fach Deutsch ist eine **schriftliche Prüfung**, die aus **drei Teilen** besteht:

Was wird im Fach Deutsch geprüft?

- Die Prüfung beginnt mit dem Aufgabenteil zum **Hörverstehen (Hauptteil 1)**. Dabei wird dir ein Hörtext zweimal vorgelesen bzw. vorgespielt und du musst einige Fragen dazu beantworten.
- Danach folgt der **Hauptteil 2 (Basisteil)** zu einem thematischen Schwerpunkt. Es werden mehrere **Sachtexte** und/oder **literarische Texte** bereitgestellt, zu denen du einzelne Aufgaben bearbeiten sollst. Die Materialien können auch **nichtlineare Anteile** wie z. B. Grafiken, Tabellen, Bilder, Karikaturen usw. enthalten.
- Am Ende bearbeitest du einen **Wahlteil** zum Thema: Hierbei kannst du zwischen zwei **Schreibaufträgen** auswählen, z. B. zwischen einer Erörterung oder einer Erlebniserzählung.

2 Es gibt drei unterschiedliche Arten von Aufgaben: geschlossene, halboffene und offene Aufgaben:

Welche Aufgaben gibt es?

- **Geschlossene Aufgaben** sind so gestellt, dass es für die Antworten so gut wie keinen Spielraum gibt, weil nur jeweils eine Lösung möglich ist. Hier musst du in der Regel nur ein Kreuz setzen oder Stichworte schreiben.
- Bei **halboffenen Aufgaben** geht es darum, dass du einzelne Fragen mit eigenen Worten kurz und treffend beantwortest. Wenn nicht ausdrücklich gesagt wird, dass Stichworte genügen, musst du stets vollständige Sätze schreiben.
- **Offene Aufgaben** sind Fragen zu einem Text, auf die du ausführliche Antworten geben musst. Es wird von dir verlangt, dass du einen kompletten Aufsatz schreibst, z. B. eine Stellungnahme.

3 Die Abschlussprüfungen der **9. und 10. Klasse sind gleich aufgebaut**. In jeder Prüfung wird zunächst das Hörverstehen geprüft. Danach folgt der Hauptteil 2, der die Textgrundlage für den Wahlteil liefert. In erster Linie ist das **Anforderungsniveau** in der 10. Klasse etwas höher als in Klasse 9: Es gibt mehr/längere Texte und mehr Aufgaben, die auch schwieriger zu bearbeiten sind. Dafür ist die Bearbeitungszeit um 60 Minuten länger.

Ist die Prüfung in der 9. Klasse anders als in der 10. Klasse?

4 Bevor die eigentliche Prüfung beginnt, bekommst du **15 Minuten** Zeit, um dich für eine der beiden Aufgaben aus dem **Wahlteil** zu entscheiden. Die Aufgabe, die du nicht bearbeiten willst, streichst du durch. In **Klasse 9** hast du anschließend **120 Minuten** Zeit zur Bearbeitung aller Prüfungsteile, in **Klasse 10** sind es **180 Minuten**. Die Bearbeitungszeit beginnt mit dem zweimaligen Vorlesen bzw. Abspielen des Hörtextes.

Wie läuft die Prüfung ab?

Wie gehst du im Hauptteil 2 am besten vor?

5 Lies die Texte im Hauptteil 2 (Basisteil) genau durch und stelle dabei **Überlegungen** zu den einzelnen Aufgaben an. Markiere beim Lesen wichtige Textstellen und schreibe Kommentare an den Rand. Am besten legst du dir ein Extrablatt bereit, damit du schon ein paar **Stichworte** notieren kannst. Danach bearbeitest du der Reihe nach die einzelnen Aufgaben.

Ist die Reihenfolge der Aufgaben festgelegt?

6 Ja! Das kannst du schon an der Anordnung der Aufgaben erkennen. Natürlich ist es nicht verboten, beispielsweise Aufgabe 3 vor Aufgabe 1 oder 2 zu lösen. Es empfiehlt sich aber doch, die **vorgegebene Reihenfolge** einzuhalten. Die ersten Aufgaben bereiten dich nämlich auf den Aufsatz vor, den du zum Schluss schreiben sollst, und wenn du sie sorgfältig bearbeitet hast, fällt dir das Schreiben des Textes nachher leichter.

Welche Hilfsmittel sind erlaubt?

7 Du darfst ein **Wörterbuch** benutzen. Es hilft dir, wenn du nicht genau weißt, wie ein Wort geschrieben wird oder welche Bedeutung ein Wort hat.

Wird auch die Rechtschreibung gewertet?

8 Ja! Natürlich solltest du deine Texte möglichst fehlerfrei schreiben. Das betrifft sowohl die **richtige Schreibung** der Wörter als auch die **Zeichensetzung**. Die Sprachrichtigkeit spielt ebenfalls eine Rolle bei der Benotung, d. h., du musst dich unbedingt darum bemühen, **grammatisch** richtige Sätze zu schreiben. Für die Bewertung der sprachlichen Korrektheit (Rechtschreibung, Zeichensetzung, Grammatik) wird ausgerechnet, was für ein Fehlerquotient bei dir vorliegt. Das bedeutet: Es wird berechnet, wie viele Fehler du, bezogen auf 100 Wörter, gemacht hast.

Welche Rolle spielt die äußere Form?

9 Genau genommen geht es natürlich hauptsächlich um den Inhalt deiner Aufsätze und Antworten sowie um die Korrektheit deiner Sätze. Wenn du allerdings keinen ausreichenden **Korrekturrand** lässt, unleserlich schreibst und ständig Wörter durchstreichst, macht das natürlich keinen guten Eindruck. Das heißt aber nicht, dass du notwendige Korrekturen unterlassen sollst, nur damit deine Lösung sauber aussieht. Im Zweifel streichst du also besser einmal einen Satz durch und schreibst ihn neu. Aber verwende beim Durchstreichen ein **Lineal**.

Wie kannst du dich auf die zentrale Prüfung vorbereiten?

10 Beginne deine Vorbereitung möglichst **frühzeitig**. Mit dem vorliegenden Buch kannst du deine sprachlichen Fertigkeiten im Fach Deutsch schon **ab Klasse 8** gezielt trainieren und somit selbstständig und effektiv auf **Klassenarbeiten** und die **Abschlussprüfungen** in **Klasse 9** und **Klasse 10** hinarbeiten. Wenn du dieses Buch durchgearbeitet hast, bist du bestimmt sehr gut vorbereitet! Allerdings genügt es nicht, die einzelnen Kapitel möglichst rasch zu überfliegen. Du solltest richtig **aktiv** mit diesem Buch arbeiten.

Training Grundwissen

Lesekompetenz

Was muss man können? Was wird geprüft?

Für eine gute Lesekompetenz musst du natürlich zunächst das reine Handwerk des Lesens beherrschen. Du sollst also Buchstaben erlesen und sie zu Wörtern zusammenfügen können. Aber das allein genügt nicht: Es ist ebenfalls deine Aufgabe, den **Sinn von Textaussagen** zu entschlüsseln.

In der Prüfung sollst du vor allem zeigen, dass du diese drei Teilkompetenzen beherrschst:

- **Bedeutungen zuordnen:** Du sollst Wörtern aus dem Text die passenden Bedeutungen zuordnen. Die Bedeutung eines Wortes ist allerdings nicht immer eindeutig. Das gilt insbesondere für Wörter, die gleich lauten oder geschrieben werden, aber unterschiedliche Bedeutungen haben. Wenn dir die Bedeutung eines Wortes nicht auf Anhieb klar ist, versuchst du sie am besten aus dem Textzusammenhang zu erschließen.
  Beispiel: Ob mit dem Wort „Schloss" ein Palast oder ein Türverschluss gemeint ist, ergibt sich aus dem Textzusammenhang.

- **Zusammenhänge herstellen:** Du sollst erkennen, worauf sich einzelne Formulierungen beziehen. Jeder Text befasst sich mit einem bestimmten Thema. Deshalb ist es selbstverständlich, dass immer wieder von den gleichen Personen oder Dingen die Rede ist. Diese werden aber nicht immer mit den gleichen Wörtern bezeichnet.
  Beispiel: Ein und dieselbe Person kann im Text mit verschiedenen Wörtern bezeichnet sein, z. B.: „Stefan" – „der Jugendliche" – „der Schüler" – „der Faulpelz" …

- **Textaussagen mit eigenem Wissen verbinden:** Du sollst Textaussagen mit eigenen Vorstellungen verbinden und richtig deuten. Das heißt, du musst beim Lesen auch eigenes Wissen und eigene Erfahrungen mit einbringen, um die volle Bedeutung einer Textstelle zu erschließen. Frage dich: *Woher kenne ich das? Was bedeutet das?*
  Beispiel: Die Bedeutung der Aussage „Stefan verließ die Schule ohne Schulabschluss" kannst du nur dann richtig verstehen, wenn du weißt, dass man ohne Schulabschluss nur wenig Chancen auf einen Ausbildungsplatz hat.

Tipp

Im Zweifel geht es um das, was im Text steht. Du darfst also **keine Vermutungen** anstellen. Frage dich immer: *Wo steht das im Text?*

1 Den Leseprozess steuern

Wenn du glaubst, es würde genügen, einen Text nur einmal zu lesen, um ihn wirklich zu verstehen, irrst du dich! Für ein genaues Textverständnis sind auf jeden Fall (mindestens) **zwei Lesedurchgänge** notwendig:

Schritt für Schritt

Texte richtig lesen

Arbeitsschritt 1 **Überfliegendes, rasches Lesen:**
Verschaffe dir einen ersten Eindruck vom Inhalt des Textes. Frage dich:

- *Um was für eine Textsorte handelt es sich?*
  (vgl. Textsortenüberblick S. 19 und S. 33/34)
- *Welches Thema wird behandelt?*
- *Was für ein Inhalt wird dargestellt?*

Arbeitsschritt 2 **Genaues Lesen und Markieren bedeutsamer Textstellen:**
Nimm Satz für Satz zur Kenntnis und achte dabei auch auf wichtige Einzelheiten. Markiere alle Textstellen, die dir bedeutsam erscheinen, und notiere am Rand Stichworte dazu. Wenn du anschließend die Aufgaben zum Text löst, findest du schnell die Textstellen, die dir Auskunft über die gesuchten Lösungen geben.

Hinweis: Achte beim Lesen auch darauf, ob du den Text in **Sinnabschnitte** einteilen kannst. Ein Sinnabschnitt besteht aus einer Gruppe von Textaussagen, die sich alle mit einem bestimmten (Unter-)Thema befassen. Oft – aber nicht immer – entspricht ein Sinnabschnitt einem Absatz im Text. Es gibt in einem Text keine festgelegte Anzahl von Sinnabschnitten. Deshalb hast du beim Untergliedern eines Textes in Sinnabschnitte gewisse Freiheiten.

Tipp

Solltest du auch beim zweimaligen Lesen feststellen, dass du die eine oder andere **Textstelle nicht** oder nicht genau genug **verstanden** hast, markierst du sie mit **?**. Nach dem zweiten Lesedurchgang nimmst du solche Textstellen und deren Umfeld noch einmal gründlich in den Blick, um deine Verständnisprobleme zu lösen. Meist gelingt dir das dann doch!

Übung 1

Lies den folgenden Text zweimal, wie in „Schritt für Schritt" beschrieben, und bearbeite dann die Aufgaben.

Die Azubi-Lücke wird zur Gefahr für die deutsche Wirtschaft

Die Not macht erfinderisch. Weil viele Unternehmen akute Nachwuchssorgen haben und überall in Deutschland Lehrlinge fehlen, legen sich die Arbeitgeber mächtig ins Zeug: In Stuttgart lud die Industrie- und Handelskammer (IHK) kürzlich zum „Azubi-Speed-Dating" ein, um Schulabgänger und Betriebe zusammenzubringen. In Hessen gibt es neuerdings eine „AzubiCard", die Lehrlingen etliche finanzielle Vergünstigungen verspricht. Und in Ostdeutschland werben Wirtschaftsvertreter offensiv um junge Leute aus dem Nachbarland Polen.

Noch rund 240 000 Ausbildungsplätze sind dem Deutschen Industrie- und Handelskammertag (DIHK) zufolge unbesetzt. Zwar sei dies nur eine grobe Schätzung, heißt es bei dem Spitzenverband. Denn die Suche sei noch in vollem Gang. Schließlich beginnt das neue Ausbildungsjahr erst im Herbst. Doch trotz aller Bemühungen wird es den Betrieben wohl auch in diesem Jahr nicht gelingen, für alle Lehrstellen passende Kandidaten zu finden. 2018 kamen auf rund 530 000 neue Ausbildungsverträge knapp 58 000 unbesetzte Plätze. Mehr als jede zehnte Lehrstelle blieb somit unbesetzt – ein trauriger Rekord. Allerdings hatten auch fast 25 000 junge Menschen keine Lehrstelle gefunden.

Nicht nur die Wirtschaft, auch die Politik sucht nach Wegen, um mehr Jugendliche für die berufliche Ausbildung zu gewinnen. Denn der steigende Fachkräftemangel entwickelt sich mehr und mehr zu einer Wachstumsbremse für die Wirtschaft. Seit der Jahrtausendwende sank die Zahl der Auszubildenden um ein Viertel auf rund 1,3 Millionen. War früher die duale Berufsausbildung die häufigste Qualifizierungswahl, so zieht es heutzutage die meisten jungen Leute zum Studium.

Nun aber bemüht sich die Politik mit einem Bündel von Maßnahmen darum, die Attraktivität des dualen Systems wieder zu erhöhen. So wurde zum 1. Januar 2020 ein Azubi-Mindestlohn von 515 Euro eingeführt.

Quelle: © Axel Springer SE / DIE WELT, 22.07.2019, https://www.welt.de/wirtschaft/article197196279/Azubi-Mangel-wird-zur-Gefahr-fuer-die-deutsche-Wirtschaft.html; Aus didaktischen Gründen gekürzt und leicht verändert.

Aufgaben

1. **Überfliegendes Lesen**
   Notiere Stichpunkte zu Textsorte, Thema und Inhalt.

   a) Textsorte: ______________________________

   b) Thema: ______________________________

   c) Überblick über den Inhalt: ______________________________

   ____

   ____

   ____

2. **Genaues Lesen**
   a) Markiere wichtige Textstellen und notiere am Rand stichwortartig, was du daraus ersehen kannst.
   b) Unterteile den Text in Sinnabschnitte und finde für jeden Sinnabschnitt eine passende Zwischenüberschrift.

Sinnabschnitt	Zwischenüberschrift
Z. 1 - Z. 12	Maßnahmen, um Azubis zu werben

2 Leseaufgaben lösen

Deine Lesekompetenz wird anhand eines Textes überprüft, der dir unbekannt ist. Du sollst ihn lesen und anschließend einige Aufgaben dazu bearbeiten. In der Regel sind das **geschlossene Aufgaben**. Es können aber auch **halboffene Aufgaben** vorkommen. Lies die Aufgaben ganz genau, damit du weißt, wonach gefragt wird.

Tipp

Falls du bei einer Aufgabe unsicher bist, wie die richtige Lösung lautet, solltest du die Aufgabe trotzdem bearbeiten. Bedenke: **Nicht gelöste Aufgaben gelten als falsch.** Wenn du dich aber für eine Lösung entscheidest, besteht immerhin die Möglichkeit, dass sie richtig ist.

2.1 Geschlossene Aufgaben lösen

Geschlossene Aufgaben sind so gestellt, dass jeweils **nur ganz bestimmte Lösungen richtig** sind. Entweder musst du die zutreffende(n) Lösung(en) ankreuzen, oder du musst die richtige Lösung nennen. In der Regel genügen dann aber Stichworte.
Es gibt verschiedene Arten von geschlossenen Aufgaben. Wenn du weißt, was bei den einzelnen Aufgabenarten von dir erwartet wird, fällt es dir leichter, die richtigen Lösungen zu finden.

Auf einen Blick

Geschlossene Aufgaben	
Multiple-Choice-Aufgaben	Du bekommst in der Regel vier Aussagen zum Text. Nur eine davon darfst du ankreuzen. Man kann Multiple-Choice-Aufgaben daher auch als Mehrfachwahlaufgaben bezeichnen.
Richtig-/Falsch-Aufgaben	Du bekommst mehrere Aussagen zum Text. Davon treffen einige zu, andere nicht. Bei jeder Aussage musst du entscheiden, ob sie richtig oder falsch ist, und entsprechend ankreuzen.
Umordnungsaufgaben	Du bekommst mehrere Aussagen zum Text; diese sind aber falsch angeordnet. Du musst die richtige Reihenfolge bestimmen, indem du sie z. B. nummerierst.
Zuordnungsaufgaben	Du bekommst mehrere Aussagen zum Text. Daneben werden dir verschiedene Bezugsgrößen genannt, z. B. Personen, von denen im Text die Rede ist. Du musst nun jede Aussage der passenden Bezugsgröße zuordnen.
Geschlossene Fragen	Dir wird eine Frage zum Text gestellt, auf die es nur eine passende Antwort gibt; diese musst du aufschreiben. Meist handelt es sich dabei um ein Stichwort, das du notieren sollst. Auch eine Zahl kann gefragt sein. Manchmal sind solche Aufgaben auch als Aufforderung formuliert. Dann musst du z. B. etwas nennen.

Multiple-Choice-Aufgaben

Beispiel

Warum solltest du mutig sein, wenn eine Aufgabe am Schluss noch ungelöst geblieben ist? Kreuze die passende Aussage an.

a) ☐ Ich darf keine Aufgabe ungelöst lassen.

b) ☐ Es ist egal, ob die Lösung stimmt oder nicht.

c) ☒ Vielleicht kreuze ich zufällig die richtige Aussage an.

d) ☐ Ungelöste Aufgaben machen einen schlechten Eindruck.

Es kann auch vorkommen, dass mit einer Multiple-Choice-Aufgabe gezielt nach einer **Falschaussage** gefragt wird.

Beispiel

Was ist das Besondere an Multiple-Choice-Aufgaben?
Kreuze die Aussage an, die **nicht** zutrifft.

a) ☐ Nur eine einzige Antwort kommt für die Lösung infrage.

b) ☐ Ich muss die richtige Lösung ankreuzen.

c) ☒ Es gibt für die Lösung mehrere Möglichkeiten.

d) ☐ Es werden mehrere Auswahlantworten vorgegeben.

Tipp

> Gehe nach dem **Ausschlussverfahren** vor, wenn du beim Lösen einer Multiple-Choice-Aufgabe unsicher bist: Überlege, welche Antworten auf keinen Fall infrage kommen, und sondere sie aus. Von den verbliebenen Auswahlantworten wählst du die aus, die dir am wahrscheinlichsten erscheint.

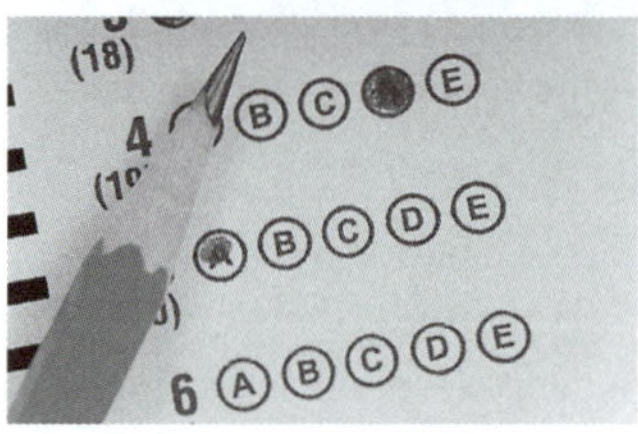

Geschlossene Fragen

Beispiel

Welche Bezeichnung könnte man anstelle des Begriffs *Multiple-Choice-Aufgaben* auch verwenden?

Mehrfachwahlaufgaben

Umordnungsaufgaben

Beispiel

In welcher Reihenfolge werden die folgenden Fragen in diesem Kapitel beantwortet? Nummeriere sie entsprechend.

Nummer	Frage
2	Welche Arten von Aufgaben gibt es, um die Lesekompetenz zu testen?
4	Wie solltest du beim Lösen von geschlossenen Aufgaben vorgehen?
3	Wie können geschlossene Aufgaben aussehen?
1	Wie wird deine Lesekompetenz geprüft?

Richtig-/Falsch-Aufgaben

Beispiel

Wie solltest du beim Lösen von geschlossenen Aufgaben vorgehen? Kreuze an.

Ich sollte …	trifft zu	trifft nicht zu
a) jede Aufgabe ganz genau lesen.	☒	☐
b) im Text nach der passenden Information suchen.	☒	☐
c) mich vor allem an meinem Erfahrungswissen orientieren.	☐	☒
d) nur Aussagen ankreuzen, die wortwörtlich im Text stehen.	☐	☒
e) mich möglichst an die gegebene Reihenfolge halten.	☒	☐

Tipp

Sorge dafür, dass deine **Lösungen eindeutig** sind. Falls du versehentlich eine falsche Aussage angekreuzt hast, streichst du das Kreuz durch. Die richtige Lösung kannst du zusätzlich mit einem entsprechenden Vermerk versehen, z. B.: *richtige Lösung* → ☒.

Zuordnungsaufgaben

Beispiel

Auf welche Aufgabenart beziehen sich die folgenden Aussagen?
Trage den passenden Buchstaben in die Tabelle ein.

A. Multiple-Choice-Aufgaben
B. Richtig-/Falsch-Aufgaben
C. Geschlossene Fragen
D. Umordnungsaufgaben
E. Zuordnungsaufgaben

Buchstabe	Ich muss …
B	bei jeder Aussage prüfen, ob sie zum Text passt oder nicht.
C	eine Frage kurz und knapp beantworten.
D	ungeordnet vorliegende Aussagen zum Text ordnen.
A	von mehreren Auswahlantworten die passende ankreuzen.
E	verschiedene Aussagen aus dem Text den passenden Bezugsgrößen zuordnen.

Schritt für Schritt

Geschlossene Aufgaben lösen

Arbeitsschritt **1**	Lies den Text mindestens zweimal und mache dir **Markierungen** und **Notizen**.
Arbeitsschritt **2**	Wirf nach dem ersten Lesedurchgang schon einen **Blick auf die Aufgaben**, damit du weißt, was von dir verlangt wird und welche Textstellen wichtig sein könnten.
Arbeitsschritt **3**	Beginne nach dem zweiten Lesedurchgang mit der Bearbeitung der Aufgaben. Achte darauf, um welche **Aufgabenart** es sich jeweils handelt.

Tipp

Bearbeite die Aufgaben der Reihe nach, da die **Reihenfolge** von einfachen in schwierigere Aufgaben übergeht. Falls du bei einer Aufgabe unsicher bist, solltest du dich nicht zu lange damit aufhalten. Es könnte sonst sein, dass du dadurch zu viel Zeit verlierst. Löse dann erst einmal die anderen Aufgaben. Mit der „**Problemaufgabe**" kannst du dich am Schluss immer noch beschäftigen.

Übung 2

Die folgenden Aufgaben beziehen sich auf den Text „Die Azubi-Lücke wird zur Gefahr für die deutsche Wirtschaft" (vgl. S. 5).
Bestimme jeweils die Aufgabenart und gib außerdem die richtige Lösung an.

1. Nenne die Maßnahme, mit der das Bundesland Hessen versucht, Azubis zu werben.

   ____

   Aufgabenart: ______________________________

2. Wie viele Lehrstellen blieben in Deutschland im Jahr 2018 unbesetzt? Kreuze die richtige Aussage an.

   Im Jahr 2018 blieb in Deutschland …

   a) ☐ jede zweite Lehrstelle unbesetzt.
   b) ☐ mehr als jede zehnte Lehrstelle unbesetzt.
   c) ☐ keine einzige Lehrstelle unbesetzt.
   d) ☐ fast jede fünfte Lehrstelle unbesetzt.

   Aufgabenart: ______________________________

3. Nummeriere die Aussagen in der Reihenfolge, wie sie im Text erscheinen.

Nummer	Aussage
	Der Mangel an Fachkräften wird für die Wirtschaft immer mehr zum Problem.
	Es soll ein Mindestlohn für Azubis eingeführt werden.
	In Ostdeutschland bemüht man sich, Auszubildende aus Polen anzuwerben.
	Immer mehr junge Menschen entscheiden sich für ein Studium.
	Im Jahr 2018 blieben 58.000 Lehrstellen unbesetzt.

Aufgabenart: ______________________________

4. Wer unternimmt die jeweilige Maßnahme, um duale Berufsausbildungen wieder attraktiver zu machen? Ordne passend zu.

   A. Politik
   B. Wirtschaftsvertreter*innen
   C. Industrie- und Handelskammer

Akteur	**Maßnahme**
	Es wird ein „Azubi-Speed-Dating“ organisiert, um Schulabgänger*innen und Betriebe zusammenzuführen.
	Es werden finanzielle Anreize geschaffen, um Berufsausbildungen interessanter zu machen.
	Es wird um Azubis aus dem Nachbarland Polen geworben.

Aufgabenart: ______________________________

5. Welche der folgenden Aussagen sind zutreffend und welche nicht? Kreuze entsprechend an.

	trifft zu	trifft nicht zu
a) Der steigende Fachkräftemangel hat keine negativen Auswirkungen auf die Wirtschaft.	☐	☐
b) Die Zahl der Auszubildenden sank seit der Jahrtausendwende um ein Viertel.	☐	☐
c) Um dem Fachkräftemangel entgegenzuwirken, werden Azubis aus Italien und Spanien angeworben.	☐	☐
d) Fast 25.000 Jugendliche haben im Jahr 2018 keine Lehrstelle gefunden.	☐	☐
e) Ab dem Jahr 2024 soll es einen Mindestlohn für Auszubildende geben.	☐	☐

Aufgabenart: ______________________________

Übung 3 Lies den folgenden Text und bearbeite anschließend die zugehörigen Aufgaben.

Ein Leben ohne Buchstaben

Nicht schon wieder ich, denkt sie. Warum nimmt sie nicht jemand anderen dran? Jennifer Rischers Magen verkrampft sich. Ihre Hände werden klatschnass, der Puls rast. Sie soll einen einfachen Text vorlesen. Jennifer beginnt zu lesen. Schon beim ersten Wort kommt sie ins Stocken. Nervös rutscht sie auf ihrem Stuhl herum. Noch ein Anlauf – vergeblich. Die Buchstaben vor ihren Augen wollen einfach kein Wort ergeben. Einige Mitschüler beginnen zu kichern. „Guck mal, die kann nicht lesen", sagt einer zu seinem Kumpel. Solche Sprüche hat Jennifer schon oft gehört. Dennoch sind sie so schmerzhaft wie am ersten Tag.

Jennifer ist Analphabetin. Die heute 20-Jährige ist einer von 7,5 Millionen Menschen in Deutschland, die nicht richtig lesen und schreiben können. Im Gegensatz zu primären[1] und sekundären[2] Analphabet*innen, die nicht die geringsten Lese- und Schreibkenntnisse besitzen, kann sie als funktionale[3] Analphabetin wenigstens kurze Wörter und Sätze lesen. Aber Formulare ausfüllen, einen Vertrag unterschreiben – undenkbar.

Jennifer will sich nicht mehr verstecken. Das tat sie jahrelang. Mit ihrer Schwäche geht sie heute etwas offener um. „Früher bin ich selten ausgegangen aus Angst, dass ich wieder ausgelacht werde." Auch heute fühlt sie sich noch manchmal als Außenseiterin. Sie, die Analphabetin, die anderen, die selbstverständlich schreiben und lesen können. Warum sie es nie lernte, weiß sie selber nicht. „Ich frage mich heute noch, warum ich die Einzige in meiner Familie bin, die es nicht kann", sagt sie. Ihre beiden Geschwister hätten nie Probleme gehabt. Für sie dagegen war der tägliche Gang in die Schule eine Qual.

Nach der zweiten Klasse wurde sie von der Grundschule genommen und auf eine Förderschule geschickt. Die Angst, vor der versammelten Klasse bloßgestellt zu werden, wenn sie wieder einmal einen Text nicht lesen konnte, blieb. Sie biss sich durch, machte ihren Hauptschulabschluss und begann eine Ausbildung zur Einzelhandelskauffrau in einer Tierhandlung. Richtig lesen und schreiben konnte sie da immer noch nicht. Der Arbeitsalltag war deshalb eine Tortur[4]. Immer wieder wurde sie von Kolleg*innen angeraunzt, sie arbeite zu langsam, wenn sie mit einer Palette Katzenfutter ratlos vor den Regalreihen stand und sich fragte, wo sie hingehörte. Nach der Ausbildung wechselte sie den Job.

„Es gibt viele Gründe für Analphabetismus", sagt Andreas Brinkmann, Projektleiter beim Bundesverband Alphabetisierung und Grundbildung. Nur selten liege tatsächlich eine Behinderung vor. „Häufig wurde im Elternhaus zu wenig gelesen, oder die Kinder wurden in der Schule nicht genügend unterstützt", so Brinkmann. Im Laufe der Jahre verfestige sich dann die Schwäche. Der Verband plädiert[5] daher für einen flächendeckenden Ausbau des Lernangebots und individuelle Förderung in den Schulen durch Sozialpädagog*innen. Ohne diese Hilfe würden Analphabet*innen sich weiter mit Tricks durch den Alltag lavieren[6]. Laut Brinkmann entwickelten Analphabet*innen regelrechte Vermeidungsstrategien, um ihre Schwäche zu verbergen. Eine Schlinge um den Arm, um nicht schreiben zu müssen. Schlechtes Licht, die Brille vergessen als Ausrede, um nicht lesen zu müssen – eine Liste, die sich beliebig fortführen ließe.

1 *primärer Analphabetismus: Er liegt vor, wenn jemand keinerlei Lese- und Schreibkenntnisse besitzt und solche auch nie erworben hat.*

2 *sekundärer Analphabetismus: Er liegt vor, wenn die ehemals erworbenen Lese- und Schreibfertigkeiten wieder vergessen worden sind, etwa wegen mangelnder Praxis im Lesen und Schreiben.*

3 *funktionaler Analphabetismus: Er liegt vor, wenn die Lese- und Schreibfertigkeiten unter den allgemeinen Anforderungen der Gesellschaft liegen.*

4 *Tortur: Qual*

5 *plädieren: etwas befürworten; für etwas sein*

6 *sich durch etwas lavieren: sich durchmogeln*

Jennifer kennt viele solcher Tricks. Lange Zeit versuchte sie, ihre Probleme zu kaschieren[7], erfand Ausreden, verstellte sich. Als sie noch in der Tierhandlung arbeitete, lernte sie die Listen der Futterinhaltsstoffe auswendig. Sie sammelte kleine Infoheftchen oder Notizen und ließ sie sich von ihrer Familie oder der besten Freundin vorlesen. So lange, bis sich auch die letzte Getreidesorte des Vogelfutters ins Gedächtnis eingebrannt hatte. Wenn Kund*innen dann nach bestimmten Inhaltsstoffen fragten, spulte sie die Antwort wie vom Band ab. Stotternd von der Packung abzulesen – das ging gar nicht.

Auch im Alltag versucht sie, so normal wie möglich zu wirken. Wenn sie mit Freund*innen essen geht, bestellt sie immer Pizza Margherita. Muss sie mit dem Zug fahren, zählt sie die Stationen und wartet auf die Stationsansage. Im Supermarkt kauft sie jede Woche die gleichen Produkte ein. Abwechslung kann sie sich nicht leisten. Sie lebt in ständiger Wiederholung.

In ihrem neuen Job gibt ihr dieses Prinzip Sicherheit. Seit einem halben Jahr arbeitet sie als Zeitarbeiterin in einer Fabrik am Fließband. Die Wiederholung stärkt ihr Selbstbewusstsein.

In der Gesellschaft ist Analphabetismus noch immer ein Tabuthema. Gerade einmal 20 000 der Analphabet*innen lassen sich helfen und besuchen spezielle Alphabetisierungskurse. Besonders ältere Menschen haben große Probleme, ihre Schwäche öffentlich einzugestehen.

Zuzugeben, dass man als Erwachsener auf dem Niveau eines Zweitklässlers liest, kostet Überwindung. Andreas Brinkmann vom Alphabetisierungsverband sagt: „Analphabetismus ist eines der Tabuthemen, das am schwersten zu brechen ist.“ Der Verband hat daher eine kostenlose Beratungs-Hotline geschaltet. Betroffene können sich hier anonym informieren und sich in spezielle Alphabetisierungskurse vermitteln lassen.

Jennifer hat von solchen Kursen noch nie etwas gehört. Sie glaubt auch nicht mehr wirklich an ihren Traum, einmal richtig lesen und schreiben zu können. „Ich bemühe mich ja, aber irgendwie will er sich nicht erfüllen.“ Dass es Hilfe gibt, macht ihr Mut. Sie wolle sich irgendwann informieren, sagt sie. Um endlich selbstständig zu sein und der Wiederholung in ihrem Leben zu entfliehen.

Quelle: Dominik Ehrentraut: Ein Leben ohne Buchstaben, 08. 09. 2011. Im Internet unter: http://www.welt.de/print/die_welt/vermischtes/article13591949/Ein-Leben-ohne-Buchstaben.html, aus didaktischen Gründen stellenweise gekürzt und leicht geändert.

7 *kaschieren: hier: verstecken*

Aufgaben

1. Bestimme die Textsorte. Kreuze die passende Aussage an.

   Bei dem Text handelt es sich um …

   a) ☐ eine Erzählung.

   b) ☐ einen Bericht.

   c) ☐ einen Kommentar.

   d) ☐ eine Reportage.

2. Bestimme das Thema des Textes. Stichworte genügen.

   ____

3. Bringe die einzelnen Stationen aus dem Leben Jennifers in die richtige Reihenfolge. Nummeriere sie.

Nummer	Station in Jennifers Leben
	Ausbildung zur Einzelhandelskauffrau
	Besuch der Förderschule
	Arbeit als Zeitarbeiterin am Fließband
	Abschluss der Schulbildung mit dem Hauptschulabschluss
	Fassen eines Vorsatzes: Informationen einholen
	Abschluss der Berufsausbildung
	Besuch der Grundschule

4. In Zeile 9 heißt es: „Noch ein Anlauf". Was ist mit diesem Anlauf gemeint? Kreuze die passende Aussage an.

a) ☐ Jennifer ist aus dem Klassenraum gerannt.
b) ☐ Sie hat noch einmal versucht vorzulesen.
c) ☐ Sie ist auf dem Stuhl hin- und hergerutscht.
d) ☐ Ein paar Mitschüler haben sich wieder über sie lustig gemacht.

5. Auf welche Weise hat Jennifer ihre Ausbildung zur Einzelhandelskauffrau gemeistert? Kreuze die passende Aussage an.

Sie hat ...

a) ☐ Unterstützung von Kolleg*innen bekommen.
b) ☐ mithilfe ihrer besten Freundin lesen gelernt.
c) ☐ die nötigen Kenntnisse auswendig gelernt.
d) ☐ nebenbei an einem Förderkurs teilgenommen.

6. Welchen „Traum" (Z. 137) hat Jennifer? Stichworte genügen.

___

7. Was bedeuten die Worte „Sie biss sich durch" (Z. 49/50)?
Kreuze die passende Aussage an.

Jennifer ...

a) ☐ hat sich die ganze Zeit bemüht und angestrengt.
b) ☐ hat während ihrer Ausbildungszeit viel gegessen.
c) ☐ war ihren Kolleg*innen gegenüber aggressiv.
d) ☐ hat sich immer die einfachsten Aufgaben ausgesucht.

8. Welche der folgenden Aussagen sind richtig, welche sind falsch? Kreuze entsprechend an.

	trifft zu	trifft nicht zu
a) Es gibt in Deutschland über 5 Millionen Analphabet*innen.	☐	☐
b) Nur 20 000 Analphabet*innen lassen sich helfen.	☐	☐
c) Analphabet*innen bekennen sich zu ihrer Schwäche.	☐	☐
d) Analphabet*innen können besonders gut auswendig lernen.	☐	☐
e) Analphabetismus kann verschiedene Ursachen haben.	☐	☐
f) Eine Beratungs-Hotline bietet Analphabet*innen Hilfe an.	☐	☐
g) Analphabet*innen werden nie richtig lesen können.	☐	☐

9. Warum greifen Analphabet*innen manchmal zu „Vermeidungsstrategien“ (Z. 79/80)? Kreuze die passende Aussage an.

Analphabet*innen wollen es vermeiden, …

a) ☐ lesen zu lernen.

b) ☐ ihre Leseschwäche einzugestehen.

c) ☐ eine Arbeit anzunehmen.

d) ☐ ihre Wohnung zu verlassen.

10. Nenne drei Beispiele für Vermeidungsstrategien, die Analphabet*innen manchmal anwenden. Stichworte genügen.

____

____

____

11. Man unterscheidet drei Arten von Analphabetismus. Wann liegt welche Art vor? Ordne passend zu.

A. primärer Analphabetismus
B. sekundärer Analphabetismus
C. funktionaler Analphabetismus

Art	Merkmal
	Die Lese- und Schreibkenntnisse einer Person liegen unter dem Durchschnitt der Gesellschaft.
	Jemand hat in seinem ganzen Leben nie lesen und schreiben gelernt.
	Aufgrund mangelnder Übung hat jemand das Lesen wieder verlernt.

12. Wie viele Analphabet*innen gibt es in Deutschland? Nenne die Zahl.

____

2.2 Halboffene Aufgaben lösen

Im Prinzip sind halboffene Aufgaben nichts anderes als Fragen zum Text, die du **mit eigenen Worten** beantworten sollst. Es werden dir also **keine Lösungsvorschläge** vorgegeben, die du überprüfen und beurteilen musst, sondern du sollst die richtigen Lösungen selbstständig finden und treffend formulieren.

Auf einen Blick

Halboffene Aufgaben	
W-Fragen	Es werden direkte Fragen gestellt. Oft handelt es sich um Warum- oder Wie-Fragen. Du bearbeitest sie, indem du jeweils vollständige Antwortsätze schreibst.
Zitate erläutern	Dir wird eine Textstelle genannt und du musst sagen, was damit gemeint ist.
Textaussagen erklären	Du sollst eine Aussage zum Text erklären. Dabei musst du dich auf eine oder mehrere Textstellen beziehen.

Hinweis: Die Aufgaben sind nie so gestellt, dass du die richtige Lösung wortwörtlich im Text findest. Wichtig ist, dass du deine Lösung mit eigenen Worten zum Ausdruck bringst. In der Regel genügt dafür ein einziger Antwortsatz. Manchmal bietet es sich auch an, zwei oder drei Sätze zu schreiben – mehr aber nicht.

Schritt für Schritt

Halboffene Aufgaben lösen

Arbeitsschritt 1	Lies jede Aufgabe sehr **genau** durch. Es ist wichtig, dass du verstehst, wonach gefragt wird bzw. was du erklären sollst.
Arbeitsschritt 2	Überlege, welche **Textstelle(n)** dir die entscheidenden Auskünfte geben. Bedenke aber, dass du die richtigen Antworten nicht unbedingt wortwörtlich im Text findest.
Arbeitsschritt 3	Schreibe deine Antwort in **eigenen Worten** auf (ein bis drei Sätze).
Arbeitsschritt 4	**Überprüfe** deine Antwortsätze. Kontrolliere Formulierungen, Rechtschreibung und Zeichensetzung.

Tipp

> Vermeide es, deinen **Lösungssatz** mit einer unterordnenden Konjunktion (z. B. „wenn“ oder „weil“) zu beginnen. Das könnte sonst dazu führen, dass du als Antwort **nur einen Nebensatz** schreibst, der als Lösung **unzureichend** ist.

Beispiele

Die folgenden Beispiele beziehen sich auf den Text „Ein Leben ohne Buchstaben“ (S. 12/13).

1. Warum fühlt sich Jennifer manchmal als Außenseiterin?

   Jennifer fühlt sich manchmal als Außenseiterin, weil sie merkt, dass sie anders ist als die anderen Menschen, die lesen und schreiben können.

2. „Sie lebt in ständiger Wiederholung.“ (Z. 110/111) – Wie ist das zu verstehen?

   Sie macht immer das Gleiche, z. B. kauft sie im Supermarkt immer die gleichen Produkte ein. Das tut sie, weil sie dann nicht lesen muss, was auf den Verpackungen steht.

Übung 4

Bearbeite die folgenden halboffenen Aufgaben zum Text „Ein Leben ohne Buchstaben“ (S. 12/13).

1. Warum ist es erstaunlich, dass Jennifer ihren Hauptschulabschluss geschafft hat?

2. Wie hat Jennifer die Ausbildung zur Einzelhandelskauffrau geschafft?

3. Warum bestellt Jennifer im Restaurant immer nur Pizza Margherita? Stelle eine begründete Vermutung an.

4. Was gefällt Jennifer an der Arbeit am Fließband?

5. „Die Wiederholung stärkt ihr Selbstbewusstsein.“ (Z. 115/116)
   Erkläre, warum das so ist.

6. Es heißt im Text: „Jennifer will sich nicht mehr verstecken.“ (Z. 28/29)
   Was bedeutet das?

7. Es heißt im Text, dass Analphabetismus noch immer ein Tabuthema sei (vgl. Z. 128/129). Wie ist das zu verstehen?

Interaktive Aufgaben: Basisteil

3 Sachtexte verstehen

Sachtexte beziehen sich auf **tatsächliche Sachverhalte** in der Vergangenheit oder Gegenwart. Manchmal behandeln sie auch Sachverhalte, deren zukünftiges Eintreten sehr wahrscheinlich ist (wie z. B. der Klimawandel). Der Verfasser oder die Verfasserin eines Sachtextes denkt sich nichts aus, sondern stellt nur dar, was er oder sie über ein Thema weiß.

3.1 Die Absicht des Verfassers/der Verfasserin erkennen

Es ist wichtig, dass du durchschaust, welche **Absicht** Verfasser*innen mit ihren Texten verfolgt, denn nur dann kannst du die Texte richtig verstehen.

Auf einen Blick

Absichten des Verfassers/der Verfasserin	
informieren	Der*die Verfasser*in formuliert Informationen **sachlich** und **neutral**.
kommentieren	Er*sie sagt klar, was er*sie über ein Thema denkt, und äußert **seine*ihre Meinung** dazu.
appellieren	Er*sie **fordert** die Leser*innen dazu **auf**, etwas zu tun oder zu unterlassen.
anleiten	Er*sie **erklärt Schritt für Schritt**, wie man vorgehen muss, um etwas zu tun.
unterhalten	Er*sie will, dass die Leser*innen **Vergnügen** oder Spannung empfinden.

Tipp

Manche Autor*innen verfolgen mit ihren Texten **mehrere Absichten**. Beispielsweise werden Verfasser*innen von Sachbüchern wahrscheinlich Wert darauf legen, dass sich ihre Leser*innen beim Lesen nicht nur informiert, sondern auch unterhalten fühlen. Frage dich in diesem Fall, **welche Absicht bedeutsamer** ist: die der Information oder die der Unterhaltung.

Übung 5

Welche Absicht verfolgt der Verfasser? Ordne passend zu, indem du die Buchstaben in die linke Spalte einträgst.

A. informieren B. appellieren C. unterhalten
D. kommentieren E. anleiten

Absicht	Der Verfasser ...
	erzählt sehr anschaulich und lebendig von seinen Erlebnissen während einer Reise in die Türkei.
	teilt den Leser*innen mit, dass es am frühen Morgen bei dichtem Nebel auf der Autobahn A 10 zu einer Massenkarambolage gekommen ist.
	erklärt den Leser*innen, wie sie vorgehen müssen, um bei einem neuen Fernseher die einzelnen Sender zu programmieren.
	kritisiert, dass es immer wieder Zugausfälle im S-Bahn-Verkehr gibt.
	rät den Leser*innen, in der kalten Jahreszeit auf angemessene Kleidung zu achten.

3.2 Textsorten unterscheiden

Digitales Glossar: Begriffe nachschlagen

Nicht immer geben Verfasser*innen direkt zu erkennen, welche Absicht sie mit einem Text verfolgen. Dann musst du das anhand der Darstellung erschließen. Jede Textsorte weist nämlich **bestimmte Merkmale** auf.

Tipp

Wenn du die wesentlichen **Textsorten** sicher unterscheiden kannst, hilft dir das beim Verstehen, denn dann weißt du, welche Merkmale bestimmte Texte haben, und kannst gezielt darauf achten.

Merkmale der verschiedenen Sachtextsorten

- **Bericht**
  Mit einem Bericht wird **sachlich** und **neutral** über einen Sachverhalt, z. B. über ein Ereignis wie die Bundestagswahl, **informiert**. Es wird nur gesagt, was geschehen ist. Der erste Abschnitt beantwortet diese vier **W-Fragen:** *Wer? Was? Wo? Wann?* Im zweiten Abschnitt werden genauere Auskünfte erteilt, um auch die Fragen nach dem *Wie?* und *Warum?* zu beantworten. Berichte stehen in der Regel im **Präteritum**.

- **Reportage**
  Eine Reportage **informiert** ebenfalls über ein Thema. Die Darstellung wirkt jedoch nicht so nüchtern und sachlich wie in einem Bericht, sondern **anschaulich** und **lebendig**. Die Verfasser*innen richten ihren Blick abwechselnd auf grundlegende Sachverhalte (z. B. auf die allgemeine Lage einer Bevölkerungsgruppe) und auf veranschaulichende Einzelfälle (z. B. die persönliche Lage einer Familie). Reportagen sind üblicherweise im **Präsens** verfasst. Dadurch wird der Eindruck erweckt, dass die Verfasser*innen direkt vor Ort sind.

- **Interview**
  Ein Interview gibt den Ablauf eines Gesprächs in Form eines **Dialogs** wieder: Ein*e Vertreter*in der Zeitung stellt einer Person Fragen, die diese beantwortet. Sowohl die Fragen als auch die Antworten werden abgedruckt. Damit das Interview natürlich wirkt, werden **umgangssprachliche Äußerungen** manchmal nicht „geglättet".

- **Kommentar**
  Mit einem Kommentar äußern Verfasser*innen ihre **Meinung** zu einem Thema. Oft erinnern sie die Leser*innen zunächst an ein Ereignis oder eine Entwicklung, indem sie noch einmal kurz das Wesentliche zusammenfasst oder auf den aktuellen Stand verweisen. Danach sagen sie, was sie darüber denken, und nennen die wesentlichen Gründe für ihre Meinung. Die meisten Kommentare enthalten **eher Kritik als Lob**. Meinungsäußerungen stehen in der Regel im **Präsens**.

- **Glosse**
  Mit einer Glosse äußern Verfasser*innen – ähnlich wie mit einem Kommentar – ihre **Meinung** zu einem **aktuellen Thema**. Im Unterschied zum Kommentar ist die Glosse aber zugleich **kritisch** und **humorvoll**. Oft übertreiben Verfasser*innen in ihrer Darstellung. Gegen Ende gibt es meist eine **überraschende Wende** (eine Pointe). Glossen können im **Präteritum** oder im **Präsens** stehen.

Übung 6 Welches Merkmal passt zu welcher Textsorte? Kreuze entsprechend an.

Hinweis: Einige Merkmale lassen sich mehr als einer Textsorte zuordnen.

Die Darstellung …	Bericht	Reportage	Interview	Kommentar	Glosse
a) wirkt anschaulich.	☐	☐	☐	☐	☐
b) wirkt sachlich und neutral.	☐	☐	☐	☐	☐
c) wirkt humorvoll.	☐	☐	☐	☐	☐
d) wirkt kritisch.	☐	☐	☐	☐	☐
e) wirkt übertrieben.	☐	☐	☐	☐	☐
f) zeigt die Meinung der Autor*innen.	☐	☐	☐	☐	☐
g) erfolgt meist im Präteritum.	☐	☐	☐	☐	☐
h) erfolgt in der Regel im Präsens.	☐	☐	☐	☐	☐
i) strebt auf einen überraschenden Wendepunkt zu.	☐	☐	☐	☐	☐
j) entspricht der eines Dialogs.	☐	☐	☐	☐	☐
k) bezieht sich auf Einzelfälle, aber auch auf Grundsätzliches.	☐	☐	☐	☐	☐
l) enthält auch Umgangssprache.	☐	☐	☐	☐	☐

Übung 7 Die folgenden Texte befassen sich alle mit dem Thema „Graffiti". Bestimme die Textsorte und notiere jeweils die Merkmale, an denen du sie erkannt hast.

Text A

Polizei fasst Graffiti-Sprayer

Von einer zivilen Fußstreife wurden am Mittwochabend im Parkhaus an der Hindenburgstraße drei jugendliche Graffiti-Sprayer auf frischer Tat ertappt.

Die beiden Polizeibeamten waren gegen 19.20 Uhr auf ihrem Streifenweg in Richtung Fußgängerzone unterwegs und bemerkten im Treppenhaus die drei Jugendlichen, die gerade dabei waren, mithilfe von Farbsprühdosen die Innenwände des Parkhauses zu verunzieren. Die sichtlich verdutzten Jungen, zwei 15-Jährige aus Meinersen und Weyhausen sowie ein 16-Jähriger aus Gifhorn, ließen sich widerstandslos festnehmen. Bei der Durchsuchung ihrer mitgeführten Sachen fanden die Beamten umfangreiches Material in Form von Spraydosen, Stiften und Datenträgern mit Fotos vermutlich weiterer Tatorte. Die Ermittlungen hierzu dauern an.

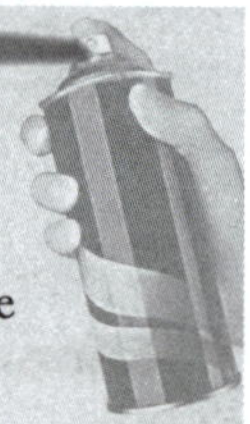

Quelle: Thomas Reuter, Polizeiinspektion Gifhorn, 05. 01. 2017. Im Internet unter: http://www.presseportal.de/blaulicht/pm/56517/3528024

Textsorte: ______________________

Merkmale: ______________________

____

____

1 *Brachgelände: unbebautes, ungenutztes Gelände*

Text B

Graffiti-Urgestein Loomit

Matthias Köhler, besser bekannt als Loomit, ist Sprayer der ersten Graffiti-Generation in Deutschland. Heute verdient Loomit mit Street Art[1] sein Geld. Ein Gespräch über die Kommerzialisierung[2] der Szene.

HP: Was ist dein Anspruch an deine Werke und deine Motivation dahinter?

Loomit: Es geht mir darum, dass ich als Graffiti-Sprüher Plätze im öffentlichen Raum besetze. Das ist der ganz normale Graffiti-Anspruch. Man möchte möglichst viele Leute erreichen – oder auf riesengroße Wände sprühen. Eine wirkliche Message[3] haben die wenigsten Graffitis. Das sind dann eher die Betrachter, die tiefphilosophische Ansätze zu den Bildern haben.

HP: Wenn jemand ein Graffiti auf eine Leinwand sprüht und diese in ein Museum hängt, ist das dann noch Street Art?

Loomit: Nein, das ist etwas anderes. Das ist ein Bild von Graffiti, aber keine Street Art, denn da fehlt ja die Straße! Für mich ist Street Art für jedermann zugänglich 365 Tage im Jahr, 24 Stunden am Tag. Du kannst Bier drauf verschütten, darüber malen oder es wegreißen, die Wand neu streichen. Wenn dein Bild wirklich der Öffentlichkeit zugänglich ist und du nicht mehr kontrollieren kannst, was damit passiert, dann ist es Graffiti oder Street Art.

Quelle: Bettina Menzel, Matthias Köhler, The Huffington Post, 11. 05. 2016. Im Internet unter: http://www.huffingtonpost.de/bettina-menzel/ich-bin-ein-mensch-der-strae---graffiti-urgestein-loomit-im-interview_b_7239758.html, stellenweise gekürzt.

Textsorte: ______________________________

Merkmale: ______________________________

1 *für jeden zugängliche Kunst im öffentlichen Raum (z. B. an Hauswänden)*

2 *Vorgang, bei dem aus (ideellen) Dingen mehr und mehr ein Geschäft gemacht wird*

3 *Botschaft, Aussage*

Text C

Farbe, Folien, Laub – Entwicklungen in der Graffiti-Szene

In der Nähe der East Side Gallery – einem mittlerweile bunt bemalten Abschnitt der Berliner Mauer – packt Daniel Ihrke seine Farbdosen aus. Der Graffiti-Sprayer hat sich an diesem grauen Wintermorgen einen besonderen Ort ausgesucht: die Oberbaumbrücke zwischen Friedrichshain und Kreuzberg. Würde er bei helllichtem Tag die Brücke besprühen, wäre ihm Ärger sicher. Doch Ihrke bringt selbst mit, was man seine Leinwand nennen könnte: Klarsichtfolie, die er zwischen Bögen auf der Brücke spannt. „So kann man sich andere Kulissen zum Sprayen aussuchen“, sagt der 28-Jährige. Fremde Wände und Türen bleiben verschont.

Ihrke hat sich die Folien-Technik vor wenigen Jahren aus Frankreich abgeguckt, wie er erzählt. Fotos zeigen Graffiti im Wald, auf Folie zwischen Bäumen. Auf einem Bahnsteig legte Ihrke selbst mit Folie los und hat seitdem nach eigenen Angaben keine ernsthaften Probleme mit seinen vergänglichen Werken bekommen. Manchmal rücke zwar die Polizei an, belasse es aber bei der Aufnahme der Personalien. Bleibende Schäden durch Graffiti gibt es anderweitig genug: Allein in Berlin sind laut der für Bahnanlagen zuständigen Bundespolizei zwischen Januar und November 1 400 Fälle zur Anzeige gebracht worden.

Quelle: Gisela Gross, Berliner Morgenpost am 19. 12. 2016. Im Internet unter: http://www.morgenpost.de/berlin/article209024335/KORR-Bericht-Farbe-Folien-Laub-Entwicklungen-in-der-Graffiti-Szene.html, stellenweise gekürzt.

Textsorte: ______________________________

Merkmale: ______________________________

Text D

Graffiti im Wald

„Ich ging im Walde so vor mich hin, und nichts zu suchen, das war mein Sinn“[1]. Wir wissen, wen der Waldspaziergänger Goethe mit dem Blümlein im Schatten meinte, das er mit allen Wurzeln aushebt und wieder am stillen Ort pflanzt, wo es ihm nun immer zweigt und blüht. Auch ich ging im Duisburger Umlandwalde so vor mich hin, nicht Blümlein – Graffiti verstören den Sinn.

Da haben doch tatsächlich freche Sprayer die Orientierungstafel „Erholungsgebiet Angertal“ kräftig umgestaltet! Von Weg- und Flurbezeichnungen ist nichts mehr zu erkennen. Blau, rot und schwarz glühende Flächen, Linien und Buchstaben überlagern die ehedem[2] grüne Wanderkarte vollständig. Der Zorn über Schmierereien sogar in der Waldabgeschiedenheit legt sich rasch. Je länger ich mich in die bunte Tafel im Schatten vertiefe, desto mehr erliege ich ihrem ästhetischen[3] Reiz. Ich habe ein Kunstwerk gefunden! Und tröste in Gedanken die Wanderer: Wer auf diesen Waldweg gestoßen ist, der findet auch ohne Orientierungstafel wieder zurück. Das Waldbild aber wirkt und glüht mir immerfort.

1 *Anfang des Gedichts „Gefunden“ von Johann Wolfgang von Goethe*

2 *ehedem: vormals*

3 *ästhetisch: schön anzusehen*

Quelle: © Hans-Otto Schenk

Textsorte: ______________________

Merkmale: ______________________

____

____

Text E

Lasst die Kunst frei

Manchmal freut man sich, wenn man auf einer Bahnfahrt an schäbigen Hinterhoffronten farbenfrohe Kunstwerke entdeckt. Und manchmal ärgert man sich, wenn frisch renovierte Fassaden schon wieder mit Kritzeleien überzogen sind. Ob illegale Graffiti-Sprayer es entspannt hinnähmen, wenn man ihr Auto über Nacht mit rosa Blümchen bemalte? Wohl nicht.
Die Frage, ob das Kunst ist, oder ob man da mit dem Sandstrahler oder Wandfarbe drübergehen darf, beantwortet das Grundgesetz. Es stellt Eigentum unter Schutz. In Deutschland wenden Immobilienbesitzer jährlich Hunderte Millionen Euro auf, um unerwünschte Kunstwerke entfernen zu lassen. Wer sich also gegen Graffiti wehrt und Anzeige erstattet, hat dazu jedes Recht. Klug sind die Kommunen und Unternehmen, die den Sprühdosenaktivisten freiwillig schön große Beton-Leinwände an gut einsehbarer Stelle zur Verfügung stellen. Kunst kann sich hier frei entfalten, die Kreativität, die es hinausdrängt, ist nicht mit Instandsetzungskosten verbunden. Und junge Leute, die die Folgen ihres Handelns vielleicht noch nicht in vollem Umfang absehen können, werden nicht über Nacht zu Straftätern.

Quelle: Claudia Bockholt, Mittelbayerische Zeitung am 11.09.2016. Im Internet unter: http://www.mittelbayerische.de/panorama-nachrichten/lasst-die-kunst-frei-21934-art1429074.html, aus didaktischen Gründen stellenweise gekürzt.

Textsorte: ____________________

Merkmale: ____________________

3.3 Nichtlineare Texte: Tabellen und Diagramme

Bei nichtlinearen Texten handelt es sich um eine besondere Art von Sachtexten. Sie stellen sehr **übersichtlich** dar, wie häufig etwas vorkommt. Alles, was sich messen und klar zuordnen lässt, kann Thema eines nichtlinearen Textes sein. *Wie oft? Wie lange? Wie viel?* Das sind mögliche Fragen, die beantwortet werden. Man unterscheidet bei nichtlinearen Texten zwischen **Tabellen** und **Diagrammen**.

Tabellen

Tabellen listen Zahlen übersichtlich in **Spalten** und **Zeilen** auf.

Beispiel

Text A

Inhaltliche Verteilung der Internetnutzung	Mädchen %	Jungen %
Kommunikation	41	30
Spiele	10	33
Informationssuche	12	9
Unterhaltung (z. B. Musik, Videos, Bilder)	37	28

Basis: Internet-Nutzer (Jugendliche im Alter von 12 bis 19 Jahren)
Daten nach: JIM Studie 2018 © Medienpädagogischer Forschungsverbund Südwest (LFK, LMK) (eigene Darstellung); Angaben in Prozent

Diagramme

Diagramme stellen Zahlen in Form von **Grafiken** dar. Die folgenden Diagrammarten kommen besonders häufig vor:

▶ **Säulendiagramme**
Sie bilden Zahlen in Form von senkrechten Säulen ab.

Beispiel

Text B

Entwicklung der täglichen Onlinenutzung

Montag bis Freitag, Selbsteinschätzung in Minuten

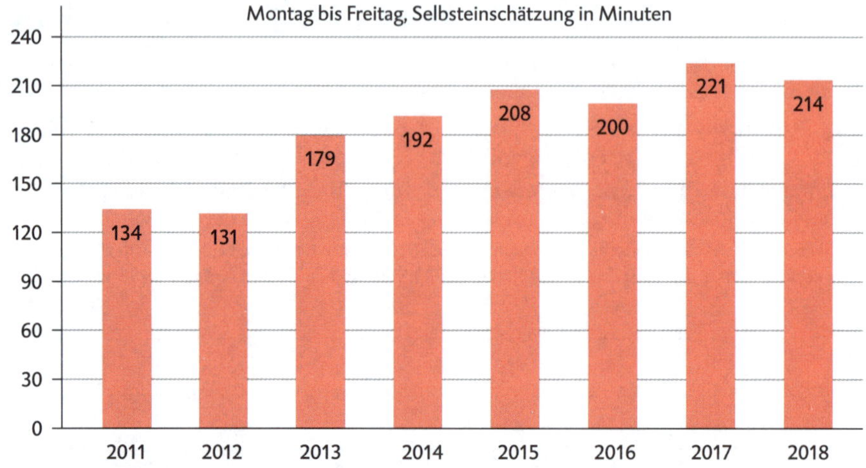

Basis: alle Befragten (Jugendliche im Alter von 12 bis 19 Jahren)
Daten nach: JIM 2011–2018 © Medienpädagogischer Forschungsverbund Südwest (LFK, LMK) (eigene Darstellung); Angaben in Minuten

▶ **Kreisdiagramme**
Sie bilden Zahlen in Form von Kreisausschnitten ab. Alle Kreisausschnitte ergeben zusammen genau 100 Prozent.

Beispiel

Text C

Kontakt mit Hassbotschaften

Wie oft sind dir schon Hassbotschaften im Internet begegnet?

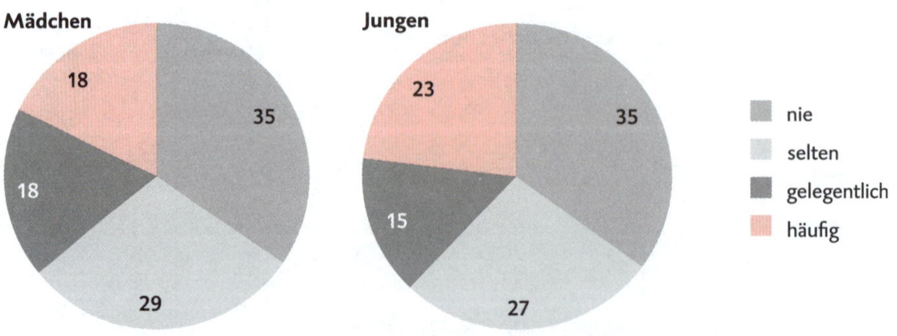

Basis: alle Befragten (Jugendliche im Alter von 12 bis 19 Jahren)
Daten nach: JIM 2018 © Medienpädagogischer Forschungsverbund Südwest (LFK, LMK) (eigene Darstellung); Angaben in Prozent

▶ Balkendiagramme

Sie bilden Zahlen in Form von waagerechten Balken ab.

Text D

Beispiel

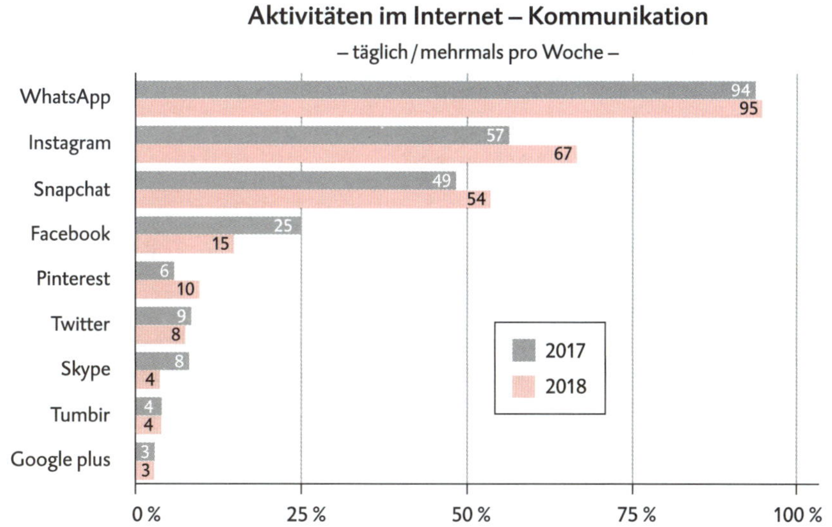

Basis: alle Befragten (Jugendliche im Alter von 12 bis 19 Jahren)
Daten nach: JIM 2017, JIM 2018 © Medienpädagogischer Forschungsverbund Südwest (LFK, LMK) (eigene Darstellung); Angaben in Prozent

▶ Kurvendiagramme

Sie bilden Zahlen in Form von Kurven ab, die von links nach rechts verlaufen. Die Kurven stellen meist dar, wie sich Zahlen innerhalb eines bestimmten Zeitraums entwickelt haben.

Text E

Beispiel

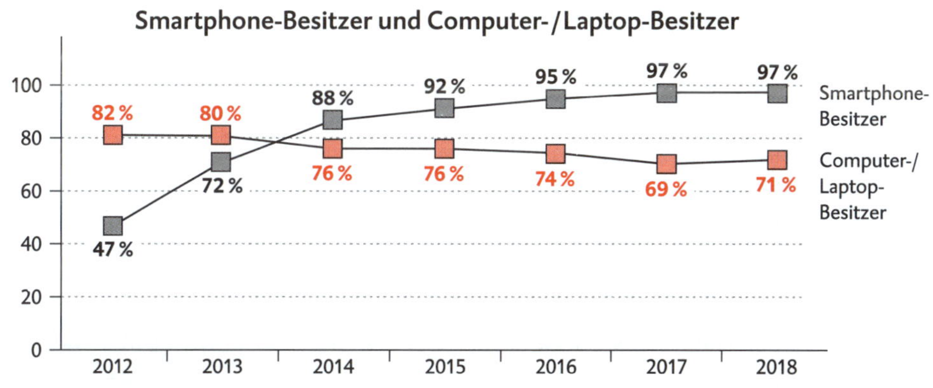

Basis: alle Befragten (Jugendliche im Alter von 12 bis 19 Jahren)
Daten nach: JIM Studie 2018 © Medienpädagogischer Forschungsverbund Südwest (LFK, LMK) (eigene Darstellung); Angaben in Prozent

Schritt für Schritt

Aufgaben zu nichtlinearen Texten bearbeiten

Arbeitsschritt 1 – Bestimme das **Thema** der Tabelle oder des Diagramms. Frage dich:
Worum geht es?
Entscheidende Hinweise zum Thema findest du in der Regel in der **Überschrift**.

Arbeitsschritt 2 – Beachte die **Legende**. Sie steht außerhalb des eigentlichen nichtlinearen Textes und vermittelt oft wichtige Informationen über den Personenkreis oder den Zeitpunkt, zu dem die Daten erhoben wurden.

Arbeitsschritt 3 – Beachte die **Bezugsgrößen**. Frage dich:
Um welchen Personenkreis geht es?
Wann wurden die Zahlen erhoben?
Auf welchen Zeitraum beziehen sich die Daten?

Arbeitsschritt 4 – Überlege, in welchen **Einheiten** die Zahlen angegeben sind: Handelt es sich um absolute Zahlen oder Prozentzahlen?

Arbeitsschritt 5 – Sieh dir die einzelnen Werte erst einmal flüchtig an. Achte dabei schon auf die **Extremwerte**, das heißt die Werte, die besonders hoch oder niedrig sind.

Arbeitsschritt 6 – Betrachte die Werte nun genauer. Beachte vor allem auffällige **Ähnlichkeiten** und **Unterschiede**.

Arbeitsschritt 7 – Bearbeite nun die **Aufgaben**, auf die sich Tabelle oder Diagramm beziehen.

Hinweis: Nichtlineare Texte geben nur Häufigkeiten oder Mengen an. Die abgebildeten Werte beziehen sich immer auf einen bestimmten Zeitpunkt oder Zeitraum. Tabellen und Diagramme geben **keine Auskünfte über Ursachen**. Trotzdem lassen sich oft **Zusammenhänge** erkennen. Diese zeigen sich darin, dass es bestimmte **Übereinstimmungen** gibt – oder auch **Unterschiede**. Bei nichtlinearen Texten, die sich auf einen längeren Zeitraum beziehen, z. B. bei Kurvendiagrammen, spielen auch **Veränderungen** eine Rolle.

Tipp

Bei nichtlinearen Texten sind vor allem Übereinstimmungen und Unterschiede interessant. Daraus lassen sich nämlich bestimme Aussagen ableiten. Zum Beispiel kann ein Sachverhalt auf die Mitglieder einer bestimmten Gruppe **besonders oft**, **durchschnittlich oft**, **vergleichsweise selten** oder **gar nicht** zutreffen.

Übung 8

Bearbeite die folgenden Aufgaben zu den nichtlinearen Texten aus den Beispielen.

1. Nenne das übergreifende Thema, mit dem sich alle Texte beschäftigen.

   ____

2. Nenne den Personenkreis, auf den sich die Zahlen des **Kreisdiagramms** beziehen.

   ____

   ____

3. Aus welchem Jahr sind die Zahlen in der **Tabelle**?

   ____

4. Wo stimmen die Werte für Mädchen und Jungen in der **Tabelle** fast überein?
   a) ☐ Unterhaltung
   b) ☐ Kommunikation
   c) ☐ Spiele
   d) ☐ Informationssuche

5. Welche Extremwerte bildet das **Balkendiagramm** für das Jahr 2018 ab? Schreibe sie auf.

   ___

   ___

   ___

6. Kreuze **alle Aussagen** an, die aus dem **Kurvendiagramm** hervorgehen.
   a) ☐ Der Anteil der Smartphone-Besitzer ist von 2013 auf 2014 um 16 Prozentpunkte gestiegen.
   b) ☐ Die Anzahl der Smartphone-Besitzer war im Jahr 2015 niedriger, als die der Computer-/Laptop-Besitzer.
   c) ☐ Über 90 Prozent aller Befragten besaßen im Jahr 2018 einen Laptop oder Computer.
   d) ☐ Die Anzahl der Computer-/Laptop-Besitzer ist im Jahr 2018 wieder leicht gestiegen.

7. In welchem Bereich weichen die Werte von Jungen und Mädchen in der **Tabelle** am stärksten voneinander ab? Um wie viele Prozentpunkte?

   ___

   ___

   ___

   ___

8. Welche Information findet sich in **keinem** der Texte? Kreuze sie an.

   In **keinem** der Texte steht, dass …
   a) ☐ unter den befragten Jugendlichen die Nutzung von Instagram in einem Jahr um 10 Prozentpunkte zugenommen hat.
   b) ☐ 30 Prozent der befragten Jungen und 41 Prozent der befragten Mädchen das Internet zur Kommunikation nutzen.
   c) ☐ 40 Prozent der befragten Jungen im Internet häufig Hassbotschaften begegnen.
   d) ☐ die befragten Jugendlichen im Jahr 2018 unter der Woche jeden Tag im Schnitt 214 Minuten online waren.

9. Welche Informationen finden sich in welchen Texten? Trage die entsprechenden Buchstaben in die linke Spalte ein. Wähle jeweils den Text, in dem die entsprechende Information ausdrücklich genannt wird.

Hinweis: Einige Texte lassen sich mehreren Informationen zuordnen.

A. Tabelle
B. Säulendiagramm
C. Kreisdiagramm
D. Balkendiagramm
E. Kurvendiagramm

Text	Informationen
	Die tägliche Onlinenutzung Jugendlicher ist von 2017 auf 2018 leicht gesunken.
	Mädchen nutzen das Internet hauptsächlich zur Kommunikation und zur Unterhaltung.
	Seit dem Jahr 2014 haben mehr Jugendliche ein Smartphone als einen Computer oder Laptop.
	35 Prozent der befragten Jugendlichen sind im Internet noch nie Hassbotschaften begegnet.
	WhatsApp ist unter Jugendlichen das beliebteste Kommunikationsmittel im Internet.
	Die Zahl der Jugendlichen, die ein Smartphone besitzen, ist seit 2012 um 50 Prozentpunkte gestiegen.
	67 Prozent aller befragten Jugendlichen nutzten im Jahr 2018 täglich oder mehrmals pro Woche Instagram.

4 Literarische Texte verstehen

Interaktive Aufgaben: Basisteil

Literarische Texte sind Texte, die sich die Verfasser*innen **ausgedacht** hat. Zwar bilden eigene Erfahrungen und Erlebnisse durchaus die Grundlage für ihre **Geschichten** oder **Gedichte**. Doch in ihrer Zusammenstellung sind die Werke das Ergebnis ihrer Fantasie. Kein literarischer Text spiegelt die Wirklichkeit so wider, wie sie ist. Man unterscheidet drei Arten von literarischen Texten:

Auf einen Blick

Literarische Texte	
Prosatexte	Der Sprachstil des Textes entspricht im Wesentlichen der normalen Sprache. Das heißt, es gibt keine aufwendigen Reimschemata oder Ähnliches.
Gedichte	Gedichte haben ein sehr kunstvoll gestaltetes Äußeres. Man erkennt sie sofort an den Versen. Das sind die kurzen Zeilen eines Gedichts.
Dramen	Dramen sind wie Filmdrehbücher in Dialogform verfasst. Das heißt, es sind die Sprecher*innen angegeben und das, was sie sagen, wird wörtlich wiedergegeben.

In der Prüfung werden dir entweder **Prosatexte** oder **Gedichte** vorgelegt. Die Aufgaben, die du dazu bearbeiten musst, unterscheiden sich nicht von den Aufgaben, die du zu einem Sachtext bekommst: Auch hier gibt es geschlossene und halboffene Aufgaben.

4.1 Prosatexte untersuchen

Prosatexte erzählen Geschichten. Meist sind sie im **Präteritum** verfasst, da die Leser*innen sich vorstellen sollen, dass das Geschehen einmal passiert ist.

Die äußere Handlung

Um einen Prosatext zu verstehen, musst du zunächst die **äußere Handlung** nachvollziehen. Am besten stellst du dir dazu die folgenden Fragen:

Auf einen Blick

Die äußere Handlung untersuchen	
Wer?	Finde heraus, wer die **Hauptperson** ist. Nenne ihre **äußeren Merkmale** wie Alter, Geschlecht oder Aussehen.
Wo?	Bestimme den **Ort** der Handlung. Falls kein genauer Ort angegeben ist, musst du ihn umschreiben, z. B.: *auf dem Weg zur Schule.*
Wann? Wie lange?	Untersuche **Zeitpunkt** und **Dauer** des Geschehens. Auch hier musst du umschreiben, wenn der Text keine genauen Angaben macht, z. B.: *an einem Nachmittag im Herbst.*
Situation?	Untersuche die Situation und die **Umstände**, in denen sich die Figuren befinden.
Verhalten?	Analysiere das **Verhalten** der Hauptperson: Wird sie selbst aktiv oder reagiert sie nur auf das, was ihr widerfährt? Wie reagieren die anderen Personen?
Ausgang?	Welches **Ende** nimmt die Handlung? Welche **Folgen** gibt es?

Hinweis: Grundsätzlich verfährst du bei der Lektüre eines literarischen Textes genauso wie bei der Lektüre eines Sachtextes: Zunächst **überfliegst** du den Text, um einen Eindruck vom Inhalt zu bekommen, danach liest du den Text gründlich und achtest auf **Einzelheiten**, die für das Verständnis wichtig sind.
Eine Besonderheit, die literarische Texte auszeichnet, sind die „versteckten Botschaften". Vieles steht **„zwischen den Zeilen"**, sodass du immer wieder auf Lücken stößt, die du **mithilfe deiner eigenen Gedanken schließen** musst. Erst wenn dir das gelingt, verstehst du den Text richtig.

Tipp

Überlege bei literarischen Texten immer, ob sich hinter einer Formulierung noch eine **Zusatzbotschaft** verbirgt! Wenn es im Text heißt: *auf dem Weg zur Schule* wird indirekt auch der Zeitpunkt des Geschehens, nämlich *kurz vor acht Uhr*, mitgeteilt.

Übung 9 Lies den folgenden Text und bearbeite dann die zugehörigen Aufgaben.

Franz Hohler: Die Verkündigung

Letzthin, im Zug, direkt neben dir, das elend-fröhliche Digitalpiepsen eines Handys, und du weißt, jetzt wirst du die Seite nicht in Ruhe zu Ende lesen können, du wirst mithören müssen, wo die Unterlagen im Büro gesucht werden sollten oder warum die Sitzung auf nächste Woche verschoben ist oder in welchem Restaurant man sich um 19 Uhr trifft, kurz, du bist auf die unüberhörbaren Schrecknisse des Alltags gefasst – und da kramt der junge Mann sein Apparätchen aus der Tasche, meldet sich und sagt dann laut: „Nein! – Wann? – Gestern Nacht? – Was ist es? – Ein Bub? – So herzig! – 3 ½ Kilo? – Und wie geht es Jeannette? – So schön! – Sag ihr einen Gruß, gell! – Wie? – Oliver? ..."

Und über uns alle, die wir in der Nähe sitzen und durch das Gespräch abgelenkt und gestört werden, huscht ein Schimmer von Rührung, denn soeben haben wir die uralte Botschaft vernommen, dass uns ein Kind geboren wurde.

Quelle: Franz Hohler: Die Verkündigung. In: Das Ende eines ganz normalen Tages. Luchterhand: München, 2008.

Aufgaben

1. Wer ist die Hauptperson? Kreuze die passende Aussage an.

   Die Hauptperson ist ...

   a) ☐ ein Junge.
   b) ☐ ein Mann.
   c) ☐ der Autor.
   d) ☐ der*die Erzähler*in.

2. Beantworte die folgenden Fragen. Stichworte genügen.
   a) Wo befindet sich die Hauptperson?

   ______

   b) Wann spielt das Geschehen?

   ______

   c) Wie lange dauert das Geschehen ungefähr?

   ______

3. Beantworte die folgenden Fragen mit vollständigen Sätzen.
   a) Was lässt sich über die Umstände sagen?

   ______

   ______

   ______

   b) Wie verhält sich die Hauptperson?

   ______

   ______

   ______

   c) Wie verhält sich die zweite Person, die für das Geschehen bedeutsam ist?

   ______

   ______

   ______

4. Wie reagiert die Hauptperson zunächst auf das Verhalten der zweiten Person? Kreuze die passende Aussage an.

   Die Hauptperson …

   a) ☐ wundert sich.
   b) ☐ ärgert sich.
   c) ☐ amüsiert sich.
   d) ☐ freut sich.

5. Welchen Ausgang nimmt das Geschehen? Beantworte diese Frage mit einem vollständigen Satz.

   ______

   ______

   ______

Die innere Handlung

Es genügt allerdings nicht, dass du aus dem Text nur zusammenträgst, was die einzelnen Personen nach und nach tun, sondern du musst auch die **innere Handlung** verstehen. Das bedeutet: Du musst das Verhalten der Personen anhand der **Gedanken** und **Gefühle**, die sie haben, erklären können. Frage dich also auch immer nach den **Handlungsmotiven** der beteiligten Personen, und überlege: *Warum reagieren sie so?*

In der Regel sagen die Erzähler*innen nichts über die innere Handlung – zumindest nicht ausdrücklich. Doch oft findest du im Text Hinweise, die dir helfen, die Beweggründe für das Verhalten einer Person zu verstehen. Folgende Fragen können dir dabei helfen:

Auf einen Blick

Die innere Handlung untersuchen	
Hintergrund?	Welche **Erfahrungen** hat die Person bisher gemacht?
Ziele?	Welche **Ziele** verfolgt sie? Welche **Wünsche** und Hoffnungen hat sie?
Sorgen?	Welche Sorgen und **Ängste** plagen sie?
Anlass?	Welcher **Anlass** ruft ein bestimmtes Verhalten hervor?
Wendepunkt?	Gibt es ein **Erlebnis**, das bei der Person ein **Umdenken** bewirkt?
Urteil über sich selbst und andere?	Wie **bewertet** die Person das **Verhalten anderer**? Wie **bewertet** sie **ihr eigenes Verhalten**?

Übung 10

Versuche, die innere Handlung des Textes „Die Verkündigung“ (S. 30) nachzuvollziehen. Beantworte die Fragen in ganzen Sätzen.

1. Welche Erfahrungen hat die Hauptperson anscheinend bisher gemacht?

2. Welche Wünsche hat die Hauptperson?

3. Welche Sorgen hat die Hauptperson?

4. Gibt es einen Anlass, der die zweite Person zu ihrem Verhalten bewegt?

5. Gibt es ein Erlebnis, das bei der Hauptperson ein Umdenken bewirkt?

Arten von Prosatexten unterscheiden

Es gibt verschiedene Arten von Prosatexten. Sie unterscheiden sich nicht nur hinsichtlich ihrer Länge, sondern auch in der Darstellung.

Merkmale der verschiedenen Prosatextsorten

Die am häufigsten vorkommenden Prosatexte sind:

- **Erzählung**
  „Erzählung" ist der **Oberbegriff** für alle Prosatexte kurzer und mittlerer Länge.
- **Anekdote**
  Anekdoten erzählen von einer **ungewöhnlichen Begebenheit** aus dem Leben einer Person. Diese kann tatsächlich leben oder gelebt haben. Meist enden Anekdoten mit einer Pointe, einer **überraschenden Wende**. Die Darstellung erweckt den Eindruck, als würde der*die Erzähler*in die Geschichte in geselliger Runde zum Besten geben.
- **Fabel**
  Fabeln sind kurze Geschichten, in denen eine **Lehre** erteilt wird. Meist sind **sprechende Tiere** die **Hauptfiguren**. Sie stehen jedoch für Menschen, denn sie zeigen typische menschliche Eigenschaften und Verhaltensweisen. In der Regel wird von einem Konflikt zwischen Stärkeren und Schwächeren erzählt.
- **Kalendergeschichte**
  Kalendergeschichten sind kurze, **lehrreiche** Texte, die im 17. und 18. Jahrhundert auf Kalenderblättern abgedruckt waren. Sie handeln von **merkwürdigen und lustigen Erlebnissen** aus dem Alltagsleben **einfacher Leute**. Im 20. Jahrhundert wurde die Kalendergeschichte in moderner Form wiederbelebt.
- **Kurzgeschichte**
  Kurzgeschichten sind Erzählungen von geringem Umfang. Auffällig ist vor allem ihr Aufbau: Es gibt meist **keine Einleitung**. Auch das **Ende** ist **offen**. Die Hauptpersonen sind keine strahlenden Held*innen, sondern ganz **normale Menschen**, aus deren **Alltag** eine kurze Episode erzählt wird. Die Handlung strebt auf einen **Höhepunkt** zu, der zugleich ein Wendepunkt ist. Es handelt sich dabei oft um den Moment, in dem die Hauptperson eine neue Einsicht gewinnt. Typisch für Kurzgeschichten ist die **einfache, moderne Sprache**.
- **Parabel**
  Parabeln sind Geschichten, bei denen die **Handlung stark vereinfacht** ist. Oft werden indirekt **Missstände** in der Gesellschaft **kritisiert**. Die Leser*innen müssen die Geschichte auf das Leben in der normalen Gesellschaft übertragen.
- **Novelle**
  Novellen sind Erzählungen von mittlerer Länge, in deren Zentrum ein **außergewöhnliches Ereignis** steht. Die Handlung wird der Reihe nach, ohne Vor- und Rückblenden, erzählt. In der Einleitung werden die Leser*innen in das Geschehen eingeführt. Der Hauptteil strebt dann auf einen **Höhepunkt** zu, der oft auch einen Wendepunkt darstellt. Ein Schluss rundet die Novelle ab.

- **Schwank**
  Schwänke sind **lustige**, kurze Erzählungen. Die Hauptperson ist meist ein **pfiffiger Mensch**, der sich einen Spaß daraus macht, **andere hereinzulegen**. Oft sind diejenigen, die hereingelegt werden, einfältig und bemerken nicht, dass ihnen ein Streich gespielt wird. Manchmal wird den Hereingelegten auch eine **Lehre** erteilt, weil sie sich vorher falsch verhalten haben.

- **Roman**
  Romane sind **längere** Erzählungen, die in der Regel **in Buchform** veröffentlicht werden. Die Handlung erstreckt sich meist über einen **längeren Zeitraum**. So können die Leser*innen verfolgen, welche **Entwicklung** die Hauptperson durchmacht.

Tipp

Wenn dir nicht klar ist, was für eine Art Prosatext du vor dir hast, verwendest du sicherheitshalber den Begriff „**Erzählung**". Der ist niemals falsch!

Übung 11

Zu welcher Textsorte gehören jeweils die folgenden Merkmale? Ordne die entsprechenden Buchstaben passend zu.

A. Anekdote
B. Fabel
C. Kalendergeschichte
D. Kurzgeschichte
E. Parabel
F. Novelle
G. Schwank
H. Roman

Textsorte	Merkmal
	Die Hauptperson macht eine Entwicklung durch.
	Es gibt keine Vor- und Rückblenden.
	Es wird davon erzählt, wie eine Person hereingelegt wird.
	Die Hauptpersonen sind einfache Leute.
	Die Handlung erstreckt sich meist über einen längeren Zeitraum.
	Erzählt wird von einer ungewöhnlichen Begebenheit aus dem Leben einer Person.
	Die Handlung ist stark vereinfacht dargestellt.
	Die Hauptpersonen sind oft Tiere, die sprechen können.
	Die Sprache klingt einfach und modern.
	Im Mittelpunkt steht ein außergewöhnliches Ereignis.
	Es gibt weder eine richtige Einleitung noch einen richtigen Schluss.
	Man muss Parallelen zwischen der im Text dargestellten Handlung und der normalen Gesellschaft herstellen.

Übung 12

Bestimme die jeweilige Textsorte der Texte A–D. Nenne auch die Merkmale, an denen du die Textsorte erkannt hast.

Text A

Gänsebeine

Nasreddin Hodscha hat eine Gans gebraten, um sie dem Sultan Tamerlan zu bringen. Auf dem Weg zu ihm bekommt er plötzlich Hunger und reißt der Gans ein Bein heraus, das er verspeist. Bei Tisch bemerkt Tamerlan, dass der Gans ein Bein fehlt, und er fragt:
„Hodscha, was ist denn mit dem Bein passiert?"
Der Hodscha, der gerade aus dem Fenster schaut, entdeckt ein paar Gänse am Brunnen. Sie stehen auf einem Bein, das andere haben sie angezogen. Er zeigt sie Tamerlan:
„Bitte, in unserem Land haben alle Gänse nur ein Bein!"

Textsorte: ______________________________

Merkmale: ______________________________

____

____

____

Text B

DER VATER UND DER SOHN

Der Vater stellte ein Gläslein voll Arznei in die Schublade, weil er glaubte, es sei nirgends besser verwahrt. Als aber der Sohn nach Hause kam und die Schublade schnell aufziehen wollte, fiel das Gläslein um und zerbrach. Da gab ihm der Vater eine zornige Ohrfeige und sagte: „Kannst du nicht zuerst schauen, was in der Tischlade ist, eh' du sie auftust?"
Der Sohn erwiderte zwar: Nein, das könne niemand. Aber der Vater sagte: „Den Augenblick sei still, oder du bekommst noch eine."

Quelle: Johann Peter Hebel: Der Vater und der Sohn, aus didaktischen Gründen leicht geändert.

Textsorte: ______________________________

Merkmale: ______________________________

____

____

____

Text C

Goethes Geburtstag

Als Goethe im Jahre 1818 in Karlsbad weilte, erteilte er am Morgen des 27. August seinem treuen Diener Karl den Befehl, zwei Flaschen Rotwein nebst zwei Gläsern heraufzubringen und in den sich gegenüberliegenden Fenstern aufzustellen. Als dies geschehen war, begann Goethe seinen Rundgang durchs Zimmer, wobei er in sorgsam abgemessenen Zeiträumen erst an dem einen Fenster stehen blieb, dann an dem anderen, um jedes Mal ein Glas zu leeren. Nach geraumer Weile trat Hofrat Rehbein, der Goethe nach Karlsbad begleitet hatte, ins Zimmer. „Ihr seid mir ein schöner Freund!“, wetterte Goethe. „Was für einen Tag haben wir heute und welches Datum?“ „Den 27. August, Exzellenz“, antwortete Rehbein. „Nein, es ist der 28. und mein Geburtstag“, schimpfte Goethe. „Ach was, den vergesse ich nie“, gab Rehbein zurück, „wir haben den 27.“ „Es ist nicht wahr!“, behauptete Goethe. „Wir haben den 28.!“ Goethe klingelte nach Karl. „Was für ein Datum haben wir heute?“, fragte er den Diener. „Den 27., Exzellenz“, entgegnete Karl verwundert. Goethe: „Dass ich … Kalender her!“ Karl brachte den Kalender. „Donnerwetter!“, meinte Goethe nach einer langen Pause und nickte verwirrt. „Da habe ich mich umsonst besoffen.“

Quelle: Genast, Eduard: Aus Weimars klassischer und nachklassischer Zeit. Erinnerungen eines alten Schauspielers. Neu herausgegeben von Robert Kohlrausch, 5. Auflage, Stuttgart: Robert Lutz, 1919 (Memoirenbibliothek, 2. Reihe, Band 5).

Textsorte: ______________________________

Merkmale: ______________________________

____

____

Text D

Augenblicke

Kaum stand sie vor dem Spiegel im Badezimmer, um sich herzurichten, als ihre Mutter aus dem Zimmer nebenan zu ihr hereinkam, unter dem Vorwand, sie wolle sich nur die Hände waschen.

Also doch! Wie immer, wie fast immer.

Elsas Mund krampfte sich zusammen. Ihre Finger spannten sich. Ihre Augen wurden schmal. Ruhig bleiben!

Sie hatte darauf gewartet, dass ihre Mutter auch dieses Mal hereinkommen würde, voller Behutsamkeit: mit jener scheinbaren Zurückhaltung, die durch ihre Aufdringlichkeit die Nerven freilegt. Sie hatte – behext, entsetzt, gepeinigt – darauf gewartet, weil sie sich davor fürchtete. […]

Quelle: Walter Helmut Fritz: Augenblicke. In: Generationen. Geschichten und Gedichte über Junge und Alte. Reclam: Stuttgart, 1999.

Textsorte: ______________________________

Merkmale: ______________________________

____

____

Die Darstellung berücksichtigen

Literarische Texte sind von den Autor*innen bewusst kunstvoll gestaltet. Aufbau und Sprache verleihen jedem Werk einen besonderen Reiz, denn die **Darstellung** und der **Inhalt** sind **eng miteinander verbunden**.
Du solltest deshalb die wesentlichen **sprachlichen Mittel** kennen, die Autor*innen benutzen können. Diese üben nämlich eine entscheidende **Wirkung** auf den Sinn aus. Um einen literarischen Text gut zu verstehen, musst du deshalb auch die **Gestaltung** in den Blick nehmen.

Auf einen Blick

Merkmale der Darstellung	
Erzähler*in	Die Darstellung durch den*die Erzähler*in wirkt sich maßgeblich auf die **Stimmung** aus, die ein Text ausstrahlt. Handelt es sich um eine*n **Ich-Erzähler*in**, stellt er*sie die Handlung aus Sicht der Hauptperson dar und bringt auch deren **Gedanken** und **Gefühle** zum Ausdruck. Ein*e **Er-/Sie-Erzähler*in** kann das Geschehen dagegen entweder wie ein*e außenstehende*r Beobachter*in **kühl** und **distanziert** erzählen, oder ist **mitfühlend**, dann äußert er*sie sich auch über Gedanken und Gefühle der Figuren.
Sinnabschnitte	Ein neuer Sinnabschnitt beginnt immer dort, wo der*die Erzähler*in etwas Neues zur Sprache bringt – entweder den **nächsten Handlungsschritt** oder einen **neuen Gedanken**. Mit der Abfolge der Sinnabschnitte lenkt der*die Erzähler*in den Blick der Leser*innen auf das Geschehen. Oft, aber nicht immer, entsprechen die Absätze den Sinnabschnitten im Text.
Satzbau	Durch den Satzbau kann der*die Erzähler*in eine bestimmte Atmosphäre erzeugen. Hauptsätze, die unverbunden aufeinanderfolgen, wirken in der Regel sehr **sachlich** und **kühl**. Sind sie dagegen durch Konjunktionen wie „und" oder „denn" verbunden, wirken sie auch sachlich, aber **nicht so kühl**. Satzgefüge, bestehend aus Haupt- und Nebensätzen, klingen **meist harmonisch**; sie können aber auch **gedrängt** wirken – so, als würde sich der*die Erzähler*in ein wenig gehetzt fühlen.
Wortwahl	Mit den Wörtern, die ein*e Erzähler*in verwendet, vermittelt er*sie eine bestimmte **Stimmung**. Es gibt Wörter, mit denen man **positive Vorstellungen** verbindet (z. B. mit „Held"), und Wörter, mit denen man **negative Vorstellungen** verbindet (z. B. mit „dunkel"). Je nachdem, welche Wörter überwiegen, wirkt die Botschaft eines Textes eher positiv oder negativ.
Wiederholungen	Wiederholungen von Wörtern, Wortgruppen oder sogar ganzen Sätzen weisen darauf hin, dass ihr Inhalt dem*der Verfasser*in **besonders wichtig** ist. Wenn es bei den Wiederholungen **leichte Veränderungen** gibt, sollten diese besonders beachtet werden, denn es gibt immer einen Grund dafür.
Überschrift	Autor*innen wählen die Überschriften für ihre Texte ganz bewusst aus. Sie zeigen mit diesen indirekt, **worauf es** ihnen besonders **ankommt**. Wenn es also Wörter aus dem Text gibt, die in der Überschrift vorkommen, dann zielen diese auf den Kern des Textes ab.

Übung 13

Lies den folgenden Prosatext und bearbeite dann die dazugehörigen Aufgaben.

Christine Nöstlinger: Morgenworte

„Zeit ist Geld! Zeit ist jede Menge Geld!", sprach Meier senior[1] tagtäglich zu Meier junior[2], und dann machte er sich an die Arbeit.

Vom frühen Morgen bis in die späte Nacht hinein arbeitete er und gönnte sich kein bisschen Zeit für andere Dinge als Arbeit. Und so hatte er auch keine Zeit zum Geldausgeben. Reich und immer reicher wurde er. Dann starb er eines Tages, und Meier junior erbte das ganze Geld.

„Ich will es meinem Vater gleichtun", sprach Meier junior.

„Wie hat er doch tagtäglich zu mir gesagt?" Lange dachte Meier junior nach, denn leider war er ein Morgenmuffel und hatte seines Vaters Morgenworte nie so recht mitbekommen. Endlich meinte er, sich genau erinnern zu können. „Ach ja", rief er, „Geld ist Zeit! Das hat der gute Alte immer gesagt! Geld ist jede Menge Zeit!"

Und dann kündigte Meier junior seinen Job und lebte vom Geld, das ihm Meier senior hinterlassen hatte, und er hatte tatsächlich jede Menge Zeit für andere Dinge als Arbeit.

Quelle: Christine Nöstlinger: Morgenworte.
In: Christine Nöstlinger und Jutta Bauer: „Ein und alles", Beltz & Gelberg: Weinheim 1992.

1 Meier senior: Meier, der ältere (gemeint: der Vater)

2 Meier junior: Meier, der jüngere (gemeint: der Sohn)

Aufgaben

1. Wer ist der*die Erzähler*in? Kreuze die passende Aussage an.

   Der*die Erzähler*in ist …

   a) ☐ eine Person, die am Geschehen beteiligt ist und es aus ihrer eigenen Sicht erzählt.

   b) ☐ eine Person, die das Geschehen von außen beobachtet und darstellt.

2. Unterteile den Text in Sinnabschnitte und ordne diese den Zwischenüberschriften passend zu.

Sinnabschnitt	Zwischenüberschrift
Z. – Z.	Lebensmotto des Vaters
Z. – Z.	Die Lebensgeschichte von Meier senior
Z. – Z.	Meier junior fasst einen Entschluss
Z. – Z.	Probleme bei der Umsetzung des Entschlusses
Z. – Z.	Lebensmotto des Sohnes

3. Was lässt sich über den Satzbau sagen? Kreuze die passende Aussage an.

   a) ☐ Es werden überwiegend kurze Hauptsätze unverbunden aneinandergereiht. Deshalb wirkt der Satzbau sehr sachlich und kühl.

   b) ☐ Aufeinanderfolgende Hauptsätze sind häufig miteinander verbunden. Deshalb wirkt der Satzbau zwar sachlich, aber nicht so kühl.

   c) ☐ Der Text besteht hauptsächlich aus Haupt- und Nebensätzen, die miteinander verknüpft sind. Deshalb wirkt der Satzbau harmonisch.

4. a) Verbindest du mit den folgenden Wörtern und Aussagen eher positive oder negative Vorstellungen?
Kreuze entsprechend an.

	positive Vorstellung	negative Vorstellung
„tagtäglich" (Z. 2)	☐	☐
„Reich und immer reicher" (Z. 9/10)	☐	☐
„jede Menge Zeit" (Z. 22/23)	☐	☐
„Morgenmuffel" (Z. 17)	☐	☐
„kein bisschen Zeit" (Z. 7)	☐	☐

b) Welche Wörter überwiegen? Kreuze die passende Aussage an.
- ☐ Es überwiegen positive Wörter.
- ☐ Es überwiegen negative Wörter.
- ☐ Die Verteilung ist annähernd ausgewogen.

5. Nenne zwei Wörter, die im Text häufig wiederholt werden.

____

6. Stelle Überlegungen zum Sinn der Überschrift an.

____

____

____

____

____

Die Darstellung untersuchen

Schritt für Schritt

Arbeitsschritt **1** Lies den ganzen Text einmal durch, um einen **Eindruck vom Inhalt** zu gewinnen.

Arbeitsschritt **2** Lies den Text dann ein zweites Mal durch; achte dabei auf **Einzelheiten**, die dir wesentlich erscheinen, und markiere sie. An passenden Stellen kannst du auch schon am rechten Rand stichwortartig kleine Kommentare aufschreiben.

Arbeitsschritt **3** Achte jetzt noch einmal gezielt auf die **Gestaltung** des Textes. Textstellen, die dir bezüglich des Erzählers/der Erzählerin, der Wortwahl, des Satzbaus oder Ähnlichem auffallen, markierst du ebenfalls. Mache dir zu ihnen am Rand Notizen.

Arbeitsschritt **4** Überlege dir nun, welche **Botschaft** der Text den Leser*innen vermitteln könnte. Berücksichtige dabei deine Ergebnisse aus den Schritten 1, 2 und 3.

Tipp

Verwende bei der Untersuchung der **Textdarstellung** andere **Farben** als bei der Untersuchung des **Inhalts**. Versuche auch, die Notizen am anderen Rand aufzuschreiben. Dann siehst du später auf einen Blick, welche deiner **Randkommentare** sich auf den **Sinn** des Textes beziehen und welche die **Gestaltung** betreffen.

Übung 14 Lies die Erzählung „Clown, Maurer oder Dichter“ von Reiner Kunze und bearbeite dann die Aufgaben.

Hinweis: Die Geschichte spielt in der ehemaligen DDR. Dort mussten alle jungen Männer nach der Schule zum Militär, zu dem man sich nicht kritisch äußern durfte.

Reiner Kunze: Clown, Maurer oder Dichter

Ich gebe zu, gesagt zu haben: Kuchenteller. Ich gebe ebenfalls zu, auf die Frage des Sohnes, ob er allen Kuchen auf den Teller legen solle, geantwortet zu haben: allen. Und ich stelle nicht in Abrede, daß der Kuchen drei Viertel der Fläche des Küchentischs einnahm. Kann man denn aber von einem zehnjährigen Jungen nicht erwarten, daß er weiß, was gemeint ist, wenn man Kuchenteller sagt? Das Händewaschen hatte ich überwacht, und dann war ich hinausgegangen, um meine Freunde zu begrüßen, die ich zum Kartoffelkuchenessen eingeladen hatte. Frischer Kartoffelkuchen von unserem Bäcker ist eine Delikatesse.

Als ich in die Küche zurückkehrte, kniete der Sohn auf dem Tisch. Auf einem jener Kuchenteller, die nur wenig größer sind als eine Untertasse, hatte er einen Kartoffelkuchenturm errichtet, neben dem der schiefe Turm zu Pisa senkrecht gewirkt hätte. Ich sparte nicht mit Stimme.

Ob er denn nicht sähe, daß der Teller zu klein sei.

Er legte sich mit der Wange auf den Tisch, um den Teller unter diesem völlig neuen Gesichtspunkt zu betrachten.

Er müsse doch sehen, daß der Kuchen nicht auf diesen Teller passe.

Aber der Kuchen passe doch, entgegnete er. Das eine Blech lehnte am Tischbein, und auch das andere war fast leer.

Ich begann, mich laut zu fragen, was einmal aus einem Menschen werden solle, der einen Quadratmeter Kuchen auf eine Untertasse stapelt, ohne auch nur einen Augenblick daran zu zweifeln, daß sie groß genug sein könnte.

Da standen meine Freunde bereits in der Tür.

„Was aus dem Jungen werden soll?“, fragte der erste, meine Worte aufnehmend. Er peilte den Turm an. „Der Junge offenbart ein erstaunliches Gefühl für Balance[1]. Entweder er geht einmal zum Zirkus, oder er wird Maurer.“

Der zweite ging kopfschüttelnd um den Turm herum. „Wo hast du nur deine Augen?“, fragte er mich. Erst jetzt entdeckte ich, daß die von mir geschnittenen Kuchenstücke geviertelt waren, als wären wir zahnlose Greise. Mein Freund sah die größeren Zusammenhänge: „Siehst du denn nicht, daß in dem Jungen ein Künstler steckt?“, sagte er dann. „Der Junge hat Mut zum Niegesehenen. Er verknüpft die Dinge so miteinander, daß wir staunen. Er hat schöpferische Ausdauer. Vielleicht wird aus ihm sogar ein Dichter, wer weiß.“

„Eher ein richtiger oder ein genialer Soldat“, sagte der dritte, den ich jedoch sogleich unterbrach. „Soldat? Wieso Soldat?“, fragte ich auf die Gefahr hin, dem Sohn die Wörter wieder abgewöhnen zu müssen, die zu erwarten waren, sobald sich dieser Freund seiner Armeezeit erinnerte. Er antwortete: „Ein richtiger Soldat, weil er auch den idiotischsten Befehl ausführt. Und ein genialer Soldat, weil er ihn so ausführt, daß das Idiotische des Befehls augenfällig wird. Ein Mensch wie er kann zum Segen der Truppe werden.“

Ich hoffte, der Sohn würde das meiste nicht verstanden haben. Am Abend hockte er sich jedoch zu Füßen seiner Schwester aufs Bett und fragte sie, was zu werden sie ihm rate: Clown, Maurer oder Dichter. Soldat zu werden, zog er nicht in Betracht, weil er es dann mit Vorgesetzten wie seinem Vater zu tun haben könnte.

Seitdem bedenke ich, wer bei uns zu Gast ist, bevor ich eines meiner Kinder kritisiere.

Quelle: Reiner Kunze: Clown, Maurer oder Dichter. In: Ders.: Die wunderbaren Jahre. Prosa. Fischer Verlag: Frankfurt am Main 1976. Aus rechtlichen Gründen ist der Text nicht in der neuen Rechtschreibung abgedruckt.

1 *Balance: Gleichgewicht*

Aufgaben

1. Bestimme die Textsorte von „Clown, Maurer oder Dichter“.

2. Finde passende Zwischenüberschriften für die angegebenen Sinnabschnitte.

Sinnabschnitt	Zwischenüberschrift
1. Z. 1–16	
2. Z. 17–24	
3. Z. 25–40	
4. Z. 41–48	
5. Z. 49–62	
6. Z. 63–75	
7. Z. 76–86	

3. Was lässt sich über den Erzähler des Textes aussagen? Nenne die Art des Erzählers und beschreibe seine Rolle im Zusammenspiel mit den anderen Personen.

   a) Art des Erzählers:

   b) Seine Rolle gegenüber anderen Personen:

4. Welche Aufgabe hat der Erzähler dem „zehnjährigen Jungen“ (Z. 8) erteilt? Beantworte diese Frage mit einem vollständigen Satz.

5. Beschreibe die Situation, vor deren Hintergrund die Handlung spielt. Schreibe ein bis zwei vollständige Sätze.

6. Erkläre den Sinn der folgenden Textstellen.

   a) „Auf einem jener Kuchenteller [...] hatte er einen Kartoffelkuchenturm errichtet, neben dem der schiefe Turm zu Pisa senkrecht gewirkt hätte." (Z. 18–23)

   b) „Ich sparte nicht mit Stimme." (Z. 23/24)

7. „Ich begann, mich laut zu fragen, was einmal aus einem Menschen werden solle, der einen Quadratmeter Kuchen auf eine Untertasse stapelt, ohne auch nur einen Augenblick daran zu zweifeln, daß sie groß genug sein könnte." (Z. 35–40)
   Was lässt sich aus diesen Worten des Erzählers ablesen?

Der Erzähler ...	trifft zu	trifft nicht zu
a) macht seinem Ärger Luft.	☐	☐
b) sieht schwarz für die Zukunft seines Sohnes.	☐	☐
c) äußert sein Erstaunen.	☐	☐
d) zweifelt am Verstand seines Sohnes.	☐	☐
e) zweifelt an seinem eigenen Verstand.	☐	☐

8. Die drei Freunde, die ins Zimmer kommen, äußern verschiedene Berufsvorschläge für den Sohn. Welche Gesichtspunkte führen sie an, um ihre Vorschläge zu begründen? Ordne die Begründungen den Berufen zu.

   A. Dichter
   B. Künstler
   C. Clown
   D. Maurer
   E. Soldat

Hinweis: Einige Begründungen lassen sich zwei Berufen zuordnen.

Beruf	Der Sohn ...
	ist gehorsam.
	hat einen guten Gleichgewichtssinn.
	hat Mut zu Neuem.
	führt auch unsinnige Befehle aus.
	hat kreative Ausdauer.
	gibt die Dummheit von Vorgesetzten auf kluge Art zu erkennen.

9. Was scheint der Freund, der als Beruf Soldat vorschlägt, von der Armee zu halten? Triff eine Entscheidung und begründe deine Meinung anschließend. Beziehe dich auf den Text.

- ☐ Der Freund findet es erstrebenswert, in der Armee zu dienen.
- ☐ Der Freund findet es schlimm, in der Armee zu dienen.

Begründung:

____

____

____

10. Warum verwirft der Junge gleich den Vorschlag, Soldat zu werden? Schreibe auf, welche Begründung er liefert. Formuliere sie mit eigenen Worten.

____

____

____

11. An einer Stelle sagt der Erzähler: „Ich hoffte, der Sohn würde das meiste nicht verstanden haben“ (Z. 76/77).

Was lässt sich aus diesen Worten ableiten – und was nicht? Berücksichtige den Textzusammenhang und kreuze entsprechend an.

Der Erzähler …	trifft zu	trifft nicht zu
a) fürchtet, der Sohn könnte die Vorschläge ernst nehmen.	☐	☐
b) glaubt, seine Freunde haben sich missverständlich ausgedrückt.	☐	☐
c) denkt, der Sohn könnte hochmütig werden.	☐	☐
d) nimmt an, dass der Sohn einiges verstanden hat.	☐	☐
e) ist mit den Vorschlägen der Freunde nicht einverstanden.	☐	☐
f) findet einige ihrer Begründungen falsch.	☐	☐
g) fühlt sich in seiner Autorität infrage gestellt.	☐	☐

12. „Am Abend hockte er sich **jedoch** zu Füßen seiner Schwester aufs Bett und fragte sie, was zu werden sie ihm rate“ (Z. 77–80).

Worin besteht der **Gegensatz**, der mit dem Wort „jedoch“ zum Ausdruck gebracht wird? Berücksichtige den Textzusammenhang.

____

____

____

____

13. Welche Worte benutzen die Freunde des Vaters, um ihre Berufsvorschläge für den Sohn zu begründen? Schreibe drei passende Textstellen heraus. Ergänze jeweils die Zeilenangabe.

a) Erster Freund: __________

b) Zweiter Freund: __________

c) Dritter Freund: __________

14. Bestimme den Satzbau.

a) ☐ Hauptsätze werden ohne Konjunktionen aneinandergereiht.
b) ☐ Hauptsätze werden durch Konjunktionen miteinander verbunden.
c) ☐ Haupt- und Nebensätze werden miteinander verknüpft.
d) ☐ Haupt- und Nebensätze werden ohne Konjunktion aneinandergereiht.

15. Beschreibe die Wirkung des Satzbaus mit treffenden Adjektiven.
Der Satzbau wirkt …

a) ☐ sachlich und kühl.
b) ☐ sachlich und ruhig.
c) ☐ lebendig und harmonisch.
d) ☐ hastig und gedrängt.

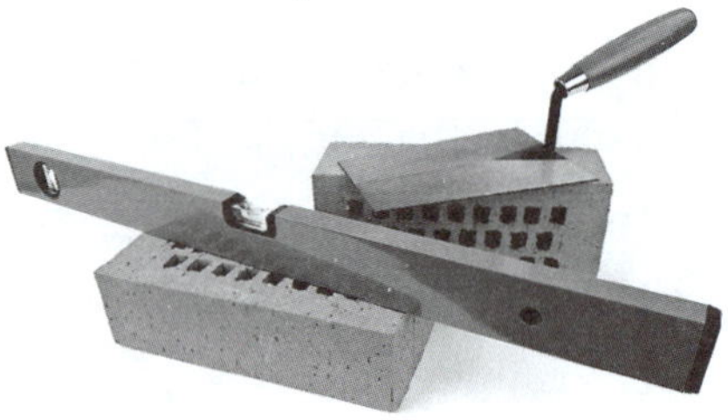

16. Stelle Überlegungen zum Sinn der Überschrift an.

17. Welche Botschaft könnte der Text vermitteln? Kreuze die Aussage an, die dir am meisten einleuchtet. Begründe deine Entscheidung anschließend.

Die Botschaft des Textes könnte so lauten:

a) ☐ Erwachsene sollten Kinder nicht kritisieren.
b) ☐ Erwachsene sollten Kinder ernst nehmen.
c) ☐ Kinder können noch nicht jede Aufgabe erledigen.
d) ☐ Kinder sind in der Regel schlauer als Erwachsene.

Begründung:

4.2 Gedichte untersuchen

Äußere Formmerkmale von Gedichten

Gedichte sind sehr kunstvoll gestaltete Texte. Das erkennt man schon an der **besonderen äußeren Form**, also der Anordnung der Wörter und Sätze: Die Zeilen eines Gedichts sind stark verkürzt. Man nennt sie **Verse**. Die Verse wiederum sind in Versgruppen, sogenannten **Strophen**, zusammengefasst.

Beispiel

Theodor Storm: Nelken

1 Ich wand ein Sträußlein morgens früh,	→ Vers	Strophe
2 Das ich der Liebsten schickte;	→ Vers	
3 Nicht ließ ich sagen ihr, von wem,	→ Vers	
4 Und wer die Blumen pflückte.	→ Vers	
5 Doch als ich abends kam zum Tanz,	→ Vers	Strophe
6 Und tat verstohlen und sachte,	→ Vers	
7 Da trug sie die Nelken am Busenlatz	→ Vers	
8 Und schaute mich an und lachte.	→ Vers	

Übung 15

Beschreibe die äußere Form des Gedichts „Nelken“ von Theodor Storm.
Nenne die Anzahl der Strophen und die Anzahl der Verse je Strophe.

Anzahl der Strophen: ____________________

Verse je Strophe: ____________________

Inhalt von Gedichten

Auch inhaltlich sind Gedichte etwas ganz Besonderes. Das verrät schon das Wort „Ge-dicht“. Trotz des geringen äußeren Umfangs sind Gedichte vom Inhalt her nämlich meist sehr „dicht“, also **inhaltsreich**. Du musst Gedichttexte daher ganz besonders sorgfältig lesen, um ihren Sinn zu verstehen.
In Gedichtform geschriebene Texte werden **lyrische Texte** genannt. Das Adjektiv „lyrisch“ ist abgeleitet vom Wort **Lyrik**. Im antiken Griechenland wurden Gedichttexte nämlich oft mit der *Lyra,* einem Musikinstrument, begleitet. Daraus lässt sich schon ersehen, dass es zwischen Gedichten und Musik eine enge Verbindung gibt.
Der*die „Erzähler*in“ eines Gedichts wird auch **lyrische*r Sprecher*in** genannt. Er*sie entspricht mehr oder weniger dem*der Erzähler*in in Prosatexten. Wenn er*sie von sich selbst spricht – also „ich“ sagt – bezeichnet man ihn*sie als **lyrisches Ich**.

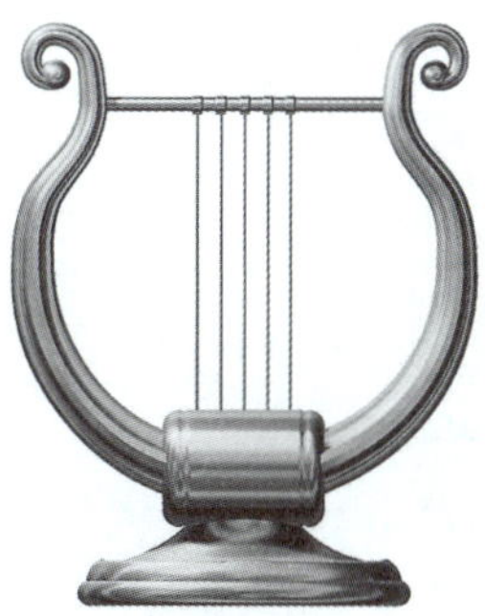

Abbildung: Lyra (altes griechisches Musikinstrument)

Wenn du merkst, dass es in einem Gedicht ein lyrisches Ich gibt, solltest du dir immer auch die Frage stellen, an wen es seine Worte richtet. Es gibt folgende Möglichkeiten:

Auf einen Blick

Das lyrische Ich richtet sich an ...	
ein Gegenüber	Das lyrische Ich richtet sich an eine einzelne Person, z. B. an die Geliebte. Die angesprochene Person muss nicht unbedingt in der Nähe sein. Auch die Leser*innen können sich angesprochen fühlen.
sich selbst	Man hat den Eindruck, das lyrische Ich würde Selbstgespräche führen.
eine Sache	Dabei kann es sich um Dinge aus der Natur wie die Sonne, eine Blume oder ein Tier handeln.
eine Gruppe	Das lyrische Ich kann eine Personengruppe oder alle Leser*innen ansprechen.
niemand Bestimmtes	Das lyrische Ich ist wie ein*e Erzähler*in, der*die beschreibt, was er*sie erlebt oder beobachtet hat.

Übung 16 Lies noch einmal das Gedicht „Nelken“ von Theodor Storm (S. 45) und bearbeite dann die Aufgaben.

1. Wie wird der*die „Erzähler*in“ im vorliegenden Gedicht genannt? Nenne den Fachbegriff.

____

2. An wen richtet der*die Sprecher*in seine*ihre Worte? Kreuze die passende Aussage an.

   Der*die Sprecher*in richtet seine*ihre Worte an ...

   a) ☐ ein Gegenüber.
   b) ☐ mehrere Personen.
   c) ☐ sich selbst.
   d) ☐ keine bestimmte Person.

Innere Formmerkmale von Gedichten

Wie die äußere Form, so ist auch die **innere Form** von Gedichten auffällig gestaltet. Die inneren Formmerkmale beziehen sich auf die **Struktur** und den **Klang** der Wörter. Zu beachten sind hier verschiedene **Reimsorten** und das **Versmaß**.

Reime

Reime sind Gleichklänge. Wie der Begriff „Gleich-klang" schon verrät, kommt es also **nicht auf die Schreibung** an, sondern allein auf den **Klang** der Wörter. Du wirst in Gedichten auf zwei unterschiedliche Reimarten stoßen:

- **Reiner Reim:**
  Bei reinen Reimen, wie „Sonne" und „Wonne" oder „Welt" und „fällt", haben die letzten Silben am Versende **gleichklingende** Vokale und Konsonanten. Dadurch entsteht der Reim.
- **Unreiner Reim:**
  Es gibt auch Reime, bei denen die Endsilben **nur ähnlich klingen**. „Blick" und „Glück" oder „sehen" und „mähen" sind z. B. unreine Reime.
  Auch Unterschiede in der Länge der Laute machen aus einem Reim einen unreinen Reim, wie z. B. in „Sohlen" und „Knollen".

Viele Gedichte sind nach einem bestimmten Muster, dem sogenannten **Reimschema**, angeordnet. Die folgenden Reimschemata solltest du kennen:

Auf einen Blick

Reimschemata		
Paarreim	**Paarweise** Anordnung der Reime (a a b b):	
	Von Natur aus ist der Regen	a
	Tier- und Pflanzenwelt ein Segen.	a
	Doof am Regen ist nur das:	b
	Auch wir Menschen werden nass!	b
Kreuzreim	Anordnung der Reime **über Kreuz**, also abwechselnd (a b a b):	
	Schläft ein Lied in allen Dingen,	a
	Die da träumen fort und fort,	b
	Und die Welt hebt an zu singen,	a
	Triffst du nur das Zauberwort.	b
umarmender Reim	Ein Paarreim in der Mitte wird von einem anderen Reim **„umarmt"** (a b b a):	
	Ein reiner Reim ist sehr begehrt,	a
	Doch den Gedanken rein zu haben,	b
	Die edelste von allen Gaben,	b
	Das ist mir alle Reime wert.	a

Tipp

Wenn **keines dieser Reimschemata** zu einem Gedicht passt, beschreibst du die Abfolge der Reime mit Buchstaben. Beginne mit dem Buchstaben **a**. Nimm immer dann den nächsten Buchstaben im Alphabet, wenn die Endsilbe eines Verses einen neuen Klang aufweist.

Übung 17 Bearbeite die folgenden Aufgaben zum Thema Reime.

1. Liegt bei den folgenden Reimen ein reiner oder ein unreiner Reim vor? Kreuze entsprechend an.

	reiner Reim	unreiner Reim
a) Höhen – gehen	☐	☐
b) lieber – über	☐	☐
c) wissen – vermissen	☐	☐
d) Falle – alle	☐	☐
e) wissen – küssen	☐	☐
f) Wut – Mut	☐	☐
g) teuer – Eier	☐	☐

2. Schreibe die Reimpaare aus Storms Gedicht „Nelken“ (S. 45) heraus und gib an, ob der Reim rein oder unrein ist.

____

____

3. Bestimme das Reimschema der ersten Strophe des folgenden Gedichts.

Johann Wolfgang von Goethe:
Willkommen und Abschied

Es schlug mein Herz, geschwind zu Pferde!
Es war getan fast eh gedacht.
Der Abend wiegte schon die Erde,
Und an den Bergen hing die Nacht;
Schon stand im Nebelkleid die Eiche,
Ein aufgetürmter Riese, da
Wo Finsternis aus dem Gesträuche
Mit hundert schwarzen Augen sah.

Reimschema: ____________________

4. Bestimme das Reimschema des folgenden Gedichts.

Eugen Roth: Seltsam genug

Ein Mensch erlebt den krassen Fall,
Es menschelt deutlich, überall –
Und trotzdem merkt man weit und breit
Oft nicht die Spur von Menschlichkeit.

Quelle: Eugen Roth: Seltsam genug. In: Sämtliche Werke. Hauser: München, 1977.

Reimschema: ____________________

Versmaß

Vielen Gedichten liegt eine **gleichmäßige Abfolge** von betonten und unbetonten Silben zugrunde. Diese Abfolge nennt man **Versmaß** oder **Metrum**.
Betonte Silben nennt man auch **Hebungen**, weil man an dieser Stelle des Wortes die Stimme anhebt. Bei **unbetonten Silben** senkt man dagegen die Stimme, deshalb heißen unbetonte Silben auch **Senkungen**.
Man kann **Zweier**- und **Dreiertakte** unterscheiden:

Auf einen Blick

Versmaß – Zweiertakte	
Trochäus	Auf eine betonte folgt eine unbetonte Silbe (x –): *Schläft | ein | Lied | in | al | len | Din | gen* x – x – x – x –
Jambus	Auf eine unbetonte folgt eine betonte Silbe (– x): *Ein | rei | ner | Reim | ist | sehr | be | gehrt* – x – x – x – x
Versmaß – Dreiertakte	
Daktylus	Auf eine betonte Silbe folgen zwei unbetonte (x – –): *Wollt | ihr | die | Frei | heit, | so | seid | kei | ne | Knech | te* x – – x – – x – – x –
Anapäst	Auf zwei unbetonte Silben folgt eine betonte (– – x): *Und | es | blitzt | aus | den | Au | gen | ihm | kühn* – – x – – x – – x

Schritt für Schritt

Das Versmaß bestimmen

Arbeitsschritt **1** Untersuche, **wie viele Silben** jeder Vers hat. Am besten machst du sie dir durch Trennstriche deutlich.

Arbeitsschritt **2** Sieh dir nun die Betonungen in den **zweisilbigen Wörtern** an, da sich dort betonte und unbetonte Silben besonders leicht unterscheiden lassen. In der deutschen Sprache wird nämlich in der Regel die **erste Silbe betont** und die zweite unbetont gesprochen.

Arbeitsschritt **3** Entscheide nun anhand dieses „Grundgerüstes“, ob die **verbleibenden Silben** jeweils unbetont oder betont sein müssen, damit sie in das Schema passen.

Arbeitsschritt **4** Überlege, welchem **Versmaß** dieses „Grundgerüst“ entspricht.

Arbeitsschritt **5** Prüfe durch **lautes Vorlesen** des Gedichtes, ob du das Versmaß richtig bestimmt hast.

Hinweis: Achte darauf, dass viele **Präfixe** (nicht alle!) **unbetont** gesprochen werden, wie z. B. das „ver-“ in „ver-gessen“. Außerdem weisen Wörter, die ursprünglich aus einer **anderen Sprache** stammen, meist ein besonderes Lautschema auf. Am besten du bestimmst diese Wörter erst ganz zum Schluss.

Übung 18 Bearbeite die folgenden Aufgaben zum Thema Versmaß.

1. Welche Silben sind betont und welche unbetont? Unterteile die Wörter in Silben und kennzeichne betonte Silben mit **x** und unbetonte mit **–**.

	Wortsilben	**Betonung**
ankommen	an | kom | men	x – –
Papier		
Elefant		
Wahrheit		
Wundermittel		
Fantasie		
Großmutter		

2. Kennzeichne in den folgenden Versen unbetonte und betonte Silben und bestimme anschließend das Versmaß.

a) **Wilhelm Busch:**
Der Sack und die Mäuse

Ein dicker Sack voll Weizen stand
Auf einem Speicher an der Wand. –
Da kam das schlaue Volk der Mäuse
Und pfiff ihn an in dieser Weise

Versmaß: ____________

b) **Christian Friedrich Hebbel:**
Lustig tritt ein schöner Knabe …

Lustig tritt ein schöner Knabe
In die Abendschenke ein,
Und sogleich zur kühlen Labe[1]
Bringt die Kellnerin den Wein.

Versmaß: ____________

1 *Labe: Erfrischung*

c) **Friedrich von Schiller:**
Würde der Frauen

Ehret die Frauen! sie flechten und weben
Himmlische Rosen ins irdische Leben,
Flechten der Liebe beglückendes Band

Versmaß: ____________

d) **Friedrich von Schiller:**
Der Taucher

Und es wallet und siedet und brauset und zischt,
Wie wenn Wasser mit Feuer sich mengt

Versmaß: ____________

Die Wirkung von innerer und äußerer Form

Du solltest die innere und äußere Form eines Gedichts nicht nur bestimmen können, sondern auch in der Lage sein, ihre Wirkung zu erkennen.
Welche Wirkung von einem Versmaß ausgeht, lässt sich nicht grundsätzlich sagen. Die verschiedenen Versmaße können eine **unterschiedliche Wirkung** haben. Es hängt vom Inhalt des jeweiligen Gedichts ab, welche Wirkung erzeugt werden soll. Wenn ein Gedicht ein bestimmtes Versmaß hat, z. B. einen regelmäßigen Jambus, dann überlegst du, ob der Inhalt eher **positiv** oder **negativ** zu deuten ist. Dementsprechend kannst du die **Wirkung des Versmaßes** festlegen.

Auf einen Blick

Mögliche Wirkungen des Versmaßes

	positiv	negativ
Trochäus	klar, bestimmt, fröhlich	kämpferisch, bedrohlich
Jambus	ruhig, gelassen	monoton, langweilig
Daktylus	lebendig, beschwingt	mahnend, unruhig
Anapäst	zielgerichtet, vorwärtstreibend	unruhig, bedrohlich

Tipp

Grundsätzlich gilt: Wenn ein Gedicht ein **regelmäßiges Versmaß** oder **Reimschema** aufweist, dann strahlt es eine **harmonische Stimmung** aus.
Unregelmäßigkeiten sind mit Absicht gesetzte Störungen, die eine gewisse **Unruhe** erzeugen sollen, um die Aufmerksamkeit der Leser*innen auf sich zu ziehen. Diese Textstellen sind für den Sinn des Gedichts von herausragender Bedeutung.

Hinweis: Mit Gedichten, bei denen Form und Inhalt scheinbar nicht so recht zusammenpassen, z. B. weil der Inhalt trostlos ist, die Form aber sehr harmonisch, wollen Dichter*innen oft darauf hinweisen, dass sich hinter einer schönen Fassade in Wirklichkeit große Probleme verbergen.

Übung 19

Sieh dir noch einmal die Gedichtauszüge auf Seite 50 an. Welche Wirkung wird jeweils durch das Versmaß erzeugt? Kreuze entsprechend an und wähle ein passendes Adjektiv aus dem „Auf einen Blick"-Kasten aus.

Gedichtauszug	positiv	negativ	Adjektiv
a) „Lustig tritt ein schöner Knabe"	☐	☐	________
b) „Und es wallet und siedet und brauset und zischt"	☐	☐	________
c) „Ein dicker Sack voll Weizen stand"	☐	☐	________
d) „Ehret die Frauen! sie flechten und weben"	☐	☐	________

Digitales Glossar: Begriffe nachschlagen

Sprachliche Bilder

Viele Gedichte enthalten sprachliche Bilder. Mit einem **Sprachbild** werden zwei Bereiche miteinander verbunden, die eigentlich nicht zusammengehören.
Durch ein sprachliches Bild wird die Darstellung für die Leser*innen **anschaulich**. Sie können sich in Gedanken „ausmalen", was im Text dargestellt ist.

Beispiel

Man kann z. B. sagen, dass es „Bindfäden regnet", obwohl Regen mit Bindfäden eigentlich nichts zu tun hat. Wenn es stark regnet, dann kann es aber fast so aussehen, als hätten sich die einzelnen Regentropfen zu langen Fäden verbunden.

Die am häufigsten vorkommenden Sprachbilder sind:

Auf einen Blick

Sprachbilder	
bildhafter Vergleich	Oft steht zwischen dem Bild und der Sache, auf die es sich bezieht, eine Art „**Gelenkstelle**", z. B. „wie" oder „als ob". *Ihre Augen leuchteten wie Sterne am Nachthimmel.*
Metapher	In einer Metapher wird das Wort nicht in seiner wörtlichen, sondern in einer übertragenen Bedeutung verwendet. Das Bild und die Sache, auf die es sich bezieht, sind zu einer **Einheit verschmolzen**. *Ihre Augen sind Sterne am Nachthimmel.*
Personifikation	Eine Personifikation liegt vor, wenn einer Sache **menschliche Fähigkeiten** oder **Eigenschaften** zugeschrieben werden. Auch Pflanzen und Tiere können personifiziert sein. *Die Blätter flüsterten im Wind.* Blätter können nicht flüstern, aber das Geräusch, das sie im Wind machen, hört sich so ähnlich an wie Flüstern.
Symbol	Ein Symbol ist ein Sprachbild, das auf einen **tieferen Sinn** verweist. Dieser Sinn ist meist allgemein bekannt. Auch ganze Textabschnitte können einen symbolischen Sinn haben. Diesen müssen die Leser*innen selbst erschließen. *Das Herz (Symbol der Liebe)*

Tipp

Sprachbilder haben einen großen **Einfluss auf die Stimmung**, die ein Text ausstrahlt. Es gibt schöne, aber auch trostlos wirkende Sprachbilder.

Übung 20

Handelt es sich bei den folgenden Sprachbildern jeweils um einen bildhaften Vergleich oder um eine Metapher? Kreuze entsprechend an.

	bildhafter Vergleich	Metapher
a) Die Rose leuchtet so rot, als würde sie bluten.	☐	☐
b) Jetzt kannst du die Früchte deiner Arbeit ernten.	☐	☐
c) Du bist ein Schatz!	☐	☐
d) Sein Gesicht sieht aus wie ein Streuselkuchen.	☐	☐
e) Sie ist treu wie Gold.	☐	☐
f) Er ist ein Fels in der Brandung.	☐	☐

Moderne Gedichte

Viele moderne Dichter*innen verzichten inzwischen darauf, ihre Gedichte in eine strenge Form zu bringen. Oft sind die Gedichte **reimlos**, das heißt, es gibt keine Reime mehr. Auch ein regelmäßiges Versmaß ist eher selten. Man sagt dann, diese Gedichte seien in **freien Rhythmen** verfasst.
Trotz der ungewöhnlichen Form handelt es sich doch um Gedichte. Das kannst du z. B. daran erkennen, dass auch moderne Gedichte in **Versen** geschrieben sind.

Tipp

Nicht alle **modernen Gedichte** sind reimlos und in freien Rhythmen verfasst. Es kann aber sein, dass es bei einem modernen Gedicht schwieriger ist, diese **Formmerkmale** zu bestimmen.

Übung 21

Lies das moderne Gedicht „Status quo" von Erich Fried und bearbeite dann die Aufgaben.

Erich Fried: Status quo[1]

Wer will
dass die Welt
so bleibt
wie sie ist
der will nicht
dass sie bleibt.

Quelle: Erich Fried: Status quo.
In: Gesammelte Werke.
Wagenbach: Berlin, 1993.

1 *Status quo: (lat.) gegenwärtiger/aktueller Zustand*

Aufgaben

1. Welche Formmerkmale gibt es in dem Gedicht?
   Kreuze sie an.

	trifft zu	trifft nicht zu
a) Verse	☐	☐
b) Strophen	☐	☐
c) Reime	☐	☐
d) festes Versmaß	☐	☐

2. Es gibt in dem Gedicht ein Wortspiel. Von Bedeutung ist dabei die Verneinung **„nicht"** (V. 5). Worauf bezieht sich diese Verneinung? Trage als Antwort passende Wörter in die Lücken ein.

   Die Verneinung **„nicht"** bezieht sich auf Menschen, die wollen, dass ______________

   ____.

   Gesagt wird, dass sie **nicht** wollen, dass ______________________________.

Gedichtanalyse

Gerade weil Gedichte so eine kunstvolle Form aufweisen, ist es oft gar nicht so einfach, den Sinn dieser kurzen Texte zu erfassen. Wenn du dich aber an folgendes Schema hältst, kommst du dem tieferen Sinn Stück für Stück näher:

Schritt für Schritt

Ein Gedicht untersuchen

Arbeitsschritt **1** Lies den Text erst einmal flüchtig durch und erfasse das **Thema** ganz allgemein.

Arbeitsschritt **2** Achte beim zweiten Lesedurchgang auch auf Einzelheiten. Frage dich, wer der*die **lyrische Sprecher*in** ist, und überlege, **an wen** sich die Worte richten.

Arbeitsschritt **3** Denke darüber nach, welche **Botschaft** vermittelt werden soll. Das ist die Kernaussage des Gedichts.

Arbeitsschritt **4** Achte darauf, mit welchen **sprachlichen Mitteln** die Gedanken in dem Gedicht zum Ausdruck gebracht werden. Wesentlich sind sprachliche Bilder, Wortwahl und Satzbau. Achte auf Wiederholungen, da ihr Inhalt meist besonders wichtig ist.

Arbeitsschritt **5** Untersuche das Gedicht auf seine **Formmerkmale** hin (Anzahl der Strophen, Anzahl der Verse je Strophe, Versmaß, Reimschema).

Arbeitsschritt **6** Stelle einen **Zusammenhang** zwischen den **Formmerkmalen** und dem **Sinn** des Gedichts her. Bedenke: Eine geordnete Form verweist auf eine harmonische Grundstimmung, während eine (scheinbar) ungeordnete Form anzeigt, dass auch inhaltlich etwas „in Unordnung" ist.

Tipp

Ein Vorteil liegt in der Prüfung natürlich darin, dass Gedichte eine **überschaubare Länge** haben. Wenn du sie aufmerksam liest, kann dir eigentlich kaum eine wichtige Textstelle entgehen. Zudem ist es gerade bei Gedichtanalysen möglich, nach einem **festen Schema** vorzugehen.

Übung 22

Lies das folgende Gedicht und bearbeite die zugehörigen Aufgaben.

Johann Wolfgang von Goethe: Gefunden

Ich ging im Walde
So für mich hin,
Und nichts zu suchen,
Das war mein Sinn.

Im Schatten sah ich
Ein Blümlein stehn,
Wie Sterne blinkend,
Wie Äuglein schön.

Ich wollt es brechen,
Da sagt' es fein:
Soll ich zum Welken
Gebrochen sein?

Mit allen Wurzeln
Hob ich es aus,
Und trugs zum Garten
Am hübschen Haus.

Ich pflanzt es wieder
Am kühlen Ort;
Nun zweigt und blüht es
Mir immer fort.

Aufgaben

1. Bestimme das Thema des Gedichts. Kreuze die passende Aussage an.
   Thema des Gedichts ist …
   a) ☐ die Gestaltung eines Gartens.
   b) ☐ ein Waldspaziergang.
   c) ☐ die Freude an einer Blume.
   d) ☐ die Heimkehr eines Spaziergängers.

2. Um was für einen Sprecher handelt es sich? Nenne den Fachbegriff.

   ____

3. An wen richtet der Sprecher seine Worte? Kreuze die passende Aussage an.
   Der Sprecher richtet seine Worte an …
   a) ☐ eine schöne Blume.
   b) ☐ den Wald.
   c) ☐ keine bestimmte Person.
   d) ☐ alle Leser*innen.

4. Suche für die folgenden Arten von Sprachbildern ein Beispiel aus dem Gedicht. Gib jeweils den Vers an, in dem du das Beispiel gefunden hast.
   a) bildhafter Vergleich: ______________________________
   b) Personifikation: ______________________________

5. Das „Blümlein“ (V. 6) steht symbolisch für etwas anderes. Für was steht es?

   ____

6. Das Verpflanzen der Blume hat einen symbolischen Sinn. Kreuze die Aussage an, die diesen tieferen Sinn treffend beschreibt.
   a) ☐ Es kostet Mühe, das, was man liebt, richtig zu pflegen.
   b) ☐ Man sollte bei einem Spaziergang immer eine Schaufel dabei haben.
   c) ☐ In einem Garten gedeihen Blumen am besten.
   d) ☐ Man muss dem, den man liebt, die gewohnte Lebensweise lassen.

7. a) Unterstreiche Wörter, mit denen man etwas Schönes verbindet, mit Rot und Wörter, mit denen man etwas Unschönes verbindet, mit Schwarz.

   b) In welchem Sinnabschnitt kommen Wörter vor, mit denen man eher etwas **Unschönes** verbindet?
   ☐ Strophe 1
   ☐ Strophe 2 und 3
   ☐ Strophe 4 und 5

c) Welche Wörter überwiegen in den letzten beiden Strophen? Was schließt du daraus?

____

____

8. Bestimme die wesentlichen Formmerkmale des Gedichts.
   a) Anzahl der Strophen: ____________
   b) Anzahl der Verse je Strophe: ____________

9. Bestimme das grundlegende Versmaß. Kreuze den passenden Fachausdruck an.
   a) ☐ Trochäus
   b) ☐ Jambus
   c) ☐ Daktylus
   d) ☐ Anapäst

10. Welche Stimmung erzeugt das Versmaß? Nenne treffende Adjektive.

____

11. Bestimme das Reimschema. Wähle die Darstellung mit Buchstaben, wenn keines der klassischen Reimschemata durchgängig vorliegt.

____

12. Welche Reimpaare sind reine Reime, welche sind unreine Reime? Kreuze entsprechend an.

	reiner Reim	unreiner Reim
a) hin – Sinn	☐	☐
b) stehn – schön	☐	☐
c) fein – sein	☐	☐
d) aus – Haus	☐	☐
e) Ort – fort	☐	☐

13. Wo befinden sich reine Reime und wo unreine? Kreuze entsprechend an. Stelle einen Zusammenhang zwischen der Position und der Stimmung des lyrischen Sprechers her und ordne die Adjektive passend zu.

A. aufgeregt B. glücklich C. ruhig D. unruhig E. zufrieden

Position	reine Reime	unreine Reime	**Adjektive**
a) 1. Strophe	☐	☐	____________
b) 2. und 3. Strophe	☐	☐	____________
c) 4. und 5. Strophe	☐	☐	____________

Schreibkompetenz

Was muss man können? Was wird geprüft?

Beim Schreiben musst du zeigen, dass du dich zu einem Thema sinnvoll und überzeugend schriftlich äußern kannst. Dabei spielt sowohl der **Inhalt** als auch die **Darstellung** eine Rolle.

Inhalt

- **Kenntnisse sammeln:** Du solltest für die Bearbeitung der Themenstellung über ausreichend Kenntnisse verfügen. Wenn du z. B. eine Inhaltsangabe schreiben willst, musst du den Inhalt des Ausgangstextes gut kennen.
- **Kenntnisse auswählen:** Wähle aus deinen Kenntnissen diejenigen aus, die für deinen Text bedeutsam sind.

Darstellung

Bei der Darstellung solltest du Folgendes beachten:

- **Textsorte:** Berücksichtige beim Schreiben die Merkmale der jeweiligen Textsorte. Ein Bericht wird z. B. anders geschrieben als ein persönlicher Brief.
- **Schreiber*in:** Wenn du deinen Text aus der Sicht einer bestimmten Person (z. B. aus der Sicht eines Jugendlichen) schreiben sollst, musst du dich so ausdrücken, wie sich diese Person (der Jugendliche) ausdrücken würde.
- **Leser*in:** Wenn du z. B. an deinen Schulleiter schreibst, musst du dich anders ausdrücken, als wenn du an eine Mitschülerin schreibst.
- **Wortwahl:** Es wird erwartet, dass du die für das Thema notwendigen Fachbegriffe kennst und verwendest.
- **Zusammenhang:** Die Einzelheiten, die du in deinem Text zur Sprache bringst, müssen in einer sinnvollen Reihenfolge angeordnet sein. Du darfst sie aber nicht einfach nur aufzählen, sondern musst auch Zusammenhänge zwischen ihnen aufzeigen.

Tipp

> Achte darauf, dass dein Text eine **angemessene Länge** hat. Ausuferndes „Geschwafel“ ist genauso falsch wie die Kürze einer SMS.

Darüber hinaus solltest du natürlich auch möglichst **fehlerfrei** schreiben. Das betrifft nicht nur die Rechtschreibung und Zeichensetzung, sondern auch die Sprachrichtigkeit (z. B. die richtige Zeitform oder den richtigen Kasus).

5 Den Schreibprozess steuern

Um einen guten Text zu schreiben, darfst du nicht einfach drauflos schreiben. Du solltest dir angewöhnen, den Schreibprozess richtig zu steuern.
Grundsätzlich gilt: **Erst denken – dann schreiben!**
Ein gelungener Schreibprozess besteht aus drei Phasen:

- Planen
- Schreiben
- Überarbeiten

Planungsphase

Bereite das Schreiben deines Textes Schritt für Schritt vor:

Schritt für Schritt

Den Schreibprozess planen

Arbeitsschritt 1 Beachte die **Aufgabenstellung** genau und mache dir stichpunktartig Notizen zu folgenden Gesichtspunkten:
- Welche **Textsorte** ist verlangt? Welche Merkmale hat diese Textsorte?
- Was will der*die **Schreiber*in** mit dem Text erreichen?
- Wer ist der*die **Leser*in** des Textes? Welche Erwartungen hat er? Welches Vorwissen bringt er mit?

Arbeitsschritt 2 **Ideen sammeln:** Was weißt du über das **Thema**? Halte deine Einfälle stichwortartig fest. Notiere sie so, wie sie dir in den Sinn kommen.

Arbeitsschritt 3 **Ideen bewerten:** Welche Einfälle sind wichtig, welche eher unwichtig? Mit **!** kennzeichnest du die Ideen, die dir wichtig erscheinen. Ideen, die du für unwichtig hältst, klammerst du ein.

Arbeitsschritt 4 **Ideen ordnen:** Ordne deine Einfälle nach dem Prinzip der ansteigenden Wichtigkeit: Beginne mit einem eher unwesentlichen Gesichtspunkt und steigere dich dann. Am Schluss kommt der Gesichtspunkt, der dir am wichtigsten erscheint.

Arbeitsschritt 5 **Schreibplan erstellen:** Ordne deine Gesichtspunkte zu. Halte fest, was du in der Einleitung, im Hauptteil und am Schluss schreiben willst. Notiere die einzelnen Stichworte untereinander, so behältst du die Übersicht.

Tipp

Um die Einfälle deiner **Ideensammlung** schon im Voraus ein bisschen zu **strukturieren**, kannst du eine **Stichwortliste**, eine **Tabelle**, ein **Cluster** oder eine **Mindmap** erstellen. Wähle die Darstellung, mit der du am besten zurechtkommst.

Übung 23

Lies noch einmal den Text „Morgenworte“ von Christine Nöstlinger (S. 38). Stelle dir dann Folgendes vor:

Meier junior, der mit richtigem Namen Max heißt, hat einen Onkel namens Rudi. Onkel Rudi sieht die neue Lebensweise von Max nach dem Tod von Meier senior kritisch. Daher schreibt er ihm einen Brief, mit dem er ihn dazu bewegen will, sein Verhalten zu ändern.

Bereite das Schreiben dieses Briefes vor, indem du die einzelnen Schritte der Planungsphase durchführst.

1. **Aufgabenstellung verstehen**
   a) Welche **Textsorte** ist verlangt? Welche Merkmale hat diese Textsorte?

   Textsorte: ______________________________

   Merkmale: ______________________________

   b) Wer ist der **Schreiber**? Was für ein Ziel verfolgt er?

   Schreiber: ______________________________

   Ziel: ______________________________

   c) Wer ist der **Leser**? Was weißt du über dessen Vorwissen und Meinung?

   Leser: ______________________________

   Vorwissen: ______________________________

   Meinung: ______________________________

2. **Ideen sammeln**
   Was weißt du über das Thema? Erstelle eine Stichwortliste, in der du jede Idee in eine neue Zeile schreibst.

   ____

   ____

   ____

   ____

   ____

   ____

   ____

   ____

3. **Ideen bewerten**
   Kennzeichne wichtige Ideen mit **!**
   Weniger wichtige Ideen setzt du in Klammern.

4. **Ideen ordnen**
   Lege eine Reihenfolge für deine Ideen fest, indem du sie entsprechend nummerierst. Beginne mit einem eher unwichtigen Punkt und steigere dich dann.

5. **Schreibplan erstellen**
   Was gehört in die Einleitung, was in den Hauptteil und was in den Schluss? Erstelle einen Schreibplan, der dir das Schreiben erleichtert (→ Heft).

Schreibphase

Wenn du alle vorbereitenden Schritte sorgfältig durchgeführt hast, wird dir das eigentliche Schreiben leichtfallen. Eine gründliche Planungsphase macht sich also bezahlt. Orientiere dich beim Schreiben an den Eintragungen in deinem Schreibplan.

Übung 24 Schreibe den Brief des Onkels an seinen Neffen (→ Heft).

Überarbeitungsphase

Lies deinen Text noch einmal sorgfältig durch und korrigiere Schwachstellen. Dabei geht es nicht nur um das Beseitigen möglicher **Fehler**, sondern auch um das Verbessern **ungeschickter Formulierungen**. Unterscheide zwischen kleineren und größeren Korrekturen.

Auf einen Blick

Korrekturen am Text	
Kleinere Korrekturen	Wenn du nur wenige Wörter ändern willst, streichst du diese sauber durch und schreibst die **verbesserte Version darüber**.
Größere Korrekturen	Wenn du längere Textabschnitte ändern musst, streichst du sie mit **Lineal** durch und versiehst sie mit einer **Nummer**. Die verbesserte Version schreibst du unter Angabe der Nummer auf ein **Extrablatt**.

Übung 25

Überarbeite den Antwortbrief, den Max an Onkel Rudi geschrieben hat. Du brauchst nur die Formulierungen zu verbessern, die unterstrichen sind. Schreibe deine Verbesserungen am rechten Rand auf.

Hinweis: Wenn es zweimal die gleiche Nummer gibt, liegt eine Wiederholung vor. Dann musst du das Wort einmal streichen oder durch einen anderen Ausdruck ersetzen.

Hallo[1] Onkel Rudi,

danke für dein Geschreibsel[2]. Ich kann verstehen, dass du anfängst, dir einen Kopf[3] um mich zu machen. Aber das ist bescheuert[4]. Eigentlich bin ich nämlich ganz gut drauf[5]. Und ein schlechtes Gewissen habe ich auch nicht.

Solange der Alte[6] noch lebte, habe ich immer nach seiner Pfeife getanzt[7] und jahrelang ganz schön geackert[8]. Ich finde es deshalb voll O.K.[9], dass ich nun von dem Ersparten lebe.

Kann sein[10], dass Vater dachte: „Zeit ist Geld." Ich frage mich aber, ob die Einstellung korrekt[11] war. Eigentlich hat er immer nur geschuftet[12], um noch mehr Geld zusammenzuraffen[13]. Er hat in seinem Leben allerdings nie richtig gechillt[14]. Und für mich hatte er nie Zeit. Das fand ich total doof.[15]

Es kann sein, dass ich[16] einmal[17] eine Familie gründe und dass ich[16] dann wieder arbeite. Ich will aber nicht, dass meine Kinder mir später einmal[17] vorwerfen, sie hätten ihren Vater nur von hinten[18] gesehen. Deshalb werde ich nur so viel arbeiten wie nötig. Gut möglich[19], dass meine Frau und ich beide[20] einen Teilzeitjob annehmen; dann können wir uns beide[20] um die Kinder kümmern.

Mache dir also bitte keine Sorgen um mich. Ich werde schon nicht als Penner in der Gosse[21] landen. Im Moment geht es mir tipptopp[22].

Ciao[23]

Dein Max

1. ______
2. ______
3. ______
4. ______
5. ______
   ______
6. ______
7. ______
8. ______
9. ______
10. ______
11. ______
12. ______
13. ______
14. ______
15. ______
16. ______
17. ______
18. ______
    ______
19. ______
20. ______
21. ______
22. ______
23. ______

6 Schreibaufgaben lösen

In der Prüfung sollst du in der Regel eine ganz **bestimmte Textsorte** schreiben. Im Folgenden erfährst du, welche **Merkmale** die einzelnen Textsorten auszeichnen und wie du vorgehen kannst, um einen entsprechenden Text zu schreiben.

6.1 Offene Fragen zu einem Text beantworten

Wenn zu einem Text eine offene Frage gestellt wird, dann wird von dir erwartet, dass du diese ausführlich mit einem kompletten Text beantwortest. Zwei bis drei Sätze genügen keinesfalls. Grundlage für deine Antwort ist stets der Text, auf den Bezug genommen wird.
Als offene Frage können dir folgende Fragetypen begegnen:

Auf einen Blick

Offene Fragen	
Ergänzungsfrage	Ergänzungsfragen werden mit **W-Fragewörtern**, z. B. „warum" oder „wie", eingeleitet. Sie fragen gezielt nach Textinhalten, die du ergänzen sollst.
Entscheidungsfrage	Bei Entscheidungsfragen wird dir eine Aussage zum Text gegeben, der du **zustimmen** oder die du **ablehnen** kannst. Deine Entscheidung musst du natürlich gut begründen, indem du dich immer wieder auf den Text beziehst.

Beispiele

Die folgenden Beispiele beziehen sich auf den Text „Ein Leben ohne Buchstaben" auf Seite 12/13.

Ergänzungsfrage
*Warum ist es für Analphabet*innen schwer, ihren Alltag zu bewältigen?*

Entscheidungsfrage
*Analphabet*innen haben es im Alltag viel schwerer als Menschen, die lesen können. Stimmst du dieser Aussage zu? Begründe deine Meinung.*

Tipp

> Bei Entscheidungsfragen kannst du die Aussage, die dir gegeben wird, immer **in eine Frage umwandeln**, z. B.: *Stimmt es, dass …?*

Beispiel

Umgewandelt in eine Frage lautet die obige Aussage: *Stimmt es, dass es Analphabet*innen im Alltag schwerer haben als Menschen, die lesen können?*

Aufbau des Antworttextes

Wie andere Texte auch sollte dein ausführlicher Antworttext aus drei Abschnitten bestehen: einer **Einleitung**, einem **Hauptteil** und einem **Schluss.** Achte außerdem darauf, dass du deinen Antworttext im **Präsens** schreibst.

Auf einen Blick

Aufbau von Antworttexten	
Einleitung	Nenne den **Titel** des Ausgangstextes und äußere dich zu seinem **Thema**. Erläutere danach kurz die **Frage**, die du beantworten sollst.
Hauptteil	Schreibe nun deinen **Antworttext**. Beziehe dich dabei hin und wieder gezielt auf **Textstellen**, um deine Aussagen anhand des Textes zu belegen (vgl. S. 95).
Schluss	Am Schluss formulierst du ein **Ergebnis**. In der Regel äußerst du dort deine **Meinung** zum Thema.

Beim Beantworten offener Fragen zu einem Text gehst du am besten so vor:

Schritt für Schritt

Offene Fragen beantworten

Arbeitsschritt 1 **Aufgabe durchdenken:** Überlege, worauf die Frage abzielt.

Arbeitsschritt 2 **Textstellen markieren:** Lies den Text noch einmal genau durch und markiere dabei alle Textstellen, die in Bezug auf die Frage bedeutsam sind.

Arbeitsschritt 3 **Randnotizen erstellen:** Schreibe bei jeder Textstelle, die du markiert hast, kommentierende Stichworte an den Rand.

Arbeitsschritt 4 **Schreibprozess planen:** Bewerte und ordne deine Randnotizen und erstelle im Anschluss einen Schreibplan.

Arbeitsschritt 5 **Text schreiben:** Orientiere dich beim Schreiben an deinem Schreibplan.

Arbeitsschritt 6 **Text überarbeiten:** Lies deinen Text am Schluss zur Kontrolle noch einmal genau durch. Korrigiere dabei Fehler und Formulierungsschwächen.

Übung 26

Die folgende Aufgabe bezieht sich auf den Text „Ein Leben ohne Buchstaben“ (S. 12/13). Erstelle einen Schreibplan und schreibe einen Antworttext.

*Warum ist es für Analphabet*innen schwer, ihren Alltag zu bewältigen?*

6.2 Den Inhalt eines Textes zusammenfassen

Eine Inhaltsangabe dient dazu, die Leser*innen **in Kürze** darüber zu informieren, worum es in einem Text geht.
Wenn du einen literarischen Prosatext zusammenfassen willst, kannst du so vorgehen:

Schritt für Schritt

Eine Inhaltsangabe schreiben

Arbeitsschritt **1** Lies den Text genau durch. **Markiere** beim Lesen alle Textstellen, die dir wesentlich erscheinen, und mache dir kommentierende Notizen am Rand.

Arbeitsschritt **2** **Schreibplan erstellen:** Gliedere ihn folgendermaßen:

- **Einleitung:** In einem typischen Einleitungssatz informierst du zunächst über **Textsorte**, **Titel**, **Verfasser** und **Thema** des Textes.
  Es folgen grundlegende Informationen. Gib Antworten auf diese W-Fragen:
  Wer ist beteiligt?
  Wo spielt das Geschehen?
  Wann findet die Handlung statt?
  Was geschieht? – Gib einen kurzen **Überblick über die Handlung**.
- **Hauptteil:** Beachte nun auch **Einzelheiten**. Unterteile den Text in **Handlungsschritte** und ordne sie in der richtigen **Reihenfolge** an.
- **Schluss:** Überlege, was sich über den **Ausgang des Geschehens** sagen lässt.

Arbeitsschritt **3** **Inhaltsangabe schreiben:** Achte darauf, dass du durchgängig im **Präsens** formulierst, und verzichte auf wörtliche Rede.

Arbeitsschritt **4** **Text überarbeiten:** Lies den Text noch einmal sorgfältig durch. Korrigiere Fehler und Formulierungsschwächen.

Achte bei der Darstellung deiner Inhaltsangabe auf folgende Gesichtspunkte:

Auf einen Blick

Inhaltsangaben richtig gestalten	
Sprachstil	Die Sprache sollte **sachlich** sein. Verzichte auf Wörter wie „plötzlich“, die Spannung erzeugen. Du solltest auch **keine Gefühle** zu erkennen geben, z. B. durch Wörter wie „leider“. Verwende ausschließlich **Standarddeutsch**.
Präsens	Schreibe im **Präsens**. Bei Vorzeitigkeit verwendest du das Perfekt (vgl. hierzu auch S. 116–118).
Eigene Worte	Benutze **eigene Worte**. „Klebe“ nicht an Formulierungen aus dem Text.
Zusammenhänge	Zeige **Zusammenhänge** zwischen den einzelnen Handlungsschritten auf, indem du Konjunktionen oder Adverbien einfügst (vgl. hierzu auch S. 129–132).
Indirekte Rede	Verwende **indirekte Rede**, wenn du ausdrücken willst, was eine Person sagt oder denkt (vgl. hierzu auch S. 118/119).
Absätze	Unterteile deinen Text in **Absätze**. Grenze Einleitung und Schluss immer vom Hauptteil ab.

Übung 27

Miriam und Ronald haben jeweils eine Inhaltsangabe zum Prosatext „Morgenworte“ von Christine Nöstlinger (S. 38) geschrieben. Lies beide Inhaltsangaben durch und bearbeite anschließend die zugehörigen Aufgaben.

Miriams Inhaltsangabe

Da war so'n Typ, der seinem Sohn immer vorgequatscht hat „Zeit ist Geld“.
Nach seinem Tod kriegte der Sohn den Spruch von seinem Vater nicht mehr so richtig auf die Reihe. Er drehte das, was der Alte gesagt hatte, einfach um. Er dachte, der Spruch lautete: „Geld ist Zeit.“
Da hörte er auf zu malochen und lebte nur noch von dem Zaster, den er von seinem Vater geerbt hatte. Er machte bloß noch das, worauf er Bock hatte. Er musste ja nicht mehr arbeiten, weil er genug Geld hatte.

Ronalds Inhaltsangabe

Der kurze Prosatext „Morgenworte“ von Christine Nöstlinger erzählt davon, wie eine falsche Erinnerung das Leben eines jungen Mannes verändert.
In seiner Jugend hat er von seinem Vater immer gehört, dass Zeit Geld sei. Nach dessen Tod will er diesen Rat befolgen, doch kann er sich nicht mehr an den genauen Wortlaut erinnern. Schließlich glaubt er, sein Vater habe gesagt, Geld sei Zeit. Daraufhin hört er auf zu arbeiten.
Nun lebt er nur noch von dem Geld, das er von seinem Vater geerbt hat.

Aufgaben

1. Welche der folgenden Textmerkmale lassen sich Miriams Text zuordnen, welche Ronalds Text? Kreuze entsprechend an.

   Hinweis: Einige Merkmale passen zu beiden Versionen.

	Miriam	Ronald
a) Der Text gliedert sich in Einleitung, Hauptteil und Schluss.	☐	☐
b) In der Einleitung wird der Inhalt kurz zusammengefasst.	☐	☐
c) Im Hauptteil werden die wesentlichen Inhalte dargestellt.	☐	☐
d) Gesagtes wird in indirekter Rede wiedergegeben.	☐	☐
e) Die Sprache entspricht der Standardsprache.	☐	☐
f) Die Darstellung erfolgt im Präsens; bei Vorzeitigkeit wird Perfekt verwendet.	☐	☐
g) Die Sprache ist sachlich.	☐	☐
h) Der Schluss informiert über den Ausgang der Handlung.	☐	☐
i) Im Text werden unnötige Wiederholungen vermieden.	☐	☐

2. Nutze die Ergebnisse aus Aufgabe 1 und beurteile, welche der beiden Inhaltsangaben besser gelungen ist. Kreuze passend an.

   Besser gelungen ist ...

   ☐ Miriams Inhaltsangabe.
   ☐ Ronalds Inhaltsangabe.

Übung 28 Fasse den Inhalt der Erzählung „Clown, Maurer oder Dichter“ von Reiner Kunze (S. 40) zusammen. Fülle zunächst den Schreibplan aus und schreibe dann eine vollständige Inhaltsangabe (→ Heft).

Schreibplan

Einleitung	Textsorte: ________ Titel: ________ Verfasser: ________ Thema: ________ Überblick über die Handlung: ________ ________ ________ ________
Hauptteil	Handlungsschritte: 1. ________ ________ ________ ________ ________ ________ ________ ________ ________ ________ ________ ________ ________
Schluss	Ausgang der Handlung: ________ ________ ________ ________

Sachtexte zusammenfassen

Wenn du den **Inhalt eines Sachtextes** zusammenfassen sollst, musst du einige Besonderheiten berücksichtigen:

Auf einen Blick

Besonderheiten bei der Zusammenfassung von Sachtexten	
Einleitung	Gib in deinem Einleitungssatz neben **Textsorte**, **Titel** und **Verfasser*in** zusätzlich **Erscheinungsdatum** und **Quelle** des Textes an, sofern sie dir bekannt sind. Nenne das **Thema** des Textes.
Hauptteil	Wähle von den **Informationen**, die der*die Verfasser*in zum Thema vermittelt, die wichtigsten aus und zeige **Zusammenhänge** zwischen ihnen auf.
Schluss	Abschließend kannst du noch einmal auf das **Anliegen des Verfassers/der Verfasserin** zu sprechen kommen oder die entscheidenden Aussagen hervorheben.

Hinweis: Wenn du einen Meinungstext, also einen **Kommentar** oder eine **Glosse**, zusammenfasst, solltest du bedenken, dass der Verfasser die Leser mit dem Text von seiner Meinung überzeugen will. Verwende deshalb **indirekte Rede**, um Aussagen des Verfassers darzustellen. Dadurch drückst du aus, dass du nur die **Meinung des Verfassers/der Verfasserin** wiedergibst, keine Tatsachen.

Tipp

Die meisten Sachtexte enthalten allgemeine Aussagen, die in anschließenden Erläuterungen genauer erklärt und durch Beispiele veranschaulicht werden. Für deine Zusammenfassung brauchst du **nur** die **allgemeinen Aussagen** und **Erläuterungen** zu berücksichtigen.

Allgemeine Aussagen, Erläuterungen und Beispiele kannst du so unterscheiden:

- **Allgemeine Aussagen** sind grundlegende Aussagen über etwas, wie z. B.: *Hunde gelten als besonders lernbereite Haustiere.*
- **Erläuterungen** erklären die allgemeinen Aussagen genauer. Sie können auch eine Begründung dafür angeben, warum die allgemeine Aussage zutrifft, wie z. B.: *Die meisten von ihnen können im Laufe ihres Lebens einfache Befehle erlernen.*
- **Beispiele** beziehen sich immer auf Einzelfälle, wie: *Dazu gehören beispielsweise „Sitz!“ oder „Platz!“*

Übung 29

Kreuze an, ob es sich bei den Aussagen um eine allgemeine Aussage (AA), eine Erläuterung (E) oder ein Beispiel (B) handelt.

	AA	E	B
a) Mit der Hilfe von Smartphones kann man sich in einer fremden Stadt leicht zurechtfinden.	☐	☐	☐
b) Sie haben viele praktische Funktionen.	☐	☐	☐
c) Smartphones sind nützliche Begleiter für den Alltag.	☐	☐	☐

Übung 30 Fasse den folgenden Sachtext zusammen (→ Heft).
Unterstreiche zur Vorbereitung alle allgemeinen Aussagen im Text.

Hier werden Sie geortet

Manchmal ist es verlockender, nach der Pausenklingel einfach auf dem Schulhof zu bleiben. Lieber noch etwas in der Sonne liegen als zurück in den dunklen Klassenraum. In Texas können sich Schulschwänzer bald nicht mehr vor ihren Lehrkräften verstecken: Denn durch eine Art Peilsender können die künftig prinzipiell[1] jeden Schüler aufspüren – vorausgesetzt, er befindet sich auf dem Schulgelände.

Mit diesem Pilotprojekt[2] sorgt ein Schulbezirk in San Antonio[3] derzeit für Aufruhr: Rund 6 290 Schüler von zwei verschiedenen Schulen sollen im nächsten Jahr einen neuen Schulausweis bekommen. Umgerechnet rund zwölf Euro müssen die Schüler dafür zahlen; wer seinen Ausweis verliert, muss einen neuen kaufen. Das Besondere daran: In ihm ist ein Chip verborgen, durch elektromagnetische Wellen lassen sich Schüler dann orten, und es lässt sich so feststellen, wenn sich Schüler in einen Schulbus setzen. „Wir wollen die Möglichkeiten der Technik nutzen, um Schulen sicherer zu machen", sagte der Sprecher des Bezirks, Pascual Gonzalez, der örtlichen Zeitung San Antonio Express-News. „Eltern erwarten von uns, dass wir immer wissen, wo ihre Kinder sind, und diese Technik wird uns dabei helfen."

Aber das ist nicht die alleinige Motivation[4] für die Peilsender: Denn der Bezirk möchte so Geld verdienen. Zwar wird er zunächst rund 420 000 Euro in die neue Technik investieren[5] müssen, danach rechnet er jährlich mit laufenden Kosten von rund 110 000 Euro. Auf der anderen Seite hofft der Bezirk auf etwa 1,4 Millionen Euro Einnahmen. Denn die Finanzierung der Schule ist zum Teil an die Anwesenheit der Schüler gekoppelt: Je weniger Schulschwänzer, desto mehr Geld vom Staat. Durch den Chip will die Schule auch besser kontrollieren, wer tatsächlich den ganzen Tag fehlt oder wer sich nur verspätet hat. Und manch einer sitzt zwar nicht im Klassenraum – aber nicht, weil er schwänzt, sondern weil der Direktor ihn zu sich zitiert hat oder weil er gerade im Krankenzimmer versorgt wird. Auch das ließe sich herausfinden. Die Anwesenheitsliste wäre so weniger lückenhaft – hofft der Bezirk.

Datenschützer zeigen sich wenig begeistert von diesem Plan: Die amerikanische Bürgerrechtsunion (ACLU) hat schon vor einigen Jahren an einer anderen Schule in Kalifornien erfolgreich gegen derartige Pläne gekämpft, berichtet San Antonio Express-News. Kirsten Bokenkamp, ACLU-Sprecherin in Texas, sorgt sich um die Privatsphäre der Schüler. Auch könnten Kinder leichter gekidnappt werden, wenn sich jemand ins System einhackt.

Mitglieder der Schulbehörde zeigen sich ebenfalls skeptisch[6]: „Ich denke, wir überschreiten unsere Grenze, und es ist unangemessen", sagte M'Lissa M. Chumbley. „Ehrlich gesagt behagt mir das nicht." Zwar begrüßen einige Eltern durchaus die Pläne, sie hoffen, dass sie sich so weniger um die Sicherheit ihrer Kinder sorgen müssen. Eine andere Mutter sagte allerdings: „Ich würde mir wünschen, dass Lehrkräfte Schüler motivieren, auf ihren Plätzen zu sitzen, und dass nicht der Bezirk so etwas tun muss."

Quelle: http://www.spiegel.de/schulspiegel/ausland/schulen-in-texas-usa-wollen-schueler-mit-mikrochips-ueberwachen-a-836250.html, 31. 05. 2012, aus didaktischen Gründen stellenweise gekürzt und leicht geändert.

1 *prinzipiell: grundsätzlich*

2 *Pilotprojekt: ein Projekt, das in dieser Form das erste Mal durchgeführt wird*

3 *San Antonio: Ort in Texas, USA*

4 *Motivation: hier: Begründung*

6 *skeptisch: kritisch*

5 *investieren: Geld für etwas ausgeben*

Gedichte zusammenfassen

Wenn du ein Gedicht zusammenfassen sollst, musst du ebenfalls einige Besonderheiten beachten. In einem Gedicht wird nämlich in der Regel **keine Handlung** erzählt. Stattdessen bringt der lyrische Sprecher seine **Gedanken** und **Gefühle** zum Ausdruck. Um den Inhalt eines Gedichts zusammenzufassen, musst du also meist etwas über dessen Gedanken und Gefühle sagen.

Auf einen Blick

Besonderheiten bei der Zusammenfassung von Gedichten	
Einleitung	Gib in deinem Einleitungssatz neben **Textsorte**, **Titel** und **Verfasser*in** auch das **Thema** des Gedichts an, indem du schreibst, worüber sich der*die **lyrische Sprecher*in** Gedanken macht.
Hauptteil	Beachte nun die wesentlichen Einzelheiten. Am besten gehst du **Strophe für Strophe** kurz auf die Gedanken ein, die der*die lyrische Sprecher*in zum Ausdruck bringt. Überlege auch, in welcher **Situation** er*sie sich befindet und welche **Erlebnisse** oder **Beobachtungen** für ihn*sie eine Rolle spielen. So ist es dir möglich, seinen*ihren Gedankengang nachzuvollziehen.
Schluss	Formuliere ein Ergebnis. Äußere dich z. B. zu der **Stimmung**, die das Gedicht erzeugt. Zeige auf, wie der Text auf Leser*innen wirkt.

Übung 31

Fasse den Inhalt des Gedichts „Nelken“ von Theodor Storm (S. 45) zusammen. Fülle zunächst den Schreibplan aus und formuliere dann deine Inhaltsangabe, indem du dich an deinem Schreibplan orientierst (→ Heft).

Schreibplan

Einleitung	Textsorte: ______ Titel: ______ Verfasser: ______ Thema: ______
Hauptteil	Situation des lyrischen Sprechers, Erlebnisse und Erfahrungen: ______ ______ ______ ______ ______
Schluss	Ergebnis (z. B. die Stimmung des Gedichts): ______ ______

6.3 Einen Text analysieren und interpretieren

Wenn dir die Aufgabe gestellt wird, einen Text zu analysieren, geht es nicht nur um den **Inhalt**, sondern auch um die **Darstellung**. Du musst also einerseits **Textstellen interpretieren** und andererseits die **Darstellung untersuchen**.

Textstellen interpretieren

Markiere Textstellen, an denen du erkennen kannst, welche **Botschaften** der Text vermittelt. Diese Textstellen musst du deuten, indem du mit eigenen Worten Aussagen dazu formulierst. „Interpretieren" bedeutet nämlich, **Textstellen zu deuten**.

Beispiel

Tims Hände ballten sich zu Fäusten. Er versuchte, tief durchzuatmen.
→ Deutung: Tim ist wütend oder angespannt, versucht aber, ruhig zu bleiben.

Tipp

> Wenn du nicht weißt, wie du eine **Textaussage deuten** sollst, können dir diese **Fragen** helfen: *Was wird ausgesagt? Was kann man daraus ersehen? Warum macht er*sie das?*

Darstellung untersuchen

Wenn du die Darstellung beschreiben willst, musst du den Text nach **Merkmalen der Darstellung** wie Satzbau, Wortwahl und sprachlichen Bildern untersuchen und deren **Wirkung bestimmen**. „Analysieren" bedeutet nämlich nichts anderes als „untersuchen". Nutze als Hilfe die Übersichten auf den Seiten 37 und 52.

Beispiel

Wie eine riesige, blauschwarze Wand türmte sich das Wasser vor ihr auf.
→ Wirkung: Der bildhafte Vergleich erzeugt eine bedrohliche, negative Stimmung.

Auf einen Blick

Prosatexte analysieren und interpretieren	
Einleitung	In der Einleitung schreibst du eine **knappe Inhaltsangabe**, die dem Leser die Antworten auf folgende W-Fragen gibt: *Wer? Wann? Wo? Was?* Äußere dich auch zur **Art des Erzählers/der Erzählerin**. Handelt es sich um eine*n **Ich-Erzähler*in**, solltest du das am Anfang erwähnen, damit man gleich weiß, dass die Hauptfigur und der*die Ich-Erzähler*in ein und dieselbe Person sind.
Hauptteil	Der Hauptteil gliedert sich in zwei Teile: • **Inhalt:** Im ersten Teil beantwortest du diese W-Fragen: *Wie? Warum?* Formuliere nach und nach alle deine **deutenden Aussagen**. Lege vorher ihre **Reihenfolge** im Schreibplan fest. Am besten steigerst du dich von eher offensichtlichen zu anspruchsvolleren Aussagen. Versuche, geschickt **Überleitungen** zwischen ihnen herzustellen. • **Darstellung:** Wähle zwei oder drei Merkmale der Darstellung aus, die dir besonders wichtig erscheinen, und beschreibe die **Wirkung**, die von ihnen ausgeht.
Schluss	Formuliere zum Schluss ein **Ergebnis**. Äußere z. B. deine begründete Meinung zum Text oder schreibe auf, welche Botschaft der Text an die Leser*innen richtet.

Tipp

> Verwende für deine Textmarkierungen immer zwei Farben: **Farbe 1** für **inhaltliche Aspekte** und **Farbe 2** für die **Darstellung**. So erkennst du beim Schreiben deiner Analyse sofort, welche Textstellen für welchen Abschnitt im Hauptteil wichtig sind.

Lies die folgende Kurzgeschichte und bearbeite dann die dazugehörigen Aufgaben.

Übung 32

Walter Helmut Fritz: Augenblicke

Kaum stand sie vor dem Spiegel im Badezimmer, um sich herzurichten, als ihre Mutter aus dem Zimmer nebenan zu ihr hereinkam, unter dem Vorwand, sie wolle sich nur die Hände waschen.

Also doch! Wie immer, wie fast immer. Elsas Mund krampfte sich zusammen. Ihre Finger spannten sich. Ihre Augen wurden schmal. Ruhig bleiben!

Sie hatte darauf gewartet, dass ihre Mutter auch dieses Mal hereinkommen würde, voller Behutsamkeit: mit jener scheinbaren Zurückhaltung, die durch ihre Aufdringlichkeit die Nerven freilegt. Sie hatte – behext, entsetzt, gepeinigt – darauf gewartet, weil sie sich davor fürchtete.

„Komm, ich mach dir Platz“, sagte sie zu ihrer Mutter und lächelte ihr zu.

„Nein, bleib nur hier, ich bin gleich soweit“, antwortete die Mutter und lächelte.

„Aber es ist doch so eng“, sagte Elsa, und ging rasch hinaus, über den Flur, in ihr Zimmer. Sie behielt einige Augenblicke länger als nötig die Klinke in der Hand, wie um die Tür mit Gewalt zuzuhalten. Sie ging auf und ab, von der Tür zum Fenster, vom Fenster zur Tür. Vorsichtig öffnete ihre Mutter.

„Ich bin schon fertig“, sagte sie.

Elsa tat, als ob ihr inzwischen etwas anderes eingefallen wäre, und machte sich an ihrem Tisch zu schaffen.

„Du kannst weitermachen“, sagte die Mutter.

„Ja, gleich.“

Die Mutter nahm die Verzweiflung ihrer Tochter nicht einmal als Ungeduld wahr.

Wenig später allerdings verließ Elsa das Haus, ohne ihrer Mutter adieu[1] zu sagen. Mit der Tram fuhr sie in die Stadt, in die Gegend der Post. Dort sollte es eine Wohnungsvermittlung geben, hatte sie einmal gehört. Sie hätte zu Hause im Telefonbuch eine Adresse nachsehen können. Sie hatte nicht daran gedacht, als sie die Treppen hinuntergeeilt war.

In einem Geschäft für Haushaltungsgegenstände fragte sie, ob es in der Nähe nicht eine Wohnungsvermittlung gebe. Man bedauerte. Sie fragte in der Apotheke, bekam eine ungenaue Auskunft. Vielleicht im nächsten Haus. Dort läutete sie. Schilder einer Abendzeitung, einer Reisegesellschaft, einer Kohlenfirma. Sie läutete umsonst.

Es war später Nachmittag, Samstag, zweiundzwanzigster Dezember. Sie sah in eine Bar hinein. Sie sah den Menschen nach, die vorbeigingen. Sie trieb mit. Sie betrachtete Kinoreklamen.

Sie ging Stunden umher. Sie würde erst spät zurückkehren. Ihre Mutter würde zu Bett gegangen sein. Sie würde ihr nicht mehr gute Nacht zu sagen brauchen. Sie würde sich, gleich nach Weihnachten, eine Wohnung nehmen. Sie war zwanzig Jahre alt und verdiente. Kein einziges Mal würde sie sich mehr beherrschen können, wenn ihre Mutter zu ihr ins Bad kommen würde, wenn sie sich schminkte. Kein einziges Mal.

Ihre Mutter lebte seit dem Tod ihres Mannes allein. Oft empfand sie Langeweile. Sie wollte mit ihrer Tochter sprechen. Weil sich die Gelegenheit selten ergab (Elsa schützte Arbeit vor), suchte sie sie auf dem Flur zu erreichen oder, wenn sie im Bad zu tun hatte. Sie liebte Elsa. Sie verwöhnte sie. Aber sie, Elsa, würde kein einziges Mal mehr ruhig bleiben können, wenn sie wieder zu ihr ins Bad käme.

Elsa floh.

Über der Straße künstliche, blau, rot, gelb erleuchtete Sterne. Sie spürte Zuneigung zu den vielen Leuten, zwischen denen sie ging.

Als sie kurz vor Mitternacht zurückkehrte, war es still in der Wohnung. Sie ging in ihr Zimmer, und es blieb still. Sie dachte daran, dass ihre Mutter alt und oft krank war. Sie kauerte sich in ihren Sessel, und sie hätte unartikuliert[2] schreien mögen, in die Nacht mit ihrer entsetzlichen Gelassenheit.

Quelle: Walter Helmut Fritz: Augenblicke. In: Generationen. Geschichten und Gedichte über Junge und Alte. Reclam: Stuttgart, 1999.

1 *adieu (frz.): auf Wiedersehen*

2 *unartikuliert: hier: ohne dabei Wörter zu bilden*

Aufgaben

1. **Einleitung**

   a) Notiere stichwortartig die Informationen zu den beteiligten Personen, zum Ort, zur Zeit und zur Situation.

   Wer? ______

   Wo? ______

   Wann? ______

   Was? ______

   b) Um was für eine*n Erzähler*in handelt es sich?

   Im Text spricht ...

   ☐ ein*e Ich-Erzähler*in.

   ☐ ein*e Er-/Sie-Erzähler*in, der*die kühl und distanziert ist.

   ☐ ein*e Er-/Sie-Erzähler*in, der*die mitfühlend wirkt.

   ☐ die Hauptperson Elsa.

   c) Verfasse nun als Einleitung eine knappe Inhaltsangabe (→ Heft). Verwende dazu die Lösungen aus den Teilaufgaben a und b.

2. **Hauptteil – Inhalt**

   a) Beantworte nun die Fragen nach dem *Wie?* und *Warum?* Schreibe in drei bis vier Sätzen auf, was im Text geschieht.

   ______

   ______

   ______

   b) Unterstreiche alle Textstellen, an denen du erkennen kannst, wie es Elsa und ihrer Mutter geht, und mache dir am Rand kommentierende Notizen.

   c) Überlege, welche Randnotizen inhaltlich zusammengehören, und formuliere dazu sechs bis zehn deutende Aussagen.

   Hinweis: Schreibe im Heft weiter, wenn der Platz nicht reicht.

   ______

   ______

   ______

   ______

   d) Erkläre den Sinn der Überschrift.

   ______

   e) Schreibe den ersten Teil des Hauptteils. Nutze dazu die Lösungen der Teilaufgaben a bis d (→ Heft).

3. **Hauptteil – Darstellung**

a) Welche Aussagen lassen sich über den Satzbau im Text machen? Kreuze an.

Der Text …	trifft zu	trifft nicht zu
enthält ausnahmslos vollständige Sätze.	☐	☐
besteht überwiegend aus Satzreihen.	☐	☐
beinhaltet vor allem Satzgefüge.	☐	☐

b) Schreibe aus dem Text Wörter heraus, mit denen du eine positive oder negative Vorstellung verbindest.

Hinweis: Von Bedeutung sind Nomen, Adjektive und Verben.

Wörter mit positivem Sinn	Wörter mit negativem Sinn

c) Suche im Text nach drei sprachlichen Bildern und schreibe sie heraus. Überlege auch, wie diese Sprachbilder wirken: ☺, 😐 oder ☹?

Textstelle	Sprachbild	Wirkung
die Nerven freilegt (Z. 14)	*Metapher*	☹

d) Eine Wortgruppe wird im Text mehrmals wiederholt. Welche ist es und was kommt mit ihr zum Ausdruck? Stichworte genügen.

e) Schreibe nun den zweiten Teil des Hauptteils. Nutze dazu die Lösungen der Teilaufgaben a bis d (→ Heft).
Denke daran, dass du nur die wichtigsten Merkmale der Darstellung herausgreifst und deren Wirkung beschreibst.
Hinweis: Berücksichtige auch die Haltung des Erzählers/der Erzählerin.

4. **Schluss**

Schreibe zum Schluss, wie dir die Kurzgeschichte gefallen hat, und begründe deine Meinung (→ Heft).

Sachtexte analysieren

Bei der Analyse eines Sachtextes kannst du grundsätzlich so vorgehen wie bei der Analyse eines Prosatextes. Einige Besonderheiten musst du aber trotzdem beachten, denn bei einer Sachtextanalyse geht es weniger darum, deutende Aussagen zum Text zu machen. In der Regel formuliert der*die Verfasser*in seine*ihre Sätze nämlich so, dass sie nicht erst interpretiert werden müssen. Wichtig ist hier vor allem der **Aufbau des Textes:** Du solltest aufzeigen, wie der*die Verfasser*in seine*ihre **Darstellung strukturiert** hat. Achte z. B. auf die Verteilung von allgemeinen Aussagen und Beispielen und zeige, welche **Zusammenhänge** im Text dargestellt sind.
Bedenke dabei Folgendes:

Auf einen Blick

Besonderheiten bei der Analyse von Sachtexten	
Einleitung	Verfasse den gleichen **Einleitungssatz** wie bei der Inhaltsangabe eines Sachtextes. Füge, falls nötig, einen zweiten Satz hinzu, um das Thema genauer zu benennen.
Hauptteil	Gib im Hauptteil Antwort auf folgende Fragen: • Welche **Absicht** verfolgt der*die **Verfasser*in**? Will er*sie sachlich über ein Thema informieren oder will er*sie die Leser*innen von seiner*ihrer Meinung überzeugen? • Für was für **Leser*innen** schreibt der*die Verfasser*in? Sieht er*sie in ihnen Fachleute oder interessierte Neulinge? • Unterscheide zwischen **allgemeinen Aussagen**, **Erläuterungen** und **Beispielen**. Die allgemeinen Aussagen sind am wichtigsten. • Wenn es sich um einen Meinungstext handelt, verwendest du die **indirekte Rede**, um die Aussagen des Verfassers/der Verfasserin wiederzugeben.
Schluss	Zum Schluss kannst du, wie bei der Analyse eines Prosatextes, deine **Meinung** zum Text schreiben oder noch einmal hervorheben, welche **Kernaussage** dem Leser vermittelt wird.

Bei einer Sachtextanalyse könnten folgende Formulierungen nützlich sein:

- Der Verfasser **behauptet/stellt fest**, dass …
- Die Verfasserin **meint/glaubt**, dass …
- Der Verfasser **ist der Überzeugung**, dass …
- Die Verfasserin **begründet** das damit, dass …
- Der Verfasser **führt** das darauf **zurück**, dass …
- Die Verfasserin **erklärt** das damit, dass …
- Der Verfasser **folgert** daraus, dass …

Tipp

Achte darauf, dass du in deinem Text **unterschiedliche Wörter** verwendest, um zu beschreiben, was der*die Autor*in sagt. So wirkt deine Textanalyse nicht eintönig.

Übung 33

Analysiere den Sachtext „Hier werden Sie geortet“ (S. 68) (→ Heft).

Gehe dabei so vor:

- Schreibe einen Einleitungssatz, in dem du Auskunft über die **Textsorte**, den **Titel**, die **Quelle** und das **Erscheinungsdatum** gibst und das **Thema** benennst. Wenn du bei einem Sachtext die Textsorte nicht sicher weißt, verwendest du einfach die Bezeichnung „Text“.
- **Fasse** danach den **Inhalt** des ganzen Textes mit zwei bis drei Sätzen knapp **zusammen**. Beantworte diese W-Fragen: *Wer? Wo? Wann? Was?*
- Gehe dann auf Einzelheiten ein: Nenne die **Ziele**, die für die Einführung von Schulausweisen mit Mikrochips genannt werden, und äußere dich zu den **Reaktionen** darauf. Berücksichtige dabei auch die **Begründungen**, z. B. in Hinblick auf die möglichen **Folgen**.
- Untersuche den Text in Bezug auf **Besonderheiten der Darstellung**. Beantworte folgende Fragen: *Wie ist der Text aufgebaut (Welche allgemeinen Aussagen, Erläuterungen und Beispiele gibt es)? Wie ist das Verhältnis von berichtenden Aussagen und wörtlicher Rede? Gibt es Auffälligkeiten bezüglich der Wortwahl?*
- Stelle Überlegungen zu der Frage an, ob die **Darstellung neutral** ist. Frage dich, ob der*die Verfasser*in nur Sachinformationen wiedergibt oder ob er*sie erkennen lässt, was er*sie von diesen Schulausweisen hält. Beziehe dich auf Textstellen.
- Nico sagt nach dem Lesen des Textes: *„Die Einführung von verwanzten Schulausweisen ist in meinen Augen reine Schikane!“* **Nimm begründet Stellung** zu der Aussage von Nico und belege deine Ausführungen am Text.

Tipp

Du kannst deine **Inhaltsangabe** aus Übung 30 für die ersten drei Arbeitsschritte **nutzen**. Allerdings solltest du den Schluss der Inhaltsangabe für die Textanalyse streichen.

Gedichte analysieren und interpretieren

Bei der Analyse eines Gedichts gehst du im Prinzip genauso vor wie bei der Analyse eines Prosatextes. Einige Besonderheiten gibt es aber dennoch zu beachten:

Auf einen Blick

Besonderheiten bei der Analyse von Gedichten	
Einleitung	Verfasse den gleichen **Einleitungssatz** wie bei der Inhaltsangabe eines Gedichts. Gib auch die Anzahl der **Strophen** und die Zahl der **Verse je Strophe** an.
Hauptteil	Im Hauptteil untersuchst du zuerst den **Inhalt** und dann die **Darstellung**. **Inhalt** • In welcher **Situation** befindet sich der*die lyrische Sprecher*in und welche **Haltung** nimmt er*sie ein? Gibt er*sie sich selbst als lyrisches Ich zu erkennen oder bleibt er*sie im Hintergrund? An wen richtet er*sie sich? • Welche **Gedanken und Gefühle** bringt der*die lyrische Sprecher*in zum Ausdruck? Welche Rolle spielt dabei die dargestellte Situation? **Darstellung** • Was lässt sich über die **Formmerkmale** aussagen? Benutzt der*die Autor*in eine regelmäßige oder unregelmäßige Form? Wie wirkt das auf die Leser*innen? • Achte auf die **Wortwahl:** Überwiegen im Text Wörter, die einen **positiven** Sinn haben, oder solche, die einen **negativen** Sinn haben? • Was für **Sprachbilder** werden eingesetzt? Welche Wirkung haben sie? Unterstreicht die Darstellung die Stimmung des Gedichts oder widerspricht sie ihr?
Schluss	Formuliere am Schluss ein **Ergebnis:** Stelle darin die entscheidende Aussage des Gedichts nochmal klar heraus. Du kannst auch deine Meinung zum Gedicht äußern.

Übung 34 Analysiere das folgende Gedicht (→ Heft).

Peter Maiwald: Was ein Kind braucht

Wenn ein Kind geboren ist,
braucht es eine Wohnung,
Kleider, eine Spielzeugkist,
Bonbons als Belohnung,
Murmeln und ein eignes Bett,
einen Kindergarten,
Bücher und ein Schaukelbrett,
Tiere aller Arten,
Wälder, Wiesen, eine Stadt,
Sommer, Regen, Winter,
Flieger, Schiffe und ein Rad,
viele andre Kinder,
einen Mann, der Arbeit hat,
eine kluge Mutter,
Länder, wo es Frieden hat,
und auch Brot und Butter.
Wenn ein Kind nichts davon hat,
kann's nicht menschlich werden.
Dass ein Kind das alles hat,
sind wir auf der Erden.

Quelle: Peter Maiwald: Was ein Kind braucht. In: Ders.: Die Leute von der Annostraße. Oberhausen: Asso Verlag 1979.

6.4 Eine literarische Figur charakterisieren

Man charakterisiert eine literarische Figur, indem man ihre **Eigenschaften** benennt und auf dieser Grundlage ein **Bild von ihrer Persönlichkeit** zeichnet. Einen Text, der die Persönlichkeitsmerkmale einer Person in diesem Sinne zusammenhängend darstellt, nennt man eine **Charakteristik**.

Persönliche Situation

Zunächst einmal musst du dir bewusst machen, in was für einer Situation sich die Figur befindet. Deshalb solltest du deine Charakteristik damit beginnen, die **wesentlichen Informationen** zur Person und ihrer Situation wie in einem **Steckbrief** zusammenzutragen. Dazu gehören:

- Name
- Geschlecht
- Alter
- Aussehen, z. B.: *dick/dünn*
- familiäre Situation, z. B.: *alleinstehend/verheiratet, Geschwister*
- Wohnsituation, z. B.: *Stadt/Land, Mietwohnung/eigenes Haus*
- Beruf/Tätigkeit, z. B.: *Bäcker*in/Schüler*in/Azubi/Praktikant*in*

Tipp

Wenn im Text **Angaben fehlen**, z. B. über das Alter einer Person, kannst du sie manchmal anhand bestimmter Hinweise erschließen. Dann **umschreibst** du die entsprechende Angabe, indem du beispielsweise sagst, es handelt sich um einen *jungen* Mann oder um eine *ältere* Frau.

Charaktereigenschaften

Im nächsten Schritt beschreibst du die **Persönlichkeitsmerkmale** der Figur. Der*die Erzähler*in gibt aber **nur selten direkt** an, dass eine Figur z. B. hilfsbereit oder habgierig ist, sondern er*sie beschreibt vielmehr ihre **Verhaltensweisen**. Aus diesen musst du selbst **Rückschlüsse** auf die **Eigenschaften** ziehen.

Schritt für Schritt

Eine Charakteristik schreiben

Arbeitsschritt 1 Lies den Text genau durch. **Markiere** Textstellen, aus denen du Rückschlüsse auf die **persönliche Situation** der Figur ziehen kannst, sowie Textstellen, in denen **Verhaltensweisen** beschrieben werden. Formuliere dann am Rand **Kommentare** zu jeder markierten Textstelle, z. B. *ehrgeizig* oder *mutig*.

Arbeitsschritt 2 Mache in deiner **Einleitung** Angaben zur **persönlichen Situation** der Figur.

Arbeitsschritt 3 Im **Hauptteil** beschreibst du die **Charaktereigenschaften** der Figur. Nutze dazu deine Randnotizen.

Arbeitsschritt 4 Zum **Schluss** formulierst du ein **Ergebnis**. Du kannst z. B. eine **Erklärung** dafür geben, warum die Figur bestimmte Eigenschaften entwickelt hat. Oder du nimmst eine **Bewertung** der Figur vor, indem du sagst, was du von ihr hältst.

Übung 35

Charakterisiere die Hauptperson der Kurzgeschichte „Augenblicke“ von Walter Helmut Fritz (S. 71) (→ Heft).

Interaktive Aufgaben: Einen informierend-argumentierenden Text schreiben

6.5 Einen argumentativen Text schreiben: Stellungnahme und Erörterung

Ziel eines argumentativen Textes ist es, die Leser*innen von der eigenen Meinung zu einem Thema zu überzeugen. Oft möchte man sie auch zu einer Handlung bewegen. Um dieses Ziel zu erreichen, muss man **überzeugende Argumente** anführen.
Einige Schreibaufgaben verlangen von dir, dass du dich auf **dein Erfahrungswissen** beziehst, um einen argumentativen Text zu verfassen. Es gibt aber auch Schreibaufgaben auf der **Grundlage eines Textes**. Dann musst du die Textinformationen berücksichtigen, um deine Argumentation zu entwickeln.

Beispiel

Bietet das Betriebspraktikum eine sinnvolle Vorbereitung auf das Berufsleben?
→ Argumentieren auf Grundlage deines Wissens

Argumente formulieren

Gute Argumente sind das Herzstück einer jeden Erörterung. Man unterscheidet zwischen **Pro- und Kontra-Argumenten**. Pro-Argumente unterstützen eine Meinung, während Kontra-Argumente ihr widersprechen.
Jedes Argument besteht aus einer **Behauptung/These** und einer **Begründung**. Die Begründung ist immer dann überzeugend, wenn sie ausführlich ist und keine Fragen offen lässt. Du solltest auch versuchen, ein passendes **Beispiel** anzuführen, um deine Aussagen zu veranschaulichen. Achte außerdem darauf, dass du dich **sachlich** ausdrückst.

Tipp

Bekräftige am Ende eines Arguments die **These**, die du anfangs aufgestellt hast, noch einmal mit anderen Worten. Das wirkt wie ein **Fazit** und rundet das Argument ab.

Beispiel

Die Erfahrungen, die man im Betriebspraktikum macht, können das Selbstbewusstsein stärken.	→ **Behauptung / These**
Das kommt daher, weil man in dieser Zeit eine richtige Arbeit erledigt. Während man in der Schule hauptsächlich Übungsaufgaben bearbeitet, bekommt man in einem Betrieb eine echte Aufgabe.	→ Begründung (Teil 1)
*Wenn man sein Praktikum z. B. in einem Supermarkt ableistet, kann es sein, dass man aufgefordert wird, Regale aufzufüllen oder Kund*innen zu zeigen, wo sie bestimmte Produkte finden.*	→ *Beispiel*
Dadurch fühlt man sich ernst genommen, und man merkt, dass man für den Betrieb wichtig ist. Wer die Aufgaben, die ihm aufgetragen werden, gut erledigt, bekommt außerdem Anerkennung durch Kolleg*innen und Vorgesetzte.	→ Begründung (Teil 2)
All das stärkt das Selbstbewusstsein.	→ **Fazit: Bekräftigung der These**

Übung 36

Formuliere ein Gegenargument zum Thema „Erfahrungen im Betriebspraktikum“. Halte dich dabei an den oben beschriebenen Aufbau (→ Heft).

Stellungnahme

In der Prüfung musst du in der Regel eine **Stellungnahme** schreiben. Das heißt, du musst ausführlich und begründet **deine Meinung** zu einem Thema äußern. Lege dich **gleich am Anfang** auf eine **bestimmte Position** fest und gib deine Entscheidung bekannt.

Auf einen Blick

Aufbau von Stellungnahmen	
Einleitung	In der Einleitung machst du deutlich, welche **Meinung** du zu dem Thema vertrittst.
Hauptteil	Im Hauptteil führst du drei oder vier **überzeugende Argumente** an. Steigere dich dabei in der Reihenfolge. Bewahre dir dein überzeugendstes Argument für den letzten Abschnitt auf.
Schluss	Am Schluss **bekräftigst** du noch einmal deine Meinung. Achte darauf, dass du wortwörtliche Wiederholungen vermeidest. Schreibe nicht einfach eine Textstelle aus dem Hauptteil ab, sondern führe den entscheidenden Gedanken weiter.

Schritt für Schritt

Vor dem Schreiben einer Stellungnahme

Arbeitsschritt 1 **Thema durchdenken:** Als Erstes musst du überlegen, zu welchem Thema du Stellung nehmen sollst. Schließlich muss dir klar sein, worum es überhaupt geht, wenn du **überzeugend** argumentieren willst.

Arbeitsschritt 2 **Argumente sammeln:** Denke darüber nach, was für Argumente dir zum Thema in den Sinn kommen. Halte deine Einfälle stichwortartig auf einem Extrablatt fest. Deine Notizen können ganz **ungeordnet** sein.

Arbeitsschritt 3 **Argumente ordnen:** Lege eine **Pro- und Kontra-Tabelle** an und trage alle Argumente in die entsprechende Spalte ein.

Arbeitsschritt 4 **Argumente auswählen:** Sieh dir deine Argumente an und entscheide dich dafür, welche du überzeugender findest. Bestimme daraufhin deine **Position**.

Arbeitsschritt 5 **Schreibplan erstellen:** Trage deine Argumente in der passenden **Reihenfolge** in deinen Schreibplan ein.

Übung 37

Eure Klasse hat im Ethikunterricht die Situation von Gleichaltrigen in einem Dorf in Uganda behandelt. Daraufhin möchtet ihr am „Aktionstag für Afrika" teilnehmen. Das würde bedeuten, dass alle Schüler*innen eurer Schule einen Tag lang nicht zum Unterricht gehen, sondern in einem Betrieb arbeiten oder Schulaktionen veranstalten. Das verdiente Geld geht dann als Spende an Bildungsprojekte in Burundi, Ruanda, Uganda, Burkina Faso, Simbabwe und der Elfenbeinküste. Eure Schulleiterin hat aber Bedenken. Als Klassensprecher*in hast du die Aufgabe übernommen, sie umzustimmen. Du schreibst ihr einen Brief, in dem du sie davon überzeugen willst, dass es gut wäre, wenn sich eure Schule an dem Aktionstag beteiligen würde.

Tipp

Besonders geschickt ist es, wenn du in deiner Stellungnahme auch ein wichtiges **Gegenargument** anführst und es **entkräftest**, z. B.: *Es stimmt zwar, dass … Aber …*
So wirkt deine Argumentation besonders überzeugend.

Für deinen Brief habt ihr schon vorgearbeitet und gemeinsam stichpunktartig mögliche Pro- und Kontra-Argumente notiert.

Hinweis: Nicht alle Stichpunkte aus der Liste kann man zu tragfähigen Argumenten ausbauen. Klammere sie am besten ein.

1. Einsatz für die Ärmsten der Welt: sinnvolle Tätigkeit
2. Unterrichtsausfall bei Lehrkräften eher unerwünscht
3. Verknüpfung von Unterrichtsinhalten mit einer praktischen Tätigkeit
4. Problembewusstsein wecken, auch bei den beteiligten Firmen
5. Mögliches Organisationsproblem
6. Teilnahmebereitschaft aller Schüler*innen eventuell nicht gesichert
7. Gut für das Image der Schule
8. Eventuell schwierig, genügend Jobs zu finden
9. Unterstützung der Eltern erforderlich
10. Erfahrungen in Form einer Ausstellung dokumentieren
11. Hilfsbereitschaft der Schüler*innen aufgreifen und stärken
12. Schüler*innen werden stolz auf ihre Leistung sein

Aufgaben

1. Prüfe die Stichpunkte aus der oben stehenden Liste. Wähle **drei** aus, die du als Grundlage für deine Argumentation am überzeugendsten findest. Trage die Nummern in die linke Spalte ein und begründe daneben deine Auswahl.

Stichpunkt	Begründung für deine Auswahl
Nr.	
Nr.	
Nr.	

2. In deinem Brief möchtest du das wichtigste **Gegenargument** zurückweisen. Wähle dazu einen Stichpunkt aus und markiere ihn rot.

3. Verfasse nun auf Grundlage deiner Vorarbeiten den **Brief**. Gehe dabei so vor:
   - Formuliere eine **Einleitung**, in der du den Grund für deinen Brief nennst und die Meinung der Klasse deutlich machst.
   - Begründe diese Meinung, indem du die Stichpunkte, die du aus der Liste ausgewählt hast, zu **Argumenten** ausformulierst. Stelle dazu aussagekräftige Thesen auf, die du näher erläuterst und durch Beispiele veranschaulichst. Anschließend entkräftest du das wichtigste **Gegenargument**.
   - Formuliere einen **Schluss**, in dem du noch einmal bei der Schulleiterin für den Aktionstag wirbst und sie um Unterstützung bittest.

Erörterung

Anders als in einer Stellungnahme kannst du in einer Erörterung nicht sofort bekannt geben, welche Position du zu einem Thema vertrittst, sondern du musst den Leser*innen deutlich **zeigen, wie du zu deiner Ansicht gelangt bist**.
Stelle dir vor, dass du in deinem Inneren mit dir selbst diskutierst. Das bedeutet: Formuliere zu einer Fragestellung **Pro- und Kontra-Argumente** und wäge sie gegeneinander ab, um am Ende zu einem überzeugenden **Ergebnis** zu gelangen.

Auf einen Blick

Aufbau von Erörterungen	
Einleitung	Versuche **geschickt zum Thema hinzuführen**, damit klar wird, warum es sich lohnt, sich mit dieser Frage zu befassen und deinen Text zu lesen.
Hauptteil	Im **Hauptteil** führst du deine Argumente aus. Am besten gestaltest du deinen Hauptteil zweiteilig nach dem Schema einer **Sanduhr:** • Im ersten Teil führst du zwei bis drei **Argumente der Gegenseite** aus, indem du als Erstes deren wichtigstes Argument anführst, dann ein unwichtigeres und schließlich das unwichtigste. Achte auf treffende Überleitungen zwischen den Argumenten, z. B.: *Hinzu kommt, dass …* *Außerdem sollte man berücksichtigen, dass …* • Im zweiten Teil bringst du zwei bis drei **Argumente deiner Seite**, also der Seite, die du vertreten willst. Beginne mit einem relativ unwichtigen Argument und steigere dich dann bis zum wichtigsten. Das erste Argument deiner Seite kannst du z. B. so einleiten: *Aber … Allerdings … Andererseits …*
Schluss	Am **Schluss** formulierst du dein **Ergebnis**. Es ist gut, wenn du an dieser Stelle noch einmal auf das entscheidende Argument verweist, das dich dazu gebracht hat, deinen Standpunkt einzunehmen, z. B.: *Ich bin vor allem deshalb zu dieser Auffassung gelangt, weil …* *Besonders überzeugend finde ich, dass …* Achte darauf, dass du wortwörtliche Wiederholungen vermeidest. Schreibe nicht einfach eine Textstelle aus dem Hauptteil noch einmal hin, sondern greife den entscheidenden Gedanken heraus und führe ihn weiter.

Sanduhr-Schema

Argumente der Gegenseite
wichtigstes Argument
weniger wichtiges
unwichtigstes
Wende
unwichtigstes
etwas wichtigeres
wichtigstes Argument
Argumente deiner Seite

Tipp

Gegenargumente zu finden ist gar nicht so einfach, wenn du zu einem Thema schon eine **feste Meinung** hast. Frage dich dann einfach: *Was würde eine Person sagen, die eine andere Meinung hat, um mich zu überzeugen?*

Schritt für Schritt

Vor dem Schreiben einer Erörterung

Arbeitsschritt **1** **Thema verstehen:** Überlege dir Antworten zu folgenden Fragen:
Was genau ist das Thema deiner Erörterung? Welche Meinungen könnte es dazu geben?

Arbeitsschritt **2** **Argumente sammeln:** Denke darüber nach, was für Argumente dir dazu in den Sinn kommen, und notiere sie, **wie sie dir gerade einfallen**, auf einem Extrablatt.

Arbeitsschritt **3** **Argumente ordnen:** Markiere Pro-Argumente mit einem **+** und Kontra-Argumente mit einem **–**. Ordne dann deine Argumente, indem du sie in eine Tabelle, ein Cluster oder eine Mindmap einträgst.

Arbeitsschritt **4** **Schreibplan erstellen:** Überlege, **welche Position** du einnehmen willst, und erstelle deinen Schreibplan entsprechend.

Tipp

Eine **Mindmap** ist besonders gut geeignet, um **Ordnung in deine Argumente** zu bringen. Schreibe in die Mitte das Thema. Trage dann auf der einen Seite die Pro-Argumente und auf der anderen die Kontra-Argumente ein. Im nächsten Schritt vervollständigst du deine Notizen zu den Argumenten, d. h., du ergänzt jeweils These, Begründung oder Beispiel – je nachdem, was fehlt.

Übung 38

In den USA können Jugendliche schon mit 16 Jahren den Führerschein erwerben. Überlege, ob die Regelung in den USA ein Vorbild für Deutschland sein könnte. Führe alle vorbereitenden Arbeiten aus, um später eine Erörterung zum Thema *Führerschein mit 16 – eine gute Idee?* zu schreiben:

1. **Argumente sammeln:** Was fällt dir zum Thema ein? (→ Heft)
2. **Argumente ordnen**
   a) Kennzeichne deine Einfälle mit **+**, wenn sie für die Einführung des Führerscheins mit 16 sprechen, und mit –, wenn sie dagegen sprechen. Ideen, die du bei genauerer Betrachtung wenig überzeugend findest, klammerst du ein.
   b) Vervollständige die angefangene Mindmap auf einem Extrablatt.

PRO

Argument 1	Argument 2	Argument 3
These: *früher Erwerb des Führerscheins sinnvoll*	**These:**	**These:**
Begründung: *Lernen in jungen Jahren leichter*	**Begründung:**	**Begründung:**
Beispiel:	**Beispiel:**	**Beispiel:**

Führerschein mit 16 – eine gute Idee?

Argument 1	Argument 2	Argument 3
These: *Führerschein teuer, Kosten Eltern nicht zuzumuten*	**These:** *Schulleistungen evtl. gefährdet*	**These:**
Begründung: *nach Prüfung entstehen weitere Kosten*	**Begründung:**	**Begründung:**
Beispiel: *eigenes Auto, Benzin, Reparaturen*	**Beispiel:**	**Beispiel:**

KONTRA

3. **Schreibplan erstellen:** Entscheide dich für eine Position und ordne deine Argumente im Hauptteil entsprechend dem Sandhuhrschema an.

Einleitung

Hinführung zum Thema:

Hauptteil – Gegenseite

wichtigstes Argument:

weniger wichtiges Argument:

unwichtigstes Argument:

Hauptteil – eigene Seite

unwichtigstes Argument:

etwas wichtigeres Argument:

wichtigstes Argument:

Schluss

Fazit – deine Meinung als Ergebnis der Argumentation:

4. Schreibe eine Erörterung zum Thema *Führerschein mit 16 – eine gute Idee?* (→ Heft). Orientiere dich beim Schreiben an deinem Schreibplan.

Interaktive Aufgaben: Einen informierend-argumentierenden Text schreiben

6.6 Einen informierenden Text verfassen

Ein informierender Text dient dazu, den Leser*innen wichtige **Kenntnisse** über ein **Thema** zu vermitteln. Die Verfasser*innen müssen sich deshalb zunächst genügend Wissen zum Thema aneignen, z. B. durch **Recherchen** im Internet, in Zeitungen und so weiter.
In der Prüfung bekommst du das Informationsmaterial fertig vorgelegt. Es besteht in der Regel aus drei bis vier Texten, die du **sichten** und **auswerten** musst.
Um auf der Grundlage von mehreren Materialien einen informierenden Text zu schreiben, gehst du am besten so vor:

Schritt für Schritt

Vor dem Schreiben eines informierenden Textes

Arbeitsschritt 1 **Die Aufgabenstellung durchdenken:** *Wer soll der*die Schreiber*in des Textes sein? An wen richtet sich dein Text? Welches Ziel verfolgst du mit deinem Text?*

Arbeitsschritt 2 **Materialien sichten:** Lies alle Materialien, die dir vorliegen, einmal **zügig** durch. Überlege dabei, welcher **Aspekt** in jedem **Text** im **Vordergrund** steht:
Um was geht es in diesem Text?
Was verrät die Überschrift über den Inhalt?
Am besten notierst du nach der Lektüre jedes Textes sofort neben der Überschrift, worum es hier im Besonderen geht.

Arbeitsschritt 3 **Materialien auswerten:** Lies alle Texte noch einmal **sorgfältig** durch. Während des Lesens markierst du alle Textstellen, die dir **im Bezug auf die Aufgabenstellungen** wesentlich erscheinen. Ergänze jeweils am Rand passende **Stichworte**, damit du später weißt, wo du bestimmte Informationen findest.

Arbeitsschritt 4 **Schreibplan erstellen:** Ordne deine Randnotizen in einem Schreibplan.

Tipp

Du musst nicht alle Materialien, die dir präsentiert werden, gleichermaßen berücksichtigen. Entscheide gezielt, **welche Texte du auswerten willst** und welche du eher am Rand verwendest.

Bei der Darstellung deines informierenden Textes solltest du **sachlich** und **neutral** schreiben. Persönliche Wertungen bringst du nicht mit ein. Eine Ausnahme bildet der Schluss, in dem du deine Meinung äußern kannst.
Achte außerdem darauf, in der **Standardsprache** zu schreiben und **eigene Worte** zu verwenden.

Auf einen Blick

Aufbau von informierenden Texten

Einleitung	Stelle das **Thema** vor: *Um was geht es? Worüber willst du informieren?*
Hauptteil	Im **Hauptteil** gehst du auf Einzelheiten ein. Oftmals werden dir zwei oder drei **Teilaufgaben** gestellt, die du beantworten sollst. Gestalte deinen Text so, dass du Zusammengehöriges in einem **Absatz** präsentierst.
Schluss	Am **Schluss** formulierst du ein Ergebnis. Dieses kann darin bestehen, dass du deine Leser **ermahnst**, ihnen einen **Ratschlag erteilst** oder an sie **appellierst**. Wie du deinen Text beendest, hängt von deinem Ziel ab und davon, an wen du schreibst.

Übung 39

Die Schulleitung hat vorgeschlagen, dass in eurer Mensa das Essen in Zukunft nicht mehr mit Bargeld, sondern über ein bargeldloses Bezahlsystem auf dem Smartphone bezahlt werden soll. Als den Eltern diese Änderung mitgeteilt wurde, hagelte es Proteste. Kaum jemand war damit einverstanden.
Der Vorfall hat deine Klassenlehrerin dazu veranlasst, mit euch einen Schreibwettbewerb zum Thema „Die Entwicklung des Geldes“ durchzuführen. Wer den besten Text verfasst, soll sein Mensaessen einen Monat lang gratis erhalten. Außerdem werden alle Texte auf der Homepage der Schule veröffentlicht. Als Grundlage bekommt ihr verschiedene Materialien.

Schreibe einen **informierenden Text** für den Schreibwettbewerb. Strukturiere deinen Text wie folgt:

- Formuliere eine **Einleitung**, in der du deine Leser*innen auf das Thema einstimmst. Du kannst dich dabei auch auf eigene Erfahrungen beziehen.
- Stelle im **Hauptteil** zunächst dar, wie sich die **Möglichkeiten des Bezahlens** bis heute nach und nach geändert haben. Gehe dabei auch auf die **Gründe** für die Veränderungen ein.
- Beschreibe, welchen **Stellenwert das bargeldlose Bezahlen** heute bereits einnimmt. Belege deine Ausführungen anhand von aussagekräftigen Zahlen.
- Richte dann einen Blick in die **Zukunft**: Wird das **Bargeld** in Deutschland komplett **abgeschafft**? Nimm begründet Stellung zu dieser Frage.
- Zeige am **Schluss** eine Möglichkeit auf, wie das Bezahlsystem in der Schulmensa verändert werden könnte, sodass alle Beteiligten zufrieden sind.

Quelle A: Jede Menge Zaster: Die wechselvolle Geschichte des Geldes

Am Anfang war der Tausch

Die Geschichte des Geldes beginnt lange vor seiner eigentlichen Erfindung. Früher kauften die Menschen nämlich noch keine Waren, sondern tauschten sie. Meistens verwendeten sie dazu Sachen, die sie selbst herstellten, sammelten oder jagten. Ein Fischer gab zum Beispiel Fische für Kleidung, ein Schmied Hufeisen für Fische und ein Weber Kleidung für Hufeisen.

Die Sache hatte allerdings einen Haken: Brauchte der Schmied gerade keinen Fisch oder der Weber keine Hufeisen, geriet das System aus dem Takt. Es funktionierte nämlich nur, wenn gerade jemand etwas brauchte, was ein anderer gerade hatte. [...]

Der nächste Schritt: Warengeld

Die vorläufige Lösung war ein sogenanntes Zwischentauschmittel, auch Warengeld oder Naturalgeld genannt. Wann es eingeführt wurde, ist nicht ganz klar. Die ersten Geld-Vorläufer dieser Art waren wahrscheinlich schon vor mehr als 6 000 Jahren im Einsatz. Warengeld konnte zum Beispiel Getreide sein, Vieh oder etwas ganz anderes. Wichtig war nur, dass es vielfach begehrt und nützlich sowie für eine gewisse Zeit haltbar und beständig war. [...]

Seit wann gibt es Geld als Münzen?

Wie der Tauschhandel hatte das Warengeld allerdings gewisse praktische Nachteile. Vor allem, was seinen Transport und seine Handhabung anbelangte. Je nach Art war es zu zerbrechlich, zu schwer, zu groß oder zu klein, um es jederzeit und überall mitzuführen.

Da hatten Menschen in Lydien, das lag in der heutigen Türkei, vor etwa 2 700 Jahren eine revolutionäre Idee. Sie hämmerten vergleichsweise weiches Edelmetall zu flachen und einigermaßen runden Stücken. Fertig waren die ersten Münzen in der Geschichte des Geldes. [...]

Das ist leicht: Geld aus Papier

Das nächste Kapitel in der Geschichte des Geldes wurde im 11. Jahrhundert in China aufgeschlagen. Auch dort lief damals der Handel mit Münzen aus Metall ab. Ging es bei Geschäften um größere Summen, waren sie wegen ihres hohen Gewichts kaum zu transportieren. Deshalb wurden sie oft einfach in den Läden gelassen. Die Käufer oder Verkäufer erhielten im Gegenzug ein Stück Papier, auf dem der Wert ihres Depots[1] verzeichnet war. So wurde der Vorläufer des Papiergelds geboren.

Der Wert des Geldes

[...] In Europa, genauer gesagt in Spanien, kam es im 15. Jahrhundert auf. Auf deutschem Boden begann es sich 300 Jahre später zu verbreiten. Es dauerte ein weiteres Jahrhundert, bis sich Papiergeld in Form von Banknoten allgemein als Alternative zum Münzgeld durchsetzte. Das lag an seinen unbestreitbaren Vorteilen: Es wog wenig und war einfach herzustellen. Außerdem ließen sich unterschiedliche Werte aufdrucken.

Buchgeld – einfach nicht zu fassen

Noch flexibler als Banknoten ist Geld, das man nicht anfassen kann und das trotzdem existiert. Das trifft zum Beispiel auf Beträge zu, die auf dem Girokonto eingehen oder davon abgehen. Anders gesagt: die gebucht werden. [...] Buchgeld ist eine reine Rechengröße. Es steht in Form von Zahlen auf Kontoauszügen, Lastschrift- oder Überweisungsformularen. [...]

Quelle: Detlef Neumann: Jede Menge Zaster: Die wechselvolle Geschichte des Geldes. Im Internet unter: https://www.hanseaticbank.de/klarmacher/bezahlen/jede-menge-zaster-die-wechselvolle-geschichte-des-geldes; Aus didaktischen Gründen stellenweise gekürzt und leicht geändert.

1 Depots: hier: Guthaben, das eine Person hinterlegt hat

Quelle B: Kommt die Bargeldabschaffung?

Dass Bargeld auf kurze Sicht abgeschafft wird, ist unwahrscheinlich. Der Widerstand gegen eine Bargeld-Abschaffung ist aktuell hierzulande[2] noch erheblich. [...]

Die Anzeichen mehren sich aber, dass auf lange Sicht die Bargeldabschaffung wahrscheinlich kommen wird. Zu mächtig sind die Interessengruppen, die Bargeld abschaffen wollen, zu einschneidend sind die technologischen Entwicklungen, die nicht mehr aufzuhalten sind, Stichwort Onlineshopping, vernetzte Welt, oder Kryptowährungen[3]. [...]

Vor allem aber wird sich auch die Akzeptanz des bargeldlosen Zahlungsverkehrs weiter durchsetzen. Die Nutzung von EC-Karten, Kreditkarten und Girokonten ist heute selbstverständlich.

Modernere bargeldlose Zahlungsmethoden wie PayPal oder Bezahl-Apps sind auf dem Vormarsch, und in der Generation der „Digital Natives" wird sich diese Frage immer weniger stellen. Ähnlich wie beim Siegeszug des Internets kann man wohl davon ausgehen, dass die Vorbehalte in der breiten Bevölkerung abnehmen werden. Und spätestens, wenn jeder Bäcker bargeldloses Bezahlen im Vorbeigehen per kontaktlosem Mobile Payment anbietet, dürften für Münzen und Scheine schwere Zeiten anbrechen. [...]

Fakt ist: Ob USA, Skandinavien, Asien, in vielen anderen Ländern ist *Cashless Payment*[4] verbreiteter als hierzulande. In Schweden etwa sollen bereits über 80 % der Bevölkerung überhaupt kein Bargeld mehr nutzen. Selbst die Tasse Espresso oder das Busticket kann man dort vielerorts nicht mehr mit Bargeld bezahlen. [...]

Quelle: https://www.gold.de/bargeldabschaffung/

2 hierzulande: in diesem Land, hier: in Deutschland

3 Kryptowährungen: digitale Währungen, also Geld, das es nur im Internet gibt (z. B. Bitcoins)

4 Cashless Payment: bargeldloses Bezahlen

Quelle C: Bargeldabschaffung: Pro und Kontra

Pro	Kontra
• Bargeld verursacht Kosten. Scheine und Münzen müssen hergestellt und gelagert werden. Das kostet Geld. • Bargeldloses Bezahlen erschwert Straftaten. Da jeder Bezahlvorgang elektronisch erfolgt, lassen sich illegale Geschäfte leicht zurückverfolgen. • Das bargeldlose Bezahlen von Einkäufen in Geschäften ist einfacher und schneller, da man nicht nach Scheinen und Münzen suchen muss, sondern direkt mit Kontokarte oder Smartphone bezahlt. • Bargeldloses Bezahlen ist sicherer, da man für jeden Bezahlvorgang eine vierstellige PIN eingeben muss. • Man hat einen besseren Überblick über seine Einnahmen und Ausgaben. Auf dem Bankauszug wird jeder bezahlte Betrag dokumentiert. • Bargeld ist unhygienisch. Es geht durch viele Hände, wodurch Keime weitergegeben werden.	• Kindern fällt es schwerer, den Umgang mit Geld zu lernen, weil sie keine Münzen und Scheine mehr in die Hand bekommen. • Man gibt beim bargeldlosen Bezahlen viele Daten von sich preis. So wird man beim Einkaufen zum „gläsernen Kunden". • Einige Menschen sind mit dem bargeldlosen Bezahlen überfordert. Vor allem ältere Menschen kommen mit der Technik oft nicht zurecht. • Der Umgang mit kleinen Beträgen wird erschwert. Unklar ist z. B., wie man kleine Spenden (z. B. in der Kirche) vergeben kann. • Man gerät leicht in eine Schuldenspirale. Der Grund: Man sieht nicht, wie die Scheine und Münzen weniger werden, die man im Portemonnaie hatte. • Bei einem Stromausfall ist jeder Einkauf unmöglich. Bargeldloses Bezahlen erfordert schließlich Strom.

Quelle D

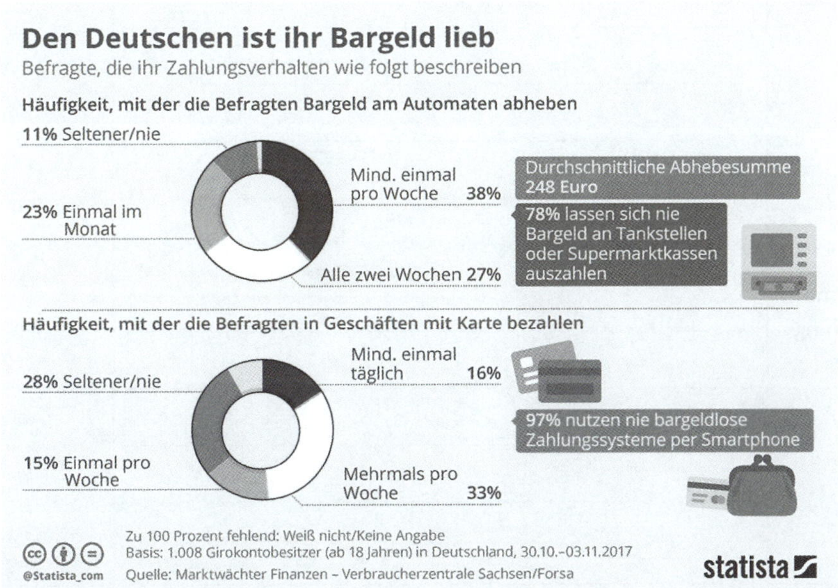

Fülle zur Vorbereitung den **Schreibplan** aus und verfasse dann deinen informierenden Text (→ Heft).

	Inhalte	Zugehörige Informationen	Quellen
Einleitung	Hinführung zum Thema		
Hauptteil	Entwicklung des Bezahlens im Laufe der Zeit und Gründe für die Veränderungen		
	Bargeldloses Bezahlen heute		
	Blick in die Zukunft: Kommt die Abschaffung des Bargelds?		
Schluss	Überlegungen zur Änderung des Bezahlsystems in der Mensa		

6.7 Produktiver Umgang mit Texten

Interaktive Aufgaben: Einen inneren Monolog schreiben

Es gibt auch Schreibaufgaben, bei denen du dich **in eine bestimmte Person hineinversetzt** und aus ihrer Sicht einen Text verfasst. Meist sollst du mit einem eigenen Text **auf einen anderen Text reagieren**, z. B. auf eine Kurzgeschichte oder auf einen Zeitungsartikel.

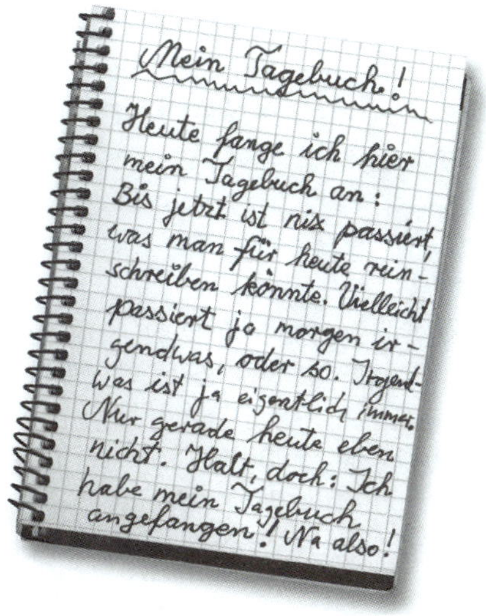

In der Regel musst du eine der folgenden Textsorten verfassen:

- **Tagebucheintrag**
- **persönlicher Brief**
- **formaler Brief**
- **Leserbrief**

Um produktiv mit einem Text umzugehen, musst du dich sowohl in den*die Schreiber*in als auch in den*die Empfänger*in hineinversetzen, denn das Verhältnis dieser beiden Personen bestimmt maßgeblich, wie das Schreiben verfasst sein sollte. Es ist z. B. klar, dass ein Brief an eine Freundin anders klingt als ein Bewerbungsschreiben an ein Unternehmen. Auch solltest du zwischen literarischen und sachlichen Ausgangstexten unterscheiden.

Produktiver Umgang mit literarischen Texten

Merkmale der prüfungsrelevanten Textsorten

	Tagebucheintrag	Persönlicher Brief
Schreiber*in *Wer?*	In der Regel schreibt eine **Figur aus einem literarischen Text**, eventuell auch ein*e unbeteiligte*r Beobachter*in.	Eine **Figur aus einem literarischen Text** oder eine Person, in die man sich hineinversetzen soll, verfasst den Brief.
Adressat*in *An wen?*	Der*die Empfänger*in ist der*die **Schreiber*in** selbst.	Empfänger*in ist eine **andere Figur aus dem Text** oder eine Figur, bei der man sich vorstellen soll, dass sie beteiligt ist.
Anlass *Warum?*	Der*die Schreiber*in will **Erlebnisse**, **Gedanken** und **Gefühle** eines bestimmten Tages **zur Erinnerung** für sich festhalten, weil sie ihm*ihr wichtig erscheinen.	Es gibt **viele mögliche Anlässe:** Der*die Schreiber*in will … sich entschuldigen, an die Leser*innen appellieren, einen Ratschlag erteilen, von seinem*ihrem Leben berichten.
Darstellung	Der*die Schreiber*in formuliert Gedanken, **wie sie ihm*ihr gerade einfallen.** Er*sie kann auch hin und wieder **Umgangssprache** benutzen.	Der*die Schreiber*in gestaltet den Brief hin und wieder **ähnlich einem Dialog**, indem er*sie den*die Empfänger*in an einigen Stellen direkt anspricht.
Aufbau	• Einleitung: Erinnerung an Erlebnisse des Tages • Hauptteil: Gedanken und Gefühle, die dadurch hervorgerufen wurden • Schluss: Gedanken über die Zukunft	• Briefkopf: Ort und Datum; persönliche Anrede (*Liebe/r …*) • Hauptteil: persönliche Mitteilungen, z. B. eine Entschuldigung, ein Appell • Schluss: Grußformel (*Viele Grüße*) und Unterschrift

Produktiver Umgang mit Sachtexten

	Formaler Brief	Leserbrief
Schreiber*in *Wer?*	Jemand richtet ein **Anliegen** an eine Behörde/eine Institution/ein Unternehmen.	Ein*e **Leser*in einer Zeitung** oder **Zeitschrift** verfasst einen Leserbrief.
Adressat*in *An wen?*	Adressat*in ist ein*e **Mitarbeiter*in** der Behörde, der Institution oder des Unternehmens.	Der Leserbrief richtet sich an interessierte **Zeitungsleser*innen**.
Anlass *Warum?*	Anlässe können ein Brief von einer Behörde, auf den der*die Schreiber*in reagieren muss, eine Bewerbung oder ein Anliegen an eine Schulleitung sein.	Der*die Schreiber*in will seine*ihre **Meinung** mitteilen, oft als Reaktion auf einen Zeitungsartikel. Diesem stimmt er*sie entweder zu oder er*sie äußert Kritik daran.
Darstellung	Der*die Schreiber*in beachtet die Regeln für formale Briefe. Das heißt, er*sie verwendet **Standardsprache** und drückt sich **höflich** und **sachlich** aus.	Der*die Schreiber*in verwendet **überwiegend Standardsprache**. Er*sie stellt seine*ihre Meinung **interessant** dar, um möglichst viele für den Text zu gewinnen.
Aufbau	• Briefkopf: Name und Anschrift des Schreibers/der Schreiberin; Name und Anschrift des Empfängers/der Empfängerin; Datum; Betreff; förmliche Anrede (*Sehr geehrte/-r …*) • Hauptteil: Anlass; Vortragen des Anliegens; Äußern von Erwartungen • Schluss: Grußformel (*Mit freundlichen Grüßen*) und Unterschrift	• Einleitung: Hinweis auf den Artikel, zu dem Stellung genommen wird • Hauptteil: rascher Einstieg in die persönliche Meinungsäußerung; dann Argumente für die Meinung • Schluss: Bekräftigung der Meinung oder Aussprechen eines Appells.

Schritt für Schritt

Vor dem produktiven Umgang mit Texten

Arbeitsschritt 1 **Den*die Schreiber*in verstehen:**
*Aus wessen Sicht sollst du den Text schreiben? Was für ein Mensch ist das? Wie würde der*die Schreiber*in sich normalerweise ausdrücken und welche Interessen hat er*sie?*

Arbeitsschritt 2 **Den*die Leser*in verstehen:**
*Was für ein Mensch ist der*die Leser*in?*
*Was weiß er*sie über das Thema? Was sollte er*sie wissen?*
*Wie denkt er*sie über das Thema? Wie kannst du ihn*sie für dich gewinnen?*

Arbeitsschritt 3 **Den Anlass des Schreibens verstehen:**
Welches Ziel wird mit dem Schreiben verfolgt?

Arbeitsschritt 4 **Ideen sammeln:** *Was könnte der*die Schreiber*in sagen, um sein*ihr Ziel zu erreichen?*

Arbeitsschritt 5 **Ideen bewerten:** Kennzeichne deine wesentlichen Einfälle mit **!** und solche, die dir eher unwichtig erscheinen, mit **?**

Arbeitsschritt 6 **Ideen ordnen:** Überlege, in welcher Reihenfolge du deine Einfälle im Text einbringen willst. Ordne sie nach dem **Prinzip der ansteigenden Wichtigkeit:** Zuerst kommt etwas, das eher unwichtig ist. Dann steigerst du dich, um gegen Schluss zu deinem eigentlichen Anliegen zu gelangen. Nummeriere deine Einfälle entsprechend. So hast du schon deinen **Schreibplan** erstellt.

Tipp

Beziehe dich während des Schreibens immer wieder auf den **Ausgangstext**. Achte aber darauf, dass du trotzdem **eigene Worte** verwendest.

Lies noch einmal die Kurzgeschichte „Augenblicke“ (S. 71) und versetze dich in Elsas Situation.

Tagebucheintrag

Übung 40

Schreibe dann einen Tagebucheintrag aus ihrer Sicht (→ Heft).
Baue den Tagebucheintrag so auf:

- Zuerst erinnerst du dich noch einmal an die wesentlichen Erlebnisse des Tages.
- Anschließend bringst du deine Gedanken und Gefühle zum Ausdruck.
- Danach äußerst du dich nachdenklich zur Situation der Mutter.
- Am Schluss fragst du dich, was sowohl für dich selbst als auch für die Mutter das Beste wäre.

Persönlicher Brief

Übung 41

Nachdem Elsa lange nachgedacht hat, beschließt sie, noch einen letzten Versuch zu unternehmen, um ihre Beziehung zu ihrer Mutter vielleicht doch noch zu verbessern. Erst wenn das misslingt, will sie sich eine eigene Wohnung suchen. Im Grunde liebt sie ihre Mutter ja, und diese tut ihr auch ein bisschen leid.
Sie beschließt, ihrer Mutter einen Brief zu schreiben, um ihr in aller Ruhe einmal mitzuteilen, was sie im Zusammenleben mit ihr belastet.

Schreibe Elsas Brief an ihre Mutter (→ Heft). Gehe dabei so vor:

- Nenne am Anfang den Anlass, der dich dazu bewegt, diesen Brief zu schreiben. Äußere dich an dieser Stelle schon grundlegend zu den Gefühlen Elsas.
- Teile der Mutter mit, welches Ziel du mit dem Brief verfolgst.
- Stelle dar, was dich im Zusammenleben mit ihr belastet. Beziehe dich dabei auf Beispiele.
- Äußere deine Wünsche für die Zukunft.
- Erkläre, welche Verbesserungen du dir davon erhoffst, wenn die Mutter dir entgegenkommt.
- Beschließe den Brief, indem du noch einmal ausdrücklich sagst, worum es dir geht: um die Verbesserung der Beziehung zwischen euch.

Tipp

Vergiss nicht: Du musst dir zuerst klar werden, **aus wessen Sicht** du schreiben sollst, und im nächsten Schritt darauf achten, **an wen** das Schreiben gerichtet ist. Wie diese beiden Personen zueinander stehen, bestimmt maßgeblich die **Darstellung in deinem Text**.

Übung 42

Mensa-Essen unter der Lupe

In der Schule müssen nicht nur die Köpfe mit Wissen, sondern immer öfter auch die Mägen mit Essen gefüllt werden. Doch dessen Qualität ist am Schulzentrum Bruchhausen-Vilsen derzeit unterdurchschnittlich. So zumindest erzählen es momentan viele Schüler und Eltern. Wir machten die Probe aufs Exempel[1]. Neben der Autorin nahmen Peter Bauer, Redaktionsleiter des Syker Kurier, und Barbara Stadler, Küchenmeisterin der „Kastanie“ in Martfeld, am Essen teil.

Wir bestellten einmal alles, was am Montag im Angebot war: Bratwurst mit Kartoffelpüree und Möhren, Kartoffelpüree mit Möhren und Kräuterrührei, Spaghetti Bolognese und Ofenkartoffel mit Quark und Salatteller. Reihum probierten wir die vier Gerichte. Aber schon beim ersten Bissen war klar: Das geht gar nicht.

„Die Möhren sind frisch, aber matschig, das Püree ist aus der Tüte.“ Kurzes und knappes Urteil der Küchenmeisterin. Dem konnten wir nur zustimmen. Das Püree war eigentlich gar nicht zu genießen. „Das schmeckt sogar leicht nach angebrannter Milch“, meinte Peter Bauer. Die Bratwurst war in Ordnung, das Rührei jedoch ohne Geschmack, weil schlicht die Gewürze fehlten. „Kommt aus dem Tetrapack“, klärte Barbara Stadler auf. Wegen der Salmonellen[2]-Gefahr dürfte in keinem Gastronomie-Betrieb frisches Ei verwendet werden. „Nur pasteurisierte[3] Ware aus dem Tetrapack. Das ist leider Vorschrift.“ Dass man dann aber keinerlei Gewürze ans Rührei mischt, steht nirgendwo geschrieben.

Die Ofenkartoffel war leider ebenso wenig genießbar wie das Kartoffelpüree. Schon die graue Farbe schreckte vom Verzehr ab. Dafür war der Quark ganz lecker. Am Salatteller fehlten auch wieder die Gewürze, das galt auch für die Spaghetti Bolognese. Die Spaghetti waren allerdings Penne[4]. „Und die sind nicht al dente[5], sondern verkocht“, urteilte die Schülerin Verena. Sie geht öfter hier essen, ebenso ihr Mitschüler Torben. „Vom Würzen her ist es besser geworden“, urteilen die beiden. Oft werde aber nicht serviert, was auf der Karte stehe. So wie eben mit den Spaghetti und den Penne-Nudeln.

Das Urteil der Schüler fällt in der Mehrheit vernichtend aus. „Mensa? Ich geh zu McDöner“, meint Thomas aus dem elften Jahrgang des Gymnasiums. Seine Freunde pflichten ihm bei. Selbst Pizza haben sich etliche Schüler schon auf den Schulhof bestellt, doch dem hat der Schulträger jetzt einen Riegel vorgeschoben. In jedem Mensa-Fenster hängen Verbotsschilder. Dennoch verlassen zumindest die älteren Schüler in der Mittagszeit oft das Schulgelände, um umliegende Imbisse oder Supermärkte aufzusuchen.

Was bemängeln die Schüler am meisten? „Es fehlen die Gewürze“, „Die Nudeln sind zu weich“, „Ich hatte schon Haare und eine Schraube im Salat“, „Die Bedienung ist unfreundlich“. Mit der Auswahl aus vier Essen sind alle einverstanden. „Das ist gut“, meint etwa Judith. Sie wünscht sich aber frischere Produkte. „In Hoya haben die ein Salatbüfett, das wäre hier auch nicht schlecht.“ „Stimmt“, erklärt Barbara Stadler. „Und auch Kartoffelpüree muss nicht aus der Tüte kommen, das riecht schon sehr nach Gewinnmaximierung[6].“ Kleine frische Kartoffeln aus dem Backofen mit Kräuterquark – das kostet nicht viel und wäre sicher ein Renner. „Man kann frisch kochen, aber trotzdem preiswert sein“, so die Küchenchefin. Nudelauflauf, Eintopf, das seien Beispiele, wie es anders, aber trotzdem auch schülergerecht gehen kann.

Von den derzeit rund 1 600 Schülern am Schulzentrum nehmen aber noch nicht einmal zehn Prozent das Mittagessen in der Mensa in Anspruch. Am Geld kann es nicht liegen. Das Stammessen in der Mensa kostet 2,20 Euro. Sicher kann man dafür keine kulinarischen[7] Hochgenüsse erwarten. „Aber frisch kochen kann man für den Preis trotzdem,“ ist Barbara Stadler überzeugt.

Quelle: Karin Neukirchen-Stratmann: Mensa-Essen unter der Lupe, 07. 12. 2011. Im Internet unter: http://www.weser-kurier.de/Artikel/Region/SYKER-KURIER/495923/Mensa-Essen-unter-der-Lupe.html, aus didaktischen Gründen stellenweise gekürzt und leicht geändert.

1 *die Probe aufs Exempel machen: ausprobieren*

6 *Gewinnmaximierung: Steigerung des Gewinns. Das Unternehmen will möglichst viel Geld verdienen.*

2 *Salmonellen: Bakterien, die Darmkrankheiten hervorrufen*

3 *pasteurisieren: durch Erhitzen keimfrei und haltbar machen*

7 *kulinarisch: die Kochkunst betreffend*

4 *Penne: Nudelsorte (kurze Makkaroni)*

5 *al dente: nicht ganz weich gekocht, mit Biss*

Leserbrief

Stelle dir vor, du bist Schüler*in am Schulzentrum Bruchhausen-Vilsen und besuchst auch öfter die Schulkantine.
Schreibe einen Leserbrief zum Artikel „Mensa-Essen unter der Lupe".
Baue deinen Leserbrief so auf:

- Beziehe dich zunächst auf den Zeitungsartikel.
- Äußere dann deine persönliche Meinung zum Essen in der Schulmensa.
- Begründe deine Meinung. Versuche dabei, interessante Beispiele anzuführen.
- Abschließend bekräftigst du noch einmal deine Meinung oder richtest einen Appell an die Leser*innen.

Formaler Brief

Übung 43

Auch in eurer Schulmensa ist das Essen von sehr schlechter Qualität. Außerdem sind den meisten Schüler*innen die Portionen zu klein. Als Schulsprecher*in möchtest du erreichen, dass das Mittagessen an eurer Schule künftig von den Eltern selbst gekocht wird und die Schule den Vertrag mit dem derzeitigen Mensabetreiber kündigt. In einer Schülerversammlung habt ihr darüber schon diskutiert, und die meisten Schüler*innen wären für deinen Vorschlag. Einige Väter und Mütter haben euch auch schon ihre Unterstützung angeboten. Zum Kochen könntet ihr die Schulküche benutzen. Es müssten nur ein paar größere Töpfe und Pfannen angeschafft werden.

Schreibe einen formalen Brief an deinen Schulleiter, in dem du ihn von deinem Vorschlag überzeugen willst (→ Heft).
Strukturiere deinen Brief folgendermaßen:

- Formuliere zuerst den passenden Briefkopf und die korrekte Anrede für deinen Schulleiter.
- Am Anfang des eigentlichen Briefes äußerst du dich über die Unzufriedenheit deiner Mitschüler*innen mit der Verpflegung in eurer Schulmensa.
- Dann erklärst du deinem Schulleiter eure Idee.
- Du gehst davon aus, dass der Schulleiter große Bedenken haben wird, die Küche künftig von euch in Eigenregie betreiben zu lassen. Daher informierst du ihn darüber, dass es schon Eltern gibt, die ihre Unterstützung zugesagt haben.
- Am Schluss bittest du ihn darum, mit dir und einer ausgewählten Schülergruppe ein Gespräch über das mögliche Vorgehen zu führen.

Tipp

In dieser Aufgabe musst du eine **Stellungnahme** in einen **formalen Brief** packen. Wenn du bei der Beantwortung Schwierigkeiten hast, lies noch einmal im Kapitel zu den argumentativen Texten auf den Seiten 78 bis 83 nach.

Interaktive Aufgaben: Ausdruck und Stil

7 Einen Text überzeugend gestalten

7.1 Geschickt formulieren

Um einen guten Text zu schreiben, musst du nicht nur etwas Interessantes zu sagen haben. Du musst deine Informationen auch abwechslungsreich „verpacken“, sodass die **Leser*innen** sich **durch die Darstellung angesprochen** fühlen.

Auf einen Blick

Texte gut formulieren	
Treffende Wörter	**Vermeide allgemeine Wörter** wie *machen, sagen* oder *tun*. Schreibe z. B. nicht: *Sie machte das Fenster auf.* Besser ist: *Sie öffnete das Fenster.*
Übersichtliche Satzkonstruktionen	Schreibe **keine unübersichtlichen „Bandwurmsätze“**, sondern benutze Satzgefüge, die nur aus einem Haupt- und einem Nebensatz bestehen, wie z. B.: *Elsa zog ihre Jacke an, als sie nach draußen ging. Sie wollte nach einer eigenen Wohnung suchen, da sie sich von ihrer Mutter oft gestört fühlte. Diese kam immer zu ihr ins Badezimmer, wenn Elsa sich zurechtmachte.* Informationen zu Satzreihen und -gefügen findest du auf S. 129–136.
Informationen platzieren	Platziere wesentliche Informationen an einer herausragenden Stelle, z. B. am **Anfang oder Ende eines Absatzes**.
Abwechslungsreiche Satzanfänge	Versuche, **unterschiedliche Satzanfänge** zu formulieren. Beginne z. B. nicht immer mit dem Subjekt. Anregungen und Hinweise dazu findest du auf S. 128.
Passende Konjunktionen	Wähle zum Verknüpfen von Sätzen treffende Konjunktionen und Adverbien, die die **Zusammenhänge verdeutlichen**. Hier einige Beispiele: • Begründung: *weil, da, denn* • Bedingung: *wenn, falls* • Gegensatz: *aber, doch, obwohl* Auf S. 130/131 findest du weitere Konjunktionen und Adverbien.
Angemessener Sprachstil	**Vermeide umgangssprachliche Ausdrücke** in Textsorten, die man in der Standardsprache schreibt. Umgangssprachlich ist es auch, wenn du Wörter unangemessen verkürzt. Schreibe also z. B. nicht *reinkommen*, denn korrekt heißt es *hereinkommen*.
Wiederholungen vermeiden	Achte darauf, einzelne Wörter nicht unnötig zu wiederholen. Ersetze sie durch **passende Pronomen oder Synonyme**, z. B. so: *Elsa will von zu Hause ausziehen. Sie/die junge Frau hält es nicht mehr länger mit ihrer Mutter in einer Wohnung aus.* Passende Pronomen kannst du auf S. 123 nachschlagen.
Anschauliche Beispiele	**Veranschauliche deine grundlegenden Aussagen** durch interessante Beispiele, z. B.: *Max ist ein Geldverschwender. Gestern hat er sich ein teures Segelboot gekauft, obwohl er Angst vor dem Meer hat.*

Hinweis: Verleihe deinem Text **auch äußerlich eine ansprechende Form**, indem du darauf achtest, dass deine **Schrift** sauber und gut zu lesen ist.

Übung 44

Der folgende Text ist ein Brief, den eine Schülerin an ihren Schulleiter geschrieben hat. Wie du schnell merken wirst, hat sie des Öfteren gegen die Tipps zum geschickten Formulieren verstoßen. Überarbeite den Brief. Gehe dabei so vor:

- Unterstreiche zunächst alle Textstellen, die ungeschickt formuliert sind.
- Schreibe den Text ab und korrigiere dabei die Formulierungsschwächen (→ Heft).

Hinweis: Du kannst einige Sätze auch ganz neu bilden. Fehler in der Rechtschreibung und Zeichensetzung sind bereits korrigiert.

Hallo Herr Wolf,
*Sie haben bestimmt schon gepeilt, dass wir Schüler*innen das Mensaessen zum Kotzen finden. Das Mensaessen ist zwar billig, aber der Geschmack ist unter aller Sau. Wahrscheinlich will der Lieferant richtig Kohle mit uns machen, indem er uns irgendeinen schrecklichen Fraß vorsetzt, der ihn nicht viel kostet. Ehrlich gesagt: Wir haben die Nase gestrichen voll von diesem Essen, das offenbar in erster Linie den Interessen des Unternehmers dient, weil er denkt, dass er durch die Einnahmen, die er durch uns macht, richtig Knete macht. Wir haben deshalb einen Vorschlag, wie man die Verpflegung der Schüler*innen verbessern kann: Sie sollten den Caterer rausschmeißen, und wir kochen künftig selbst. Die Eltern haben uns schon ihre Unterstützung zugesagt.*

7.2 Sich auf Textstellen beziehen

Bei der Arbeit mit Texten musst du deine Aussagen immer wieder anhand von **aussagekräftigen Textstellen** belegen. Dies ist vor allem bei den Aufgaben zum Erschließen des Textsinns und zur Untersuchung der Sprache wichtig.

Auf einen Blick

Aussagen anhand von Textstellen belegen	
Zitate richtig kennzeichnen	Es gibt zwei Möglichkeiten, wie du dich auf Textstellen beziehen kannst: • Entweder gibst du die Textstelle **mit eigenen Worten** wieder. Dann fügst du anschließend die Zeilenangabe „**(vgl. Z. xy)**" hinzu, damit die Leser*innen diese Textstelle schnell finden. • Oder du schreibst die passende Textstelle **wortwörtlich** aus dem Text heraus. Setze dein Zitat in **Anführungszeichen** und füge die jeweilige Zeilenangabe „**(Z. xy)**" hinzu.
Sinn erläutern	Eine Textstelle nur zu zitieren genügt nicht. Du musst auch deutlich machen, … • **was** man an der Textstelle **erkennen** kann, z. B. über eine Figur. • **warum** die zitierte Textstelle **eine Aussage**, die du zum Text gemacht hast, **unterstützt**.
Zitat mit eigenem Text verknüpfen	**Verknüpfe** das Zitat mit deinem Text. Führe mit eigenen Worten zum Zitat hin, z. B. durch eine deutende Aussage: *Dass die junge Frau in Wirklichkeit gar nicht so selbstsicher ist, wie es scheint, wird an ihrem Verhalten deutlich. <u>So heißt es</u>: „xxx …" (Z. …).* Mit diesen Worten kannst du die Erläuterung nach dem Zitat beginnen: • *Das zeigt, dass …* • *Wenn …, dann …* • *Daran kann man erkennen, dass …* • *Hier wird deutlich, dass …*

Interaktive Aufgaben: Rechtschreibung und Zeichensetzung

Flashcards: Wichtiges wiederholen

8 Richtig schreiben

Es ist klar, dass du beim Schreiben eines Textes nicht nur darauf achten musst, **was** du schreibst, sondern auch darauf, **wie** du es schreibst. Denn die korrekte **Rechtschreibung** und **Zeichensetzung** spielen eine wichtige Rolle. Wenn ein Text richtig geschrieben ist, macht das einen **besseren Eindruck** und das **Lesen** wird **erleichtert**. Du solltest dir also auf jeden Fall angewöhnen, deine Texte abschließend noch einmal auf **Fehler** zu untersuchen und diese zu korrigieren.

Tipp

> Versuche, den Text **in Gedanken laut zu lesen**. Bemühe dich dabei, die Wörter möglichst **deutlich auszusprechen**. Dann fallen dir Fehler in der Rechtschreibung leichter auf und du vermeidest unnötige Flüchtigkeitsfehler. Achte insbesondere darauf, **keine Endungen zu verschlucken**. Sprich z. B. *nicht* statt *nich*.

8.1 Prinzipien der Rechtschreibung

In Bezug auf die Schreibweise von Wörtern gelten im Deutschen verschiedene Prinzipien. Zwei davon solltest du kennen:

- Laut-Buchstaben-Prinzip
- Wortstammprinzip

Laut-Buchstaben-Prinzip

Es gilt die Regel: **ein Laut = ein Buchstabe**.
Das heißt, wenn du in einem Wort z. B. den Laut *b* hörst, dann schreibst du den Buchstaben **b**.

Beispiel: Der Laut *b* ist in den Wörtern „Ra**b**e" und „**b**aden" zu hören.

Hinweis: Für einige Laute schreibt man mehrere Buchstaben, z. B. *ch* und *sch*.

Das Laut-Buchstaben-Prinzip hat allerdings einige **Ausnahmen:**

- **Lehnwörter**
  Bei Lehnwörtern, also Wörtern, die **aus einer anderen Sprache** übernommen wurden, richtet sich die Schreibweise oft noch nach der Herkunftssprache.
  Beispiele: „Sympathie" (nicht „Sümpatie") oder „Pommes Frites" (nicht „Pomm Fritz")
- **Gleicher Buchstabe – unterschiedliche Laute**
  Im Deutschen gibt es mehr Laute als Buchstaben. Also muss mitunter ein einziger Buchstabe verwendet werden, um unterschiedliche Laute zu verschriftlichen.
  Beispiel: Der Buchstabe **e** findet sich in „M**e**ter" und „M**e**sser". Die Aussprache des *e* ist aber einmal lang und einmal kurz.
- **Gleicher Laut – unterschiedliche Schreibung**
  Es gibt auch den Fall, dass ein Laut unterschiedlich geschrieben werden kann.
  Beispiel: In den Wörtern „He**x**e", „Wa**chs**", „Mur**ks**" und „Kle**cks**" klingen die Buchstaben **x**, **chs**, **ks** und **cks** gleich.

Übung 45

In der Übersicht siehst du mögliche Schwierigkeiten beim Schreiben, die sich durch die Ausnahmen ergeben können. Suche für jede mögliche Schwierigkeit ein weiteres Beispielpaar (→ Heft).

	mögliche Schwierigkeit	Beispiel
Wortanfang	**f** oder **v**?	*Feder – Vogel*
	v oder **w**?	*Vase – Wagen*
	f oder **ph**?	*Faser – Phase*
	ch oder **k**?	*Charakter – Karriere*
	t oder **th**?	*Text – Thema*
Wortmitte	**e** oder **ä**?	*Werke – Stärke*
	eu oder **äu**?	*heute – läuten*
	i oder **ie**?	*Ventil – viel*
	x – **chs** – **ks** oder **cks**?	*Haxe – Achse – Keks – Knacks*
	mit oder **ohne h**?	*Rahm – Scham*
	mit oder **ohne Doppelvokal**?	*Saal – Schal*
	mit oder **ohne Doppelkonsonant**?	*stellen – helfen*
Wortende	**b** oder **p**?	*Lob – Typ*
	d oder **t**?	*Mund – bunt*
	g oder **k**?	*Berg – Werk*
	ch oder **g**?	*friedlich – mutig*
	s – **ss** oder **ß**?	*Glas – Schloss – Schoß*

Wortstammprinzip

Es gilt die Regel: Der **Wortstamm** von Wörtern **der gleichen Wortfamilie** wird immer gleich geschrieben.
Wer also die Schreibweise eines Wortes aus einer Wortfamilie sicher kennt, kann sich die Schreibweise aller Wörter ableiten, die mit diesem Wort verwandt sind.

Beispiel

Der Wortstamm des Wortes „fahren" ist „**fahr**-". Daher schreibt man auch: *Fahrer, Fahrzeug, Fahrrad, Gefährt, Fährte.*

Hinweis: Um das Wortstammprinzip anwenden zu können, musst du natürlich wissen, welche Wörter miteinander verwandt sind. Du solltest dir also angewöhnen, auf solche Wortverwandtschaften zu achten.

Beispiel

Du weißt, dass man „ste**h**len" mit Dehnungs-h schreibt.
→ Dadurch weißt du auch, dass man „gesto**h**len" und „Diebsta**hl**" mit **h** schreibt.

Tipp

> Manchmal kann es sein, dass sich ein Vokal **innerhalb** einer **Wortfamilie** in einen **Umlaut** ändert, also **a** in **ä**, **o** in **ö** oder **u** in **ü**.
> *backen – Bäcker, offen – öffnen, Luft – lüften*

Übung 46

Notiere zu den folgenden Wörtern jeweils drei Wörter der gleichen Wortfamilie.

a) betrügen: ______________________

b) fehlen: ______________________

c) Lob: ______________________

d) wagen: ______________________

8.2 Rechtschreibregeln

Neben den grundsätzlichen Prinzipien gibt es auch einige **Regeln** zur Rechtschreibung. Sie betreffen vor allem die **Kennzeichnung** von **kurzen** oder **langen betonten Vokalen**. Hier sind die wichtigsten:

Kennzeichnung von kurzen betonten Vokalen

Kurze betonte Vokale musst du folgendermaßen kennzeichnen:

Kennzeichnung	Regel	Beispiele
Doppel-konsonant	Auf einen kurzen Vokal folgen **zwei Konsonanten**. Hörst du nach dem Vokal **nur einen Konsonanten**, dann muss er **verdoppelt** werden.	ka**lt**, He**lm**, si**nd**, Ki**nn**, so**ll**en, Ku**tt**e
	Ausnahmen und Besonderheiten • Ein Doppelkonsonant, der zum Wortstamm gehört, **bleibt** in allen Wortformen **erhalten**, auch dann, wenn ein weiterer Konsonant folgt. • Bei **manchen einsilbigen Wörtern** schreibt man keinen Doppelkonsonanten.	beste**ll**en – beste**llt** ke**nn**en – beka**nnt** da**s**, mi**t**, o**b**, zu**m**
ck oder tz	Die Konsonanten **k** und **z** werden nicht verdoppelt. Man schreibt stattdessen **ck** oder **tz**.	Mü**ck**e, Wi**tz**e

Kennzeichnung von langen betonten Vokalen

Zu den langen Vokalen zählen nicht nur lang gesprochenes *a*, *e*, *i*, *o* oder *u*, sondern auch **Doppellaute** wie *au* und *ei*.
Zur Kennzeichnung von langen betonten Vokalen gibt es folgende Regeln:

Kennzeichnung	Regel	Beispiele
keine Kenn-zeichnung	Bei den meisten Wörtern wird der lange Vokal **nicht extra gekennzeichnet**.	T**a**g, l**e**sen, B**o**te, fr**a**gen, M**u**t
ie	Ein **langes i** wird in der Regel mit **ie** wiedergegeben. Bei **Fremdwörtern** steht häufig ein **einfaches i**.	T**ie**r, l**ie**ben, Kn**ie** Not**i**z, K**i**no, V**i**rus
Doppelvokal	Es gibt auch Wörter, in denen der **Vokal verdoppelt** wird. Diese Wörter musst du **auswendig lernen**.	**Aa**l, M**ee**r, M**oo**r
Dehnungs-h	Wenn auf den langen betonten Vokal **l**, **m**, **n** oder **r** folgt, wird bei **einigen** Wörtern ein **Dehnungs-h** eingeschoben. Auch hier musst du **auswendig lernen**, welche Wörter ein Dehnungs-h haben und welche nicht.	Stu**h**l, Ra**h**m, Sa**h**ne, fa**h**ren **Ohne** Dehnungs-h: Schal, Dame, Person, Schere,
silben-trennendes h	In einigen Wörtern folgt auf einen **langen** Vokal ein **kurzer**. Dann wird oft ein sogenanntes **silbentrennendes h** eingefügt, um deutlich zu zeigen, dass eine neue Silbe anfängt.	ge | **h**en, flie | **h**en, se | **h**en

Hinweis: Es gibt nur sehr wenige Rechtschreibregeln, an denen man sich **eindeutig** orientieren kann. Meist geben sie dir nur Hinweise darauf, welche Schreibweisen möglich sind. In Zweifelsfällen gilt: Im **Wörterbuch** nachschlagen!

Übung 47

Lies den folgenden Text und bearbeite anschließend die zugehörigen Aufgaben.

Räuber zeigt Mitleid mit seinen Opfern

Ein Räuber hat in Berlin zweimal Mitleid mit seinen Opfern gezeigt. Bei seinem ersten Überfall bedrohte er laut Polizei in einer Bank einen Kunden mit einer Waffe und forderte Geld. Als das Opfer erklärte, es sei ein armer Student, verschwand der Täter ohne einen Cent einzustecken. Eine halbe Stunde später zwang der Mann in einer anderen Bank einen 21-Jährigen, eine größere Summe abzuheben. Weil der junge Mann noch ausgehen wollte, bat er den Räuber, die Summe zu teilen. Dieser Bitte sei der Dieb vor seiner Flucht nachgekommen, teilte die Polizei mit. Das hat die Ordnungshüter verdutzt.

Quelle: http://www.spiegel.de/panorama/0,1518,807259-7,00.html, 05. 01. 2012, aus didaktischen Gründen stellenweise gekürzt.

Aufgabe

Suche im Text Beispielwörter für jede Rechtschreibregel und trage sie in der Grundform in die Tabelle ein. Schreibe auf jede Linie jeweils ein Beispiel.

Wörter mit ...	Beispielwörter
kurzem Vokal und Doppelkonsonant	1. ____
	2. ____
	3. ____
	4. ____
	5. ____
	6. ____
	7. ____
ie	1. ____
	2. ____
	3. ____
Dehnungs-h	1. ____
	2. ____
silbentrennendem h	1. ____
	2. ____
ck	1. ____
tz	1. ____

8.3 Rechtschreibstrategien

Wenn du unsicher bist, wie du ein Wort schreiben musst, kannst du bestimmte **Rechtschreibstrategien** anwenden, um die richtige Schreibweise herauszufinden. Sie helfen dir zu hören, welchen Buchstaben du in einem Wort schreiben musst.

Verlängerungsprobe

Wenn du am Ende eines Wortes unsicher bist, ob du **b** oder **p**, **d** oder **t**, **g** oder **k** schreiben musst, verlängerst du es zur Probe:

- Bei **Adjektiven** bildest du die **Steigerungsform**.
  Beispiele *lieb – lieber, plump – plumper*
- Bei **Nomen** bildest du die **Mehrzahl**.
  Beispiele *Wald – Wälder, Welt – Welten*
- Bei **Verben** bildest du die **Grundform**.
  Beispiele *er mag – mögen, sie trank – trinken*

Grundformprobe

Wenn du unsicher bist, ob du in einem Wort **ä** oder **e** beziehungsweise **äu** oder **eu** schreiben musst, bildest du zur Probe die Grundform:

- Bei **Adjektiven** bildest du die **nicht gesteigerte Form**.
  Beispiele *älter – alt, fester – fest, feuchter – feucht*
- Bei **Nomen** bildest du die **Einzahl**.
  Beispiele *Äste – Ast, Felle – Fell, Mäuse – Maus, Freunde – Freund*
- Bei **Verben** bildest du die **Grundform**.
  Beispiele *fährt – fahren, kehrt – kehren, lässt – lassen*

Verwandtschaftsprobe

Wenn du den gesuchten Buchstaben weder mit der Verlängerungsprobe noch mit der Grundformprobe hörbar machen kannst, suchst du nach einem anderen Wort aus derselben **Wortfamilie**, an dem du die richtige Schreibweise erkennen kannst.

Zweifelsfall	Beispiele	verwandt mit …	richtige Schreibung
ä oder e?	St___rkung ver___ngen	st**a**rk **e**ng	St**ä**rkung ver**e**ngen
äu oder eu?	absch___lich F___lnis	Absch**eu** f**au**len	absch**eu**lich F**äu**lnis
b oder p? d oder t? g oder k?	Lo___ Wu___ Betru___	lo**b**en wü**t**end betrü**g**en	Lo**b** Wu**t** Betru**g**
Doppelkonsonant oder einfacher Konsonant?	Sa___lung Gewi___ unfa___bar Ho___nung	sa**mm**eln gewi**nn**en fa**ss**en ho**ff**en	Sa**mm**lung Gewi**nn** unfa**ss**bar Ho**ff**nung
Dehnungs-h oder nicht?	Diebsta___l schä___len	ste**h**len Schale	Diebsta**hl** schälen

Tipp

Rechtschreibstrategien lassen sich häufig nur bei Problemschreibungen im **Wortinnern** oder am **Wortende** anwenden. Wenn du also nicht weißt, mit welchem Buchstaben ein Wort am Anfang geschrieben wird, solltest du es im **Wörterbuch** nachschlagen. Wenn du es auf Anhieb **nicht findest**, schlägst du bei einem **anderen Anfangsbuchstaben** nach, der auch passen könnte.

Beispiel

Wenn du nicht weißt, ob man das Wort *Vase/Wase* am Anfang mit **V** oder **W** schreibt, schaust du unter beiden Anfangsbuchstaben nach. Da du das Wort nicht unter W findest, ist diese Schreibweise falsch.

Übung 48

Begründe die Schreibweise der Wörter, indem du die verschiedenen Rechtschreibstrategien anwendest.

1. Wende die Verlängerungsprobe an und trage jeweils ein, ob du das Wort am Ende mit **b** oder **p**, **d** oder **t**, **g** oder **k** schreiben musst.

a) kran___ ______________ b) Wan___ ______________
c) Her___ ______________ d) run___ ______________
e) Wir___ ______________ f) Kor___ ______________
g) Ty___ ______________ h) har___ ______________
i) Gur___ ______________ j) Ber___ ______________
k) Fahr___ ______________ l) bun___ ______________

2. **ä** oder **e**? **äu** oder **eu**? Wende die Grundformprobe an.

a) die H___ser ______________ b) k___lter ______________
c) die D___cken ______________ d) die B___len ______________
e) er schl___ft ______________ f) die K___rzen ______________
g) die R___nder ______________ h) schl___chter ______________
i) die Br___che ______________ j) die F___cher ______________

3. Beweise mit der **Verwandtschaftsprobe**, dass die Schreibweise richtig ist.

a) he**rr**schen ______________ b) ver**ä**chtlich ______________
c) S**äu**re ______________ d) Schwi**mm**bad ______________
e) r**äu**chern ______________ f) Verr**ä**terin ______________
g) verfe**h**len ______________ h) j**äh**rlich ______________
i) H**ä**rte ______________ j) verd**ä**chtig ______________

8.4 Sonderfall s-Laute

Ein s-Laut kann stimmhaft oder stimmlos ausgesprochen werden. Wenn du einen s-Laut **stimmhaft** aussprichst, hört er sich **weich** an, so ähnlich wie das Summen einer Biene. Sprichst du ihn dagegen **stimmlos** aus, klingt er **scharf** wie das Zischen einer Schlange.

Tipp

> Wenn du nicht sicher bist, ob ein s-Laut **stimmhaft** oder **stimmlos** gesprochen wird, kannst du die **Handprobe** machen: Lege die Hand vorn um deinen Hals und sprich das Wort **laut** aus. Ist der s-Laut stimmhaft, vibrieren deine Stimmbänder – und das kannst du fühlen! Solltest du mit der Hand nichts fühlen, ist der s-Laut stimmlos.

Die Schreibweise von s-Lauten hängt von zweierlei ab: von der **Länge des vorangehenden Vokals** und von der **Aussprache des s-Lauts**.

Auf einen Blick

s-Laute richtig schreiben	
s	**Einfaches s** schreibst du, wenn das s **stimmhaft** ist. *Hase, lesen, leise*
ß	**Scharfes ß** schreibst du, wenn der s-Laut **stimmlos** ist und nach **langem Vokal** steht. *Füße, beißen, fleißig*
ss	**Doppel-s** schreibst du, wenn der s-Laut **stimmlos** ist und nach **kurzem Vokal** steht. *Masse, wissen, besser*

Hinweis: Führe bei s-Lauten **am Wortende** immer die **Verlängerungsprobe** durch! Im Deutschen wird das stimmhafte s am Wortende nämlich zu einem stimmlosen s. Indem du die Verlängerungsprobe durchführst, kannst du die richtige **Schreibweise** herausfinden: Wird der s-Laut durch die Verlängerung **stimmhaft**, musst du s schreiben. Bleibt der s-Laut auch nach der Verlängerung **stimmlos**, musst du ß oder ss schreiben.

Beispiel

Bei *Maus* hört man nach einem langen Vokal ein stimmloses s und müsste daher eigentlich ß schreiben. Die Verlängerungsprobe zeigt aber, dass das s eigentlich stimmhaft ist: *Maus* → *Mäuse.*

Übung 49

Überlege dir jeweils vier Beispielwörter und trage sie in die Tabelle ein.

Das hört man	**Beispielwörter**
stimmhafter s-Laut	1. ________ 2. ________ 3. ________ 4. ________
stimmloser s-Laut, davor langer Vokal	1. ________ 2. ________ 3. ________ 4. ________
stimmloser s-Laut, davor kurzer Vokal	1. ________ 2. ________ 3. ________ 4. ________

8.5 Groß- und Kleinschreibung

Ein besonderes Problem im Deutschen ist die Groß- und Kleinschreibung. Grundsätzlich schreibt man die **meisten Wörter klein**.
Groß schreibt man allerdings …

- Nomen, z. B.: *Schuh, Tierhandlung, Handy*
- als Nomen verwendete Wörter, z. B.: *das Blau, dein Lachen*
- Satzanfänge, z. B.: *Plötzlich musste er grinsen.*
- Eigennamen, z. B.: *Sandra, Köln, England*
- das erste Wort einer Überschrift, z. B.: *Grüne Marsmännchen endlich gelandet*
- höfliche Anredepronomen, z. B.: *Sie, Ihnen, Ihr*

Es kommt übrigens nicht nur darauf an, ob ein Wort laut Wörterbuch ein Nomen ist. In einem Satz kann nämlich praktisch jedes Wort **als Nomen verwendet** werden. Ob ein Wort als Nomen gebraucht wird, erkennst du an den typischen **Begleitwörtern:**

Auf einen Blick

Begleitwörter von Nomen	
Artikel	der, die, das, ein, eine *das Abladen, das Betreten, ein Niesen, ein Grinsen*
Demonstrativpronomen	dieser, diese, dieses, jener, jene, jenes *dieses Schimpfen, dieses Warten*
Possessivpronomen	mein, dein, sein, ihr … *mein Husten, dein Singen, ihr Lächeln, unser Bitten*
Mengenangaben	viel, wenig, etwas, alles, kein … *viel Schönes, wenig Neues, alles Gute, kein Zurück*
beschreibende Adjektive	Das sind Adjektive, die sich auf ein Nomen beziehen und dieses genauer beschreiben. Die Adjektive sind dann gebeugt. *treues Begleiten, faires Spielen, lautes Weinen*
Präpositionen	bei, ohne, mit, auf, in, an, über … *bei Rot, ohne Wenn und Aber, mit Ach und Krach*

Wenn du dir nicht sicher bist, **auf welches Wort sich der Begleiter bezieht**, streichst du in Gedanken einfach alle Wörter durch, die direkt danach folgen und auf die man verzichten könnte.

Beispiel

Sie hatte ein ~~auffallend helles, fröhliches und vor allem herzliches~~ Lachen.
→ *ein* gehört zu *Lachen*. Somit wird das Verb *lachen* hier als Nomen verwendet.

Tipp

Manchmal werden Nomen auch **ohne Begleitwörter** verwendet. Dann kannst du die **Begleitwort-Probe** machen: Stelle probeweise ein passendes Begleitwort vor das Nomen. Klingt der Satz dann noch sinnvoll, handelt es sich bei dem Wort um ein Nomen.

Beispiel

Anja liebt Schwimmen. Begleitwort-Probe: *Anja liebt das Schwimmen.*
→ *Schwimmen* wird hier als Nomen verwendet.

Tipp

Hat ein Wort eine **typische Nomenendung**, ist es ein Nomen und wird großgeschrieben. Diese Nomenendungen kommen am häufigsten vor: -heit, -keit, -nis, -ung, -schaft, -tum, -ion, -ling
Schönheit, Übelkeit, Hindernis, Wertung, Gesellschaft, Brauchtum, Stadion, Fremdling

Übung 50

Groß oder klein? Bearbeite die folgenden Aufgaben.

1. Unterstreiche in den folgenden Sätzen die „unechten" Nomen rot und die Begleiter, die sie zu Nomen gemacht haben, grün.
   Hinweis: Manchmal musst du auch zwei Begleitwörter zu einem Nomen unterstreichen.
   a) Nächsten Mittwoch muss ich das Schwimmen ausfallen lassen.
   b) Ich finde ihr Lachen sehr sympathisch.
   c) Das Kleid steht dir wirklich gut! Vor allem das Grün passt zu dir.
   d) Beim Laufen hört sie gerne Musik.
   e) Nach langem Hin und Her ging sie endlich mit.

2. Schreibe den folgenden Text richtig ab (→ Heft).

Berliner Zeitung **WIE MAN DATEIEN RICHTIG LÖSCHT**

wenn anwender ihren rechner oder eine festplatte verkaufen oder entsorgen wollen, befinden sich in vielen fällen noch sensible daten auf dem gerät. viele nutzer denken, mit dem löschen der daten oder dem formatieren des datenträgers lassen sich alle persönlichen daten beseitigen – ein trugschluss. zwar können anwender mit der tastenkombination „umschalt + entf" daten ohne den umweg über den papierkorb löschen. es ist allerdings kein problem, diese daten mit spezialprogrammen wiederherzustellen. das liegt vor allem daran, dass windows beim normalen löschen nur das inhaltsverzeichnis entfernt, die daten aber erhalten bleiben. oder das betriebssystem löscht die einzelnen bereiche auf der festplatte, überschreibt diese aber nicht. falls es kein zurück für die dateien geben soll, müssen anwender schwerere geschütze auffahren – entweder etwas umständlichere windows-bordmittel oder löschtools, die meist einfacher zu handhaben und kostenlos sind.

Quelle: dpa: Wie man Dateien richtig löscht, 10. 01. 2012. Im Internet unter: http://www.berliner-zeitung.de/digital/auf-nimmerwiedersehen-wie-man-dateien-richtig-loescht,10808718,11415320.html, aus didaktischen Gründen stellenweise gekürzt und geändert.

8.6 Getrennt- und Zusammenschreibung

Werden zwei Wörter, die in einem Satz nebeneinanderstehen, getrennt oder zusammengeschrieben? Das zu entscheiden, ist nicht immer leicht.

Zusammenschreibung

Am besten merkst du dir diese Grundregel: **ein Ding = ein Wort**.
Wenn zwei Wörter zusammen ein und dieselbe Sache bezeichnen, müssen sie zusammengeschrieben werden. Sie bilden dann gemeinsam ein **Kompositum**, also **ein zusammengesetztes Wort**.

Beispiele

Er besorgte sich vor der Reise Tickets.
→ Hier bezeichnen die Wörter *Reise* und *Tickets* zwei verschiedene Dinge.
Weil er sie verlegt hatte, suchte er überall nach seinen Reisetickets.
→ Hier bezeichnen die Wörter *Reise* und *Tickets* nur ein Ding.

Auf einen Blick

Das musst du in der Regel zusammenschreiben		
Komposita	Treffen diese Wortarten direkt aufeinander, musst du sie **zusammenschreiben:**	
	• **Nomen + Nomen**	*Geldbörse, Haustür, Sackgasse …*
	• **Nomen + Adjektiv**	*gewaltbereit, mausetot, herzensgut …*
	• **Nomen + Adverb**	*bergab, flussaufwärts, landeinwärts …*
	• **Verb + Nomen**	*Wanderstiefel, Hörspiel, Gefriertruhe …*
	• **Adverb + Verb**	*weglaufen, entlanggehen, weitermachen …*
	• **Präposition + Verb**	*aufessen, vorlesen, nachmachen …*

▶ **Betonungsprobe**
Komposita kannst du auch an der **Aussprache** erkennen: Gibt es bei zwei benachbarten Wörtern nur **eine Hauptbetonung**, handelt es sich um ein Kompositum, das du **zusammenschreiben** musst. Sind dagegen **zwei Betonungen** erkennbar – eine in jedem Wort – musst du die Wörter **getrennt schreiben**.

Beispiele

Barbara hat bei ihrem Referat fréi gespróchen.
→ Es gibt **zwei** Hauptbetonungen. → Getrenntschreibung
Der Richter hat den Angeklagten fréigesprochen.
→ Es gibt nur **eine** Hauptbetonung. → Zusammenschreibung

▶ **Bedeutungsprobe**
Durch die Getrennt- oder Zusammenschreibung kann auch ein **Bedeutungsunterschied** entstehen. Das heißt, die Wörter verlieren ihre ursprüngliche Bedeutung und verschmelzen zu einem neuen Ausdruck.

Beispiele

Meine Oma ist auf der Treppe schwer gefallen.
→ Sie ist schlimm gefallen. → Getrenntschreibung
Mathe ist mir schon immer schwergefallen.
→ Mathe hat mir Probleme bereitet. → Zusammenschreibung

Tipp

Im Zweifelsfall orientierst du dich an der **Betonung**. Achte darauf, dass du die Wörter in ihrem **Satzzusammenhang** aussprichst.

Getrenntschreibung

Für die Getrenntschreibung kannst du dir folgende Regeln merken:

Auf einen Blick

Das musst du in der Regel getrennt schreiben	
Verb + Verb	Stehen zwei Verben hintereinander, schreibst du sie getrennt. *Lass uns später spazieren gehen.* Ausnahme: Wenn die beiden Verben zusammen **als Nomen verwendet** werden, musst du sie **zusammenschreiben**. *Beim Spazierengehen traf er Nadine.*
Nomen + Verb	Folgt auf ein Nomen ein Verb, schreibst du die beiden Wörter getrennt. *Wir könnten heute Nachmittag Fußball spielen.* Ausnahme: Wenn Nomen und Verb zusammen **ein Nomen bilden**, musst du sie **zusammenschreiben**. *Das Fußballspielen macht ihm großen Spaß.*
Adjektiv + Verb	Steht nach einem Adjektiv ein Verb und das **Adjektiv lässt sich steigern**, musst du die beiden Wörter getrennt schreiben. *laut singen → lauter singen, schnell sprechen → schneller sprechen* Ausnahme: Wenn Adjektiv und Verb zusammen eine **besondere Bedeutung** haben, musst du sie **zusammenschreiben**. *schwarzarbeiten, krankschreiben*

Übung 51

Getrennt oder zusammen? Bearbeite die folgenden Aufgaben.

1. Begründe die Schreibweise der kursivgedruckten Wörter, indem du jeweils die Hauptbetonungen unterstreichst.
   a) Wenn du gut lernst, wird dir der Test *leichtfallen*.
   b) Ich denke, wir werden miteinander *zurechtkommen*.
   c) Wo ist hier der *Notausgang*?
   d) Er war von der Sonne *braun gebrannt*.
   e) Auf der Bühne musst du *deutlich sprechen*.

2. Prüfe, ob die folgenden Aussagen eine wörtliche oder eine besondere Bedeutung haben. Streiche jeweils die falsche Schreibweise durch.
   a) Thomas will immer alles *schön reden / schönreden*.
   b) Maria kann ganz *schnell laufen / schnelllaufen*.
   c) Costa lässt sich für morgen *krank schreiben / krankschreiben*.
   d) Ich möchte nicht *schwarz fahren / schwarzfahren*.

Tipp

Wenn du die **Adjektive steigern** kannst, haben sie ihre **wörtliche Bedeutung** und du musst sie **getrennt** schreiben. Lassen sie sich dagegen **nicht** mehr **steigern**, ohne dass der Satz merkwürdig klingt, haben die Adjektive meist eine **übertragene Bedeutung** und du musst sie mit dem nachfolgenden Wort **zusammenschreiben**.

8.7 Grundregeln der Zeichensetzung: Kommas richtig setzen

Viele Leute geben zu, dass sie Kommas meist nicht nach bestimmten Regeln setzen, sondern eher „nach Gefühl“ – und das führt dann oft dazu, dass sie die Kommas falsch setzen. Deshalb erhältst du hier eine Übersicht über die wichtigsten Kommaregeln.

Komma bei Aufzählungen

Das Komma trennt die einzelnen **Glieder von Aufzählungen**. Die Wörter *und*, *oder* und *sowie* ersetzen das **Komma**, das dann **entfällt**. Aufzählungen können bestehen aus:

- **Einzelwörtern**
  Vor ihrer Abreise packte Elisa Zahnpasta, Seife, Creme **und** *Mascara ein.* Beispiel
- **Wortgruppen**
  Schon am Abend vorher hatte sie ihre Jeans, den neuen Minirock, drei T-Shirts **sowie** *eine warme Strickjacke in den Koffer gepackt.* Beispiel
- **ganzen Sätzen**
  Elisa stieg in ein Taxi, der Fahrer gab Gas **und** *sie erreichte pünktlich den Zug.* Beispiel

Komma als Markierung von Gegensätzen

Das Komma trennt Einzelwörter, Wortgruppen oder Sätze, mit denen ein **Gegensatz** zum Ausdruck gebracht wird. Gegensätze erkennst du an **Konjunktionen** wie *aber*, *doch* und *sondern*.

Der Zug war alt, **aber** *gemütlich.* Beispiele
Elisa ging nicht in den Speisewagen, **sondern** *in ihr Abteil.*
Es roch zwar köstlich, **doch** *sie hatte keinen Hunger.*

Hinweis: *Aber* und *doch* können auch **Füllwörter** sein, die keinen Gegensatz, sondern eher eine Art Erstaunen ausdrücken. Prüfe daher, ob du *aber/doch* weglassen kannst, bevor du ein Komma setzt.

Du bist (aber) groß geworden. Beispiele
Das kannst du (doch) nicht machen!

Komma als Kennzeichen von Satzgrenzen

- **Hauptsatz + Hauptsatz**
  Hauptsätze, die wie bei einer Aufzählung aufeinanderfolgen, werden durch **Punkt** getrennt. Wenn man die **Satzgrenze nicht** so stark **hervorheben** will, kann man auch ein Komma setzen.

  Sie zog ihre Regenjacke an, dann griff sie nach ihrem Schirm. Beispiele
  Die Vorstellung war vorbei, der Zuschauerraum leerte sich.

▸ **Hauptsatz + Nebensatz**

Haupt- und Nebensätze, die zusammen ein Satzgefüge bilden, werden **grundsätzlich** durch Komma voneinander getrennt. Dabei spielt es keine Rolle, ob der Nebensatz dem Hauptsatz folgt oder umgekehrt. Ist der Nebensatz in den Hauptsatz **eingeschoben**, musst du ein Komma vor und nach dem Nebensatz setzen.

Beispiele

Niklas staunte nicht schlecht, *als er von der Schule nach Hause kam.*
Obwohl er nichts bestellt hatte, *lag ein Päckchen vor der Haustür.*
Er öffnete das Päckchen, auf dem sein Name stand, mit einer Schere.

Tipp

Haupt- und Nebensätze lassen sich am besten an der **Position des gebeugten Verbs** unterscheiden. Steht das Verb am Satzanfang (als **erstes** oder **zweites Satzglied**), liegt ein **Hauptsatz** vor. Steht das gebeugte Verb **am Satzende**, handelt es sich um einen **Nebensatz**.

Übung 52

Füge im folgenden Text die fehlenden Kommas ein und notiere am Rand die passende Begründung:
Aufzählung / Gegensatz / Hauptsatz + Hauptsatz / Hauptsatz + Nebensatz
Hinweis: Berücksichtige die Reihenfolge von Hauptsatz und Nebensatz.

Was Hotelgäste auf dem Zimmer vergessen

Dass ein Hotelgast etwas im Hotelzimmer liegen lässt ist nichts Neues. Eine britische Hotelkette hat jetzt eine Liste mit den verrücktesten Fundstücken veröffentlicht.

Gäste ihrer Hotels vergaßen unter anderem eine Urne mit sterblichen Überresten einen Hamster namens Frederick die Schlüssel zu einem Ferrari 458 und einen Koffer voller pinkfarbener Büstenhalter. Den Vogel abgeschossen hat aber ein Paar das sein 18 Monate altes Baby zurückließ. Als die beiden sich auf den Weg zu einer Hochzeit machten dachte jeder von ihnen der andere hätte das Kind schon ins Auto gepackt obwohl es noch im Hotelzimmer in seinem Bettchen lag.

Die häufigsten Fundstücke in Hotelzimmern sind allerdings nicht so spannend sondern eher langweilig. Auf Platz eins stehen Ladegeräte für Handys oder Laptops Platz zwei wird von Schlafanzügen belegt die oft im Hotelbett liegen bleiben. Auf Platz drei kommen Teddybären sie werden oft von Kindern vergessen. Sehr häufig bleiben außerdem Kulturbeutel Kämme Bücher und elektrische Zahnbürsten auf den Hotelzimmern liegen.

Es gibt einen guten Grund, sich lieber von den **Regeln** statt vom eigenen Gefühl leiten zu lassen. Wer Kommas nach Gefühl setzt, orientiert sich nämlich am **Hören** und setzt sie dort, wo man beim Sprechen eine kleine Pause macht oder kurz die Stimme senkt. Mit diesem Vorgehen ist die **Trefferquote** aber **gering**! Das liegt vor allem daran, dass man mehr Sprechpausen macht, als man Kommas setzen darf. Man würde also **zu viele Kommas** einfügen.
Beachte stets die folgende **Grundregel:**

- **Kommas dürfen keine Satzglieder vom Rest des Satzes trennen.**

Beispiel

Jeden Morgen um sieben Uhr klingelt bei Max Müller der Wecker.
Nach der Wortgruppe *Jeden Morgen um sieben Uhr* macht man eine kleine Sprechpause. Trotzdem darfst du kein Komma setzen! Denn bei der Wortgruppe handelt es sich um eine Zeitangabe (Temporaladverbial) und damit um ein Satzglied.

Tipp

Wenn du nicht sicher bist, ob es sich bei einer Textstelle um ein Satzglied handelt, gehst du so vor: Prüfe, ob ein **Subjekt** und ein **Prädikat** enthalten sind. Ist das der Fall, dann handelt es sich um einen Satz und du darfst ein Komma setzen. Wenn beides nicht enthalten ist, hast du es nur mit einem Satzglied zu tun, das du nicht durch ein Komma abtrennen darfst.

Übung 53

Im folgenden Text hat sich die Schreiberin beim Setzen von Kommas an Sprechpausen orientiert. Deshalb sind ihr zehn Kommafehler unterlaufen.
Kreise im Text alle richtig gesetzten Kommas grün ein und alle falsch gesetzten rot.

Im Westen sieht es schlecht aus mit der Ganztagsbetreuung

Die Ganztagsbetreuung für Grundschulkinder, ist in vielen Bundesländern unzureichend und weist große Qualitätsdefizite[1] auf. Wohin soll das Kind gehen, wenn die Schule aus ist? Diese Frage treibt viele Eltern um, wenn ihr Sprössling in die Grundschule kommt.

Denn während im Vorschulalter das Betreuungsangebot auch am Nachmittag heute bundesweit ausreicht, sieht es in den Lebensjahren danach vielerorts düster aus. Vor allem im Westen, fehlt es häufig an einer Ganztagsbetreuung. Inzwischen wird ein Ausbau, auch von der Wirtschaft dringend angemahnt. So soll Eltern die Vereinbarkeit von Familie und Beruf, ermöglicht werden.

Die Qualität der freiwilligen Nachmittagsangebote, ist auch oft unzureichend. Denn die Hälfte der Bundesländer, legt für die Angebote am Nachmittag keine Qualitätsstandards fest. Bei einer schlechten Betreuungssituation, hat eine Ganztagsschule sogar negative Effekte auf die Entwicklung der Kinder.

Anders ist die Lage bei den Horten, wo es im Regelfall gesetzliche Mindeststandards für die Qualifikation des Personals und die Gruppengrößen gibt. Auch ermöglichen die Öffnungszeiten, eine bessere Vereinbarkeit von Familie und Beruf.

Denn im Regelfall, sind die Horte an vier bis fünf Tagen in der Woche mindestens bis 17 Uhr geöffnet. Außerdem müssen Horte im Gegensatz zu den Ganztagsschulen, grundsätzlich eine Ferienbetreuung anbieten.

Quelle: Dorothea Siems: Westen sieht bei Ganztagsbetreuung schlecht aus, 19. 12. 11. Im Internet unter: http://www.welt.de/politik/deutschland/article13774766/Im-Sueden-sieht-es-schlecht-aus-mit-Ganztagsbetreuung.html, aus didaktischen Gründen stellenweise gekürzt und leicht geändert.

1 *Qualitätsdefizite: Mängel in der Qualität*

Kompetenz Sprachwissen und Sprachbewusstsein

Interaktive Aufgaben: Ausdruck und Stil

Flashcards: Wichtiges wiederholen

Was muss man können? Was wird geprüft?

In der Prüfung sollst du zeigen, dass du diese Teilkompetenzen beherrschst:

- **Bausteine der Sprache kennen:** Du sollst die wesentlichen Sprachbausteine kennen. Du musst also wissen, was **Wortarten**, **Satzglieder** und **Sätze** sind.
- **Fachbegriffe beherrschen:** Du sollst die Fachbegriffe für die **Bausteine der Sprache** richtig zuordnen und verwenden können.
- **Grammatische Regeln anwenden:** Du sollst wichtige grammatische Regeln kennen und anwenden können. In der Prüfung gibt es nämlich Aufgaben, in denen du Lücken so füllen musst, dass grammatisch richtige Sätze entstehen, und Aufgaben, bei denen du Aussagen passend umformulieren musst.

9 Wortarten

Wörter sind das „Rohmaterial" der Sprache. Aufgrund von Gemeinsamkeiten kann man sie verschiedenen Gruppen zuordnen, die man als **Wortarten** bezeichnet. Dabei unterscheidet man zwischen veränderbaren und unveränderbaren Wortarten.

Veränderbare Wortarten

Fünf Wortarten können ihre Form verändern, je nachdem, wie sie verwendet werden. Das heißt, ihnen wird z. B. eine Personalendung angehängt, sie können in die vier Fälle gesetzt werden oder sie stehen in der Einzahl oder Mehrzahl. Man nennt diese Wortarten die **veränderbaren Wortarten**.

Auf einen Blick

Wortarten, die sich verändern können	
Nomen	Nomen bezeichnen **Lebewesen** und **Dinge**. Einige Dinge kann man sich nur denken, da man sie weder sehen noch anfassen kann. *Ball, Mann, Frau, Hund, Blume, Liebe, Freude, Trost*
Verb	Verben beschreiben **Handlungen** oder **Zustände**. *laufen, greifen, sein, liegen*
Adjektiv	Adjektive geben Auskunft über **Eigenschaften**. *groß, rot, müde, dünn*
Artikel	Artikel sind **Begleiter** von Nomen. Man unterscheidet zwischen • **bestimmten Artikeln:** *der Mann, die Katze, das Haus* • **unbestimmten Artikeln:** *ein Mann, eine Katze, ein Haus*
Pronomen	Es gibt viele verschiedene Pronomen. Sie können Nomen **ersetzen** oder **begleiten**. *er, diese (als Begleiter: diese Frau), mein (als Begleiter: mein Zimmer), sich*

Unveränderbare Wortarten

Die übrigen Wortarten bleiben immer unverändert. Die wichtigsten sind:

Auf einen Blick

Wortarten, die sich nicht verändern	
Adverb	Adverbien geben Zusatzinformationen über die **genaueren Umstände** einer Handlung, z. B. über den **Ort** (Wo? Wohin? Woher?), die **Zeit** (Wann? Seit wann? Bis wann? Wie lange?), die **Art und Weise** (Wie?) oder den **Grund** (Warum?). *hier, oben, jetzt, bald, gern, vergebens, ausnahmsweise, deinetwegen*
Konjunktion	Konjunktionen **verbinden** Wörter, Wortgruppen oder Sätze miteinander. *und, oder, aber, weil, als, wenn, falls, statt*
Präposition	Präpositionen zeigen die **Beziehungen** zwischen Dingen oder Lebewesen an. Manchmal ist eine Präposition mit einem Artikel verschmolzen. *in, an, auf, bei, mit, für, ohne, wegen, unter, über;* *ins (in + das), ans (an + das), aufs (auf + das), beim (bei + dem)*

Tipp

Merke dir zu jeder **Wortart** zwei **typische Beispiele**. Dann kannst du andere Wörter, die derselben Wortart angehören, leicht zuordnen.

Übung 54

Trage die Wortarten der einzelnen Wörter auf der Linie ein. Nutze dazu die Abkürzungen aus der linken Spalte.

Abkürzungen:
N = Nomen
V = Verb
Adj = Adjektiv
Art = Artikel
Pron = Pronomen
Adv = Adverb
Konj = Konjunktion
Präp = Präposition

Neulich vergaß ein Reptilienhändler in einem Hotelzimmer sein grünes Chamäleon.

____

Der Gast übersah das Tier am Morgen, als er seinen Koffer packte.

____

Das lag an der grünen Farbe der Tapete im Hotelzimmer.

____

Abends entdeckte der nächste Besucher das Tier, weil es sich bewegte.

____

Er überlegte einen Augenblick, dann alarmierte der Mann sofort die Polizei.

____

Die Polizisten fingen das kleine Reptil mit einem Kescher.

____

Bald ermittelten die Beamten den Besitzer und benachrichtigten ihn.

____

Der glückliche Reptilienhändler begab sich sofort wieder in das Hotel.

____

9.1 Nomen

Nomen sind Wörter, die Lebewesen oder Dinge bezeichnen. Sie geben ihnen Namen. Die Form eines Nomens hängt davon ab, ob die **Einzahl** (Fachbegriff: Singular) oder die **Mehrzahl** (Fachbegriff: Plural) verwendet wurde und in welchem **Fall** (Fachbegriff: Kasus) es steht.

Numerus

Der Numerus gibt an, ob ein Wort in der **Einzahl** oder in der **Mehrzahl** steht. Die Mehrzahl eines Nomens kannst du an folgenden Merkmalen erkennen:

- **Endung:** *Tor → Tore, Auto → Autos, Karte → Karten* — Beispiele
- **Umlaut:** *Apfel → Äpfel, Vogel → Vögel, Mutter → Mütter* — Beispiele
- **Endung und Umlaut:** *Fach → Fächer, Zopf → Zöpfe, Kuss → Küsse* — Beispiele
- **keine Kennzeichnung:** Bei manchen Nomen sind die Formen von Singular und Plural gleich. Um den Numerus zu bestimmen, orientiert man sich dann am zugehörigen **Begleiter**. Wenn es kein Begleitwort gibt, hilft der **Satzzusammenhang**.

  Beispiel

  Du hast **deinen** *Teller gar nicht leer gegessen.*
  → Einzahl (Orientierung am Begleiter)
  Stell bitte schon mal Teller auf den Tisch.
  → Mehrzahl (Orientierung am Satzzusammenhang)

Kasus

Es gibt im Deutschen vier **Kasus** (Fälle), die du folgendermaßen **erfragen** kannst:

- **Nominativ:** *Wer oder was?*
- **Genitiv:** *Wessen?*
- **Dativ:** *Wem oder was?*
- **Akkusativ:** *Wen oder was?*

Beispiel

Der Junge spielt mit dem Hund des Nachbarn und stört dabei die schlafende Katze.

Der Junge	dem Hund	des Nachbarn	die schlafende Katze
↑ Nominativ	↑ Dativ	↑ Genitiv	↑ Akkusativ

Tipp

> Die Frage *Was?* passt zu Nominativ, Dativ und Akkusativ und ist daher keine Hilfe bei der Bestimmung des Kasus. Wenn du also den **Kasus** einer **Sache** erfragen willst, musst du das mit **beiden Fragepronomen** tun.

Beispiel

Er legt das Buch hin.	→ *Er legt was hin?*	→ Kasus nicht erkennbar
	→ *Er legt wen oder was hin?*	→ Kasus: Akkusativ

In manchen Kasus müssen bestimmte **Endungen** an das Nomen angehängt werden. Es gibt verschiedene Endungen für **männliche**, **weibliche** und **sächliche Nomen**.

Auf einen Blick

Kasusendungen in der Einzahl (Singular)			
	männlich	**weiblich**	**sächlich**
Nominativ	der große Hund	die schwarze Katze	das stolze Pferd
Genitiv	des großen Hundes	der schwarzen Katze	des stolzen Pferdes
Dativ	dem großen Hund	der schwarzen Katze	dem stolzen Pferd
Akkusativ	den großen Hund	die schwarze Katze	das stolze Pferd
Kasusendungen in der Mehrzahl (Plural)			
Nominativ	die großen Hunde	die schwarzen Katzen	die stolzen Pferde
Genitiv	der großen Hunde	der schwarzen Katzen	der stolzen Pferde
Dativ	den großen Hunden	den schwarzen Katzen	den stolzen Pferden
Akkusativ	die großen Hunde	die schwarzen Katzen	die stolzen Pferde

Hinweis: Wird das Nomen von einem **Artikel**, **Pronomen** oder **Attribut** (= Adjektiv, das sich auf ein Nomen bezieht) begleitet, musst du bei diesem Begleitwort ebenfalls den **Kasus anpassen** (vgl.: *den großen Hund*).

Übung 55

Fülle die Tabellen aus. Orientiere dich an der Übersicht zu den Kasusendungen.

Einzahl	**männlich**	**weiblich**	**sächlich**
Nominativ	der alte Tisch	______	______
Genitiv	______	______	des dunklen Sofas
Dativ	______	______	______
Akkusativ	______	die helle Lampe	______

Mehrzahl	**männlich**	**weiblich**	**sächlich**
Nominativ	______	die hellen Lampen	______
Genitiv	______	______	______
Dativ	den alten Tischen	______	______
Akkusativ	______	______	die dunklen Sofas

9.2 Verben

Verben bezeichnen Tätigkeiten oder Zustände. Im Satzzusammenhang verändern sie meist ihre Form, weil man sie in der Regel **beugen** muss. Folgende Möglichkeiten zur Beugung werden hier näher betrachtet:

- **Zeitform** (Tempus): Die Zeitform eines Verbs gibt an, ob sich eine Aussage auf die Zukunft, die Gegenwart oder die Vergangenheit bezieht.
- **Aussageweise** (Modus): Die Aussageweise eines Verbs zeigt an, ob eine Aussage als Tatsache, Möglichkeit oder Befehl verstanden werden soll.
- **Aktiv und Passiv:** Mit dem Aktiv drückt man aus, was eine Person (oder Sache) tut, mit dem Passiv sagt man, was mit einer Person (oder Sache) getan wird.

Zeitformen

Es gibt **sechs Zeitformen** (Fachbegriff: **Tempora**).

Auf einen Blick

Zeitformen und ihre Verwendung	
Präsens	Das Präsens verwendest du für alle Vorgänge in der **Gegenwart**. *Jonas backt für Anna.* (Das tut er gerade.) Außerdem kannst du mit dem Präsens **Aussagen** treffen, die **immer gültig** sind. *Wasser kocht bei 100°C.* (Das ist immer so.)
Perfekt	Das Perfekt nennt man auch **vollendete Gegenwart**. Damit wird ausgedrückt, dass eine Handlung in der Vergangenheit abgeschlossen wurde, deren Ergebnis oder Folge aber noch einen Bezug zur Gegenwart hat. *Sie hat den Brief eingeworfen.* (Der Brief liegt jetzt im Briefkasten.)
Präteritum	Um eine Handlung in der **Vergangenheit** auszudrücken, benutzt du das Präteritum. *Es regnete den ganzen Tag.* (Das war in der Vergangenheit.)
Plusquamperfekt	Das Plusquamperfekt nennt man auch die **vollendete Vergangenheit**. Mit dieser Zeitform drückst du aus, dass etwas in der **Vergangenheit abgeschlossen** war. *Sie hatte den Brief fertig geschrieben.* (Das tat sie vorher. Erst danach warf sie ihn ein.)
Futur I	Das Futur I drückt aus, dass etwas in der **Zukunft** geschehen wird. *Das Flugzeug wird um 15 Uhr landen.* (Das wird laut Flugplan passieren.)
Futur II	Das Futur II wird auch **vollendete Zukunft** genannt. Man drückt damit die **Erwartung** aus, dass etwas in der **Zukunft abgeschlossen** sein wird. *Bis 16 Uhr werden alle Fluggäste ausgestiegen sein.* (Dann sind sie wohl alle draußen.)

Hinweis: Bei den Zeitformen musst du zwischen einfachen und zusammengesetzten Zeiten unterscheiden. Zu den **einfachen Zeitformen**, also denen, die aus einer einzigen Verbform gebildet werden, gehören **Präsens** und **Präteritum**.
Alle anderen Zeitformen werden aus mehr als einer Verbform zusammengesetzt. Man nennt sie daher auch **zusammengesetzte Zeitformen**.

Tipp

Du kannst **Perfekt** und **Plusquamperfekt** nur an der Form von *sein* und *haben* unterscheiden:
Steht *sein/haben* im Präsens (z. B. *bin, ist, haben, hat, sind*), handelt es sich um das Perfekt.
Steht *sein/haben* im Präteritum (z. B. *war, hatte*), handelt es sich um das Plusquamperfekt.

Übung 56 Unterstreiche im folgenden Text alle Verbformen und bestimme dann das Tempus. Trage die Fachbegriffe in die rechte Spalte ein.

Knut bleibt unvergessen!	**Tempus**
Im Berliner Zoo gab es einmal einen berühmten Eisbären	
namens Knut, der sehr beliebt war.	
Weil ihn seine Mutter nach der Geburt verstoßen hatte,	
kümmerte sich ein Tierpfleger liebevoll um ihn. Tausende	
Gäste, die aus allen Teilen der Welt angereist waren,	
beobachteten die beiden dabei neugierig.	
Im Alter von nur vier Jahren starb der süße Knut, da er	
infolge einer Gehirnentzündung ins Wasser gefallen war.	
Dort war er ertrunken.	
Die Knut-Fans werden sich noch lange an ihn erinnern.	
Irgendwann wird man ihm ein Denkmal errichtet haben.	
Dieses wird dann im Berliner Zoo stehen.	
Mit Knut haben einige Händler gute Geschäfte gemacht,	
indem sie Plüschbären an die Zoogäste verkauft haben.	
Tierschützer kritisieren noch heute den Rummel um Knut.	

Vorzeitigkeit und Nachzeitigkeit

Wenn du etwas schriftlich darstellst, verwendest du entweder das **Präsens** oder das **Präteritum**. Die Zeitform, für die du dich entscheidest, behältst du den ganzen Text über bei. Wenn du trotzdem einmal einen **Blick** in die **Vergangenheit** oder **Zukunft** werfen willst, musst du dazu eine andere Zeitform verwenden.

Beispiel

Gegenwart

Blick zurück in die Vergangenheit ←

→ **Blick voraus** in die Zukunft

Perfekt	**Präsens**	**Futur I**
Ich habe versprochen, dir beim Lernen zu helfen.	*Ich laufe zu deiner Wohnung.*	*Ich werde dir bis halb drei beim Lernen helfen.*
Plusquamperfekt	**Präteritum**	–
Ich hatte versprochen, dir beim Lernen zu helfen.	*Ich lief zu deiner Wohnung.*	–

Übung 57

Trage im folgenden Bericht die richtigen Zeitformen der Verben ein. Steht hinter einer Lücke kein Wort in Klammern, gehört sie mit zur nächsten Lücke.

Hinweis: **Berichte** werden grundsätzlich im **Präteritum** verfasst. Wenn von etwas aus der Vorvergangenheit die Rede ist, verwendet man das **Plusquamperfekt**.

Betrunkener Einbrecher ______________ (scheitern) zweimal

Am Freitag ______________ (verhaften) die Polizei einen Einbrecher mit zwei Promille. Die beiden Beamten ______________ (stecken) den 25-Jährigen in eine Zelle, damit er dort seinen Rausch ______________ (ausschlafen). In der Nacht zuvor __________ der junge Mann ______________ (versuchen), in ein Einfamilienhaus einzudringen. Das ______________ (berichten) später die Polizei. Nachdem er unabsichtlich ein Regal mit Büchern ______________ ______________ (umwerfen), ______________ (erwachen) die Bewohnerin und ______________ (schlagen) den Mann in die Flucht. Anschließend ______________ (rufen) sie die Polizei. Bevor diese den Täter jedoch ______________ (festnehmen), __________ er noch schnell ______________ (probieren), ein Auto zu knacken.

Übung 58

Der folgende Bericht wurde im Perfekt verfasst. Das **Perfekt** gehört aber in erster Linie zur **gesprochenen Sprache**. Im Schriftdeutschen solltest du das **Perfekt vermeiden**, weil das in der Regel **unbeholfen** klingt. Formuliere stattdessen im **Präteritum**, wenn du von vergangenen Ereignissen sprechen willst.
Formuliere den Bericht so um, dass er im Präteritum steht (→ Heft).

Mit dem Geländewagen in den U-Bahn-Schacht

Vor einiger Zeit ist ein Autofahrer in San Francisco mit seinem Geländewagen in einen U-Bahn-Tunnel gestürzt. Dort ist er steckengeblieben. Warum der Mann in den Tunnel gerast ist, ist nicht geklärt worden. Menschen sind bei dem Unglück nicht zu Schaden gekommen. Auch Sachschaden ist nicht entstanden. Allerdings ist der Betrieb aller fünf U-Bahnlinien für mehr als zwei Stunden unterbrochen gewesen. Die Polizei hat den Unglücksfahrer festgenommen.

Übung 59

Inhaltsangaben werden immer im **Präsens** verfasst. Man zeigt damit, dass der Inhalt des Textes immer so lautet: jetzt und auch in Zukunft. Weil der Ausgangstext aber meist im Präteritum steht, ist es gar nicht so einfach, sich an diese Regel zu halten. In der folgenden Inhaltsangabe ist Caroline ins Präteritum verfallen. Überarbeite den Text so, dass er durchgängig im Präsens verfasst ist (→ Heft).

Tipp

Schreibe über den Text, den du zusammenfassen sollst, groß und mit Filzstift **„Präsens!"**. Das erinnert dich daran, dass du nicht in der Vergangenheit schreiben darfst.

Inhaltsangabe zu Günter Kunerts Kurzgeschichte „Die Taucher"

In der Kurzgeschichte „Die Taucher" von Günter Kunert geht es um ein Schiff, das im Jahr 1906 während eines Taifuns gesunken ist. Viele Jahre später machten sich zwei Bergungsteams getrennt voneinander auf die Suche nach dem Wrack. Sie wollten den Tresor finden, in dem unermessliche Schätze sein sollen. Beide Teams scheitern.

Jedes der beiden Bergungsunternehmen wollte durch den Schatz reich werden und setzte sogar Spitzel ein, um an Informationen über die Gegenseite zu kommen. Sie beobachteten einander ständig bei der Suche nach dem Wrack. Als zwei Taucher das gesunkene Schiff schließlich fanden, kämpften sie gegeneinander. Bei diesem Kampf wurde einer von ihnen getötet und der andere schwer verletzt. Der Verletzte fand schließlich auch den Tresor, aber er musste feststellen, dass es gar keinen Schatz gab. Kurz danach erlag auch er seinen Verletzungen.

Die Mannschaften erfuhren nicht, dass ihre beiden Taucher tot waren und dass es keinen Schatz gab. Sie hörten daher mit der Suche nicht auf.

Aussageweisen

Verben können **drei** verschiedene **Aussageweisen** (Fachbegriff: **Modi**) haben.

Auf einen Blick

Aussageweisen und ihre Verwendung	
Indikativ	Mit dem Indikativ drückt man aus, dass etwas als **Tatsache** verstanden werden soll – nach dem Motto: **So ist es!** Diese Aussageweise verwenden wir am häufigsten. *Es regnet schon seit Tagen.* → Damit will man sagen, dass das tatsächlich so ist.
Konjunktiv	Mit dem Konjunktiv kann man ausdrücken, dass man nicht von Tatsachen, sondern von **Möglichkeiten** oder **Wünschen** spricht. *Uli sagt, er habe einen neuen Laptop.* → Man weiß nicht, ob Uli die Wahrheit sagt. *Ich wünschte, ich hätte mehr Zeit.* → Das ist nur ein Wunsch.
Imperativ	*Mit ihm drückt man **Aufforderungen** oder **Befehle** aus.* *Gib mir bitte ein bisschen Geld. Komm zu mir! Lass das!*

Der Konjunktiv in der indirekte Rede

Wenn du den Inhalt eines Sachtextes zusammenfassen sollst, musst du bedenken, dass du die **Aussagen einer anderen Person**, nämlich des Verfassers oder der Verfasserin, wiedergibst. Deshalb verwendest du die **indirekte Rede** und benutzt dabei den **Konjunktiv I**. Du weißt ja nicht, ob die Aussagen des Verfassers/der Verfasserin den Tatsachen entsprechen. Den Konjunktiv I kannst du in der Regel so bilden: **Stamm des Verbs + e**. Wenn du Aussagen über mehrere Personen in indirekter Rede wiedergeben willst, benutzt du die Umschreibung mit *würde*.

Beispiel

Der Rocksänger hält sich für einen großen Musiker. Einige Musikfachleute lehnen seine Musik aber ab.
→ Aussagen der Verfasserin
Die Verfasserin meint, der Rocksänger halte sich für einen großen Musiker. Einige Musikfachleute würden seine Musik aber ablehnen.
→ indirekte Rede

Tipp

Meist genügt es, wenn du einmal am **Anfang** deiner Inhaltsangabe einen **Begleitsatz** einfügst (*Der Verfasser/die Verfasserin sagt/meint/behauptet …*). Durch die Darstellung im Konjunktiv I ist es den Leser*innen auch bei den nachfolgenden Sätzen klar, dass du keine Tatsachen darstellst, sondern die Aussagen des Verfassers/der Verfasserin in Form von indirekter Rede wiedergibst. Du kannst den Begleitsatz **vor** oder **im Anschluss** an die **erste Aussage** formulieren.

Beispiel

Der Verfasser meint, Tim habe keine Ahnung von Musik.
Tim habe keine Ahnung von Musik, meint der Verfasser.

Bemühe dich darum, in den Begleitsätzen treffende **Verben des Sagens** zu verwenden. So vermeidest du auch unschöne Wiederholungen.

Auf einen Blick

Verben des Sagens

antworten, ausrufen, begründen, behaupten, beklagen, belegen, beschreiben, beurteilen, bewerten, bezeichnen (als), darstellen, erklären, erwähnen, fragen, hinweisen (auf), hinzufügen, meinen, nennen, rechtfertigen, sagen, schildern, umschreiben, versprechen, vorwerfen, wiedergeben, zusammenfassen

In der indirekten Rede musst du zudem einige **Pronomen** und **Adverbien** ändern:

- **Personal- und Possessivpronomen:**
  Marcus: „Ich gehe zu meiner Tante." → Marcus sagt, er gehe zu seiner Tante. (Beispiel)
- **Temporal- und Lokaladverbien:**
  Tina: „Gestern parkte ich hier." → Tina sagt, sie habe am Tag zuvor dort geparkt. (Beispiel)

Übung 60

Formuliere den folgenden Abschnitt aus einer E-Mail um, sodass er in indirekter Rede steht (→ Heft). Beginne deine Darstellung mit einem Begleitsatz. Verwende den Konjunktiv I oder die Umschreibung mit „würde".

Nachricht

Von: Freiherr.Franz.Friedrich.Ludwig_Knigge@besserwisser-online.de
An: Alle_E-Mailschreiber@world.de
Cc:
Betreff: E-Mail-Etikette

E-Mail-Etikette
Das Schreiben von E-Mails hat inzwischen das Schreiben herkömmlicher Briefe fast schon abgelöst. Während der Schreiber eines Briefes sich in der Regel Mühe gibt, neigt der E-Mail-Schreiber dazu, seine Texte in Windeseile zu tippen. Häufig kümmert er sich dabei nicht um das Einhalten von Regeln. Beispielsweise spricht er den Empfänger mit „Hallo Herr X" statt mit „Sehr geehrter Herr X" an. Und die Rechtschreibung bleibt auch oft auf der Strecke. Einige E-Mail-Nutzer schreiben aus Bequemlichkeit alle Wörter klein. Und auf die Zeichensetzung achten sie auch nicht. Doch das ist ein Fehler. Auch beim Verfassen von E-Mails gelten bestimmte Regeln, die man einzuhalten hat.

Aktiv und Passiv

Im Passiv **vertauschen Subjekt** und **Objekt** ihre Rollen: Der*die Täter*in wird im Passivsatz zum Objekt, das heißt, du kannst es mit *Von wem/was?* erfragen. Derjenige/diejenige (oder dasjenige), mit dem/der etwas getan wird, wird zum Subjekt, das du mit *Wer/Was?* erfragen kannst.

Beispiel

Subjekt ↓ Prädikat ↓ Objekt ↓

Aktiv: [Unser Hund] jagt [den Postboten].

Passiv: [Der Postbote] wird [von unserem Hund] gejagt.

Subjekt ↑ Prädikat ↑ Objekt ↑ 2. Teil des Prädikats ↑

Üblicherweise verwendet man das **Aktiv**. Das tut man nicht nur deshalb, weil so der*die Täter*in ins Blickfeld rückt, sondern auch, weil das **Passiv** meist ziemlich **umständlich** klingt.

Weil es in Passivsätzen möglich ist, den*die Täter*in zu verschweigen, kann man das Passiv gezielt verwenden, wenn …

- der*die **Täter*in unbekannt** ist.
  Beispiel: *Gestern Abend wurde einer Rentnerin die Handtasche gestohlen.*
  → Man weiß nicht, wer die Handtasche gestohlen hat.
- der*die **Täter*in unwichtig** oder **uninteressant** ist.
  Beispiel: *Am Dienstag wird Marco geimpft.*
  → Wer Marco impft, ist unwichtig/uninteressant.

Übung 61 Überarbeite den folgenden Text (→ Heft). Wandle alle Passivsätze in Aktivsätze um, in denen ausdrücklich ein*e Täter*in genannt wird. Nur dort, wo kein*e Täter*in genannt wird, soll das Passiv bleiben.

Tote Maus als Beilage in Gemüsepfanne entdeckt

Vor einigen Tagen wurde in einem Fertigessen ein ekliger Fund gemacht.

■ In einer Gemüsepfanne wurde von einem Pärchen eine tote Maus gefunden. Das Tiefkühlgericht war von den beiden einen Tag zuvor in einem Supermarkt gekauft worden. Das tiefgefrorene Gericht musste von ihnen erhitzt werden. Deshalb wurde es von ihnen in eine Pfanne geschüttet. Während des Aufwärmens wurde das steife Nagetier von ihnen entdeckt.

In letzter Zeit werden immer wieder unappetitliche Funde in Fertiggerichten gemacht: Einmal wurde von einem Rentnerpaar die Klinge eines Teppichmessers in einem Rindergulasch gefunden. Vor einem Jahr wurde von einem Mann beim Verspeisen eines Hacksteaks auf einen menschlichen Zahn gebissen. Und vor nicht allzu langer Zeit wurde von einer jungen Frau ein Frosch in ihrer Salatmischung entdeckt. ■

9.3 Adjektive

Adjektive bezeichnen Eigenschaften. Das heißt, sie sagen, **wie** etwas ist. Sie können in einem Satz unterschiedliche Aufgaben erfüllen.

Auf einen Blick

Adjektive und ihre Aufgaben im Satz	
Attribut	Das Adjektiv wird als **Begleiter eines Nomens** gebraucht. Dann wird es dem Nomen vorangestellt und nimmt dabei dessen **Kasus** an. *der* **freundliche** *Mann* Attribut
Teil des Prädikats	Das Adjektiv bildet **zusammen mit** einem der folgenden **Verben** das **Prädikat** des Satzes: **sein, bleiben** oder **werden.** *Der Mann* [*ist* **freundlich**]. Prädikat
Adverb	Das Adjektiv bezieht sich auf ein **Verb.** Dann sagt es aus, **wie** etwas getan wird oder geschieht. *Er grüßt* **freundlich.** Adverb

Adjektive steigern

Von fast allen Adjektiven gibt es diese drei Formen:

- **Positiv** (Grundform):
  reich, leise, schnell — Beispiele
- **Komparativ** (erste Steigerungsform):
  reicher, leiser, schneller — Beispiele
- **Superlativ** (zweite Steigerungsform):
  (am) reichsten, (am) leisesten, (am) schnellsten — Beispiele

Hinweis: Einige Adjektive werden **unregelmäßig** gesteigert, bei anderen werden die Vokale *a*, *o* und *u* zu **Umlauten.**

gut – besser – (am) besten, viel – mehr – (am) meisten — Beispiele
stark – stärker – (am) stärksten, groß – größer – (am) größten

Übung 62

Ergänze die jeweils fehlenden Formen für den Positiv, Komparativ oder Superlativ. Achte auf unregelmäßig gesteigerte Adjektive.

a) ______________ → das stillere Wasser → ______________

b) ______________ → ______________ → die netteste Dame

c) der kluge Hund → ______________ → ______________

d) ______________ → das höhere Haus → ______________

e) ______________ → ______________ → der berühmteste Star

f) die nahe Stadt → ______________ → ______________

Übung 63 Unterstreiche im folgenden Text alle Adjektive und die Wörter, auf die sie sich beziehen oder zu denen sie gehören. Bestimme danach ihre Verwendungsweise: Attribut, Adverb oder Teil des Prädikats?

Putzkraft zerstört wertvolles Kunstwerk

Viel zu gründlich ging eine übereifrige Putzkraft bei Reinigungsarbeiten in einem Museum vor. Beim Saubermachen wollte sie einen hartnäckigen Fleck beseitigen, mit dem Ergebnis, dass das Kunstwerk anschließend ruiniert war.

Das Werk trägt den interessanten Titel „Wenn's anfängt durch die Decke zu tropfen". Nun ist die ganze Angelegenheit ein brisanter Fall für die Versicherung geworden.

Die Arbeit war eine Dauerleihgabe für das Museum. Sie bestand aus einem massiven Holzplattenturm, der baumhoch war. Unten in der Mitte befand sich ein Gummitrog mit einem weißlichen Kalkfleck.

Diesen rieb die Putzkraft so gründlich weg, dass sie damit unwissentlich ein teures Kunstwerk zerstörte. Nach den Aussagen des Museums ist das Werk nicht wiederherstellbar.

Übung 64 Füge die Adjektive passend in die Lücken ein. Sie werden hier als Adverbien verwendet. Unterstreiche die Verben, auf die sie sich beziehen.

aktiv, bedenkenlos, bequem, deutlich, fertig, jährlich, richtig, schnell, sinnlos, sorgfältig, sparsam

Schluss mit der unnötigen Lebensmittelverschwendung!

In Europa werden ________ viele Tonnen Lebensmittel weggeworfen, die man noch ________ essen könnte. Sie werden ________ verschwendet. Dagegen können Verbraucher*innen aber ________ vorgehen, indem sie ________ einkaufen und ihre Einkäufe ________ planen oder Übriggebliebenes einfrieren. Wenn es dann einmal ________ gehen muss, hat man innerhalb kurzer Zeit sein Mittagessen ________ gekocht. Auf diese Weise kann man die Verschwendung von Lebensmitteln im eigenen Haushalt ________ verringern. Nebenbei kann man so auch ________ Geld sparen. Dafür kann man sich dann hin und wieder ganz ________ in einem Restaurant bekochen lassen.

9.4 Pronomen

Pronomen sind **Fürwörter**. Sie können Begleiter oder Stellvertreter von Nomen sein. Als **Begleiter** sind sie einem Nomen vorangestellt. Als **Stellvertreter** ersetzen sie ein Nomen.

Auf einen Blick

Pronomen und ihre Funktionen	
Stellvertreter	Zu den Pronomen, die immer als Stellvertreter auftreten, gehören: • **Personalpronomen:** *Tim humpelte. Er hatte ein Bein gebrochen.* • **Relativpronomen** *Der Junge, der dort drüben steht, ist mein Freund.* • **Reflexivpronomen** *Julika hat sich über das Geschenk gefreut.*
Stellvertreter oder Begleiter	Stellvertreter oder Begleiter können die folgenden Pronomen sein: • **Demonstrativpronomen** Begleiter: *Diese Frau ist ziemlich unhöflich.* Stellvertreter: *Im Laden stand eine Verkäuferin. Diese war sehr unfreundlich.* • **Possessivpronomen** Begleiter: *Meine Schultasche ist schon ziemlich alt.* Stellvertreter: *Deine ist noch ganz neu.* • **Indefinitpronomen** Begleiter: *Kann ich noch etwas Kuchen bekommen?* Stellvertreter: *Es ist leider keiner mehr da.*

Tipp

Pronomen können dir helfen, ungeschickte **Wortwiederholungen** in einem Text zu **vermeiden**. Du musst aber darauf achten, dass du vorher das Nomen nennst und es erst im weiteren Text durch ein Pronomen ersetzt. Sonst wissen die Leser*innen nämlich nicht, worauf sich das stellvertretende Pronomen bezieht.

Übung 65

Überarbeite den folgenden Text (→ Heft). Vermeide ungeschickte Wortwiederholungen, indem du ersatzweise passende Pronomen verwendest. Unterstreiche zunächst die Wörter, deren Wiederholung durch den Einsatz eines Pronomens vermieden werden soll.

Hinweis: Manchmal musst du beim Umformulieren einen Artikel durch ein Pronomen ersetzen (z. B.: *die Hoffnung der Jugendlichen → ihre Hoffnung*).

a) Viele Schüler*innen sorgen sich um die Zeit nach dem Schulabschluss. Die Schüler*innen fragen sich, ob sie wohl eine Lehrstelle finden werden.

b) Aber die Situation der Schulabgänger*innen hat sich in den letzten Jahren deutlich gebessert. Die Zahl der Schulabgänger*innen ist nämlich gesunken. Deshalb gibt es für die Schulabgänger*innen immer mehr freie Lehrstellen.

c) Einige Ausbildungsbetriebe suchen schon händeringend nach Bewerber*innen. Aber nicht alle Bewerber*innen werden für geeignet gehalten. Einige Bewerber*innen werden also trotzdem nicht eingestellt.

10 Satzglieder und Satzbau

Nun weißt du, welche Wortarten es gibt und welche Merkmale sie haben. In den folgenden Kapiteln erfährst du, welche Satzglieder aus den Wörtern gebildet werden können und wie du aus diesen Satzgliedern Sätze bildest.

10.1 Satzglieder

Ein Satzglied kann aus nur einem **Wort** oder aus einer **Wortgruppe** bestehen. Satzglieder, die zusammengehören, bilden einen **Satz**.

Beispiel

In der Pause	*verlassen*	*die Schüler*	*ihren Klassenraum*.
↓ Wort ↓ Wort ↓ Wort	↓ Wort	↓ Wort ↓ Wort	↓ Wort ↓ Wort
Satzglied	**Satzglied**	**Satzglied**	**Satzglied**

SATZ

Satzglieder gibt es im Unterschied zu Wörtern nur im **Satzzusammenhang**. Sie übernehmen in einem **Satz** unterschiedliche **Aufgaben**.
Man unterscheidet **vier Satzglieder:**

- **Subjekt:** Das Subjekt nennt den*die „Täter*in" einer Handlung.
- **Prädikat:** Das Prädikat bezeichnet die Handlung.
- **Objekt:** Das Objekt nennt die Person/Sache, auf die sich die Handlung bezieht.
- **Adverbial:** Ein Adverbial beschreibt die näheren Umstände der Handlung.

Subjekt

Das Subjekt gibt an, wer eine Handlung ausführt. Dabei kann es sich um ein Lebewesen oder eine Sache handeln. Subjekte stehen immer im **Nominativ**.
→ Du kannst sie mit *Wer oder was ...?* erfragen.

Beispiele

Marius kann sehr schnell laufen. → Wer oder was kann sehr schnell laufen?
Die Rennbahn ist rot. → Wer oder was ist rot?

Prädikat

Das Prädikat nennt die **Handlung**, also das, was getan wird. Deshalb kommen für dieses Satzglied auch nur **Verben** oder **Verbgruppen** infrage.
→ Prädikate kannst du mit *Was tut ...?* erfragen.

Beispiel

Corinna schreibt einen Aufsatz. → Was tut Corinna?

Tipp

Manchmal beschreibt das Prädikat auch nur einen **Zustand**.
Markus ist ein Junge. Die Antwort auf die Frage *Was tut Markus?* wäre dann: *Er ist ein Junge.*

Objekt

Das Objekt gibt an, **wem eine Handlung gilt**. Objekte stehen meist im Dativ oder Akkusativ. Sie können aber auch im Genitiv stehen.

Auf einen Blick

Objektarten	
Dativobjekt	Dativobjekte kannst du mit *Wem oder was …?* erfragen. *Martin leiht <u>Tim</u> sein Handy.* → <u>Wem oder was</u> leiht er sein Handy?
Akkusativobjekt	Akkusativobjekte kannst du mit *Wen oder was …?* erfragen. *Tim kann <u>seinen Vater</u> nicht erreichen.* → <u>Wen oder was</u> kann er nicht erreichen?
Genitivobjekt	Genitivobjekte kannst du mit *Wessen …?* erfragen. *Ich erinnere mich <u>des Mitschülers</u>.* → <u>Wessen</u> erinnere ich mich?

Hinweis: Manche Objekte beginnen mit einer Präposition (z. B. *mit*, *für*, *ohne*). Solche Objekte heißen **Präpositionalobjekte**.

Beispiel

Tina geht <u>mit ihren Freundinnen</u> ins Kino. → <u>Mit wem oder was</u> geht Tina ins Kino?

Adverbial

Ein Adverbial informiert über die näheren Umstände, unter denen eine Handlung erfolgt. Oftmals werden Adverbialien durch **Präpositionen eingeleitet**. Es gibt verschiedene Sorten von Adverbialien. Dies sind die häufigsten:

Auf einen Blick

Arten von Adverbialien	
Temporaladverbial	Temporaladverbialien sind **Zeitangaben**. Du kannst sie so erfragen: *Wann? Seit wann? Bis wann? Wie lange?* *Deniz fliegt <u>um drei Uhr</u> in den Urlaub.* → <u>Wann</u> fliegt Deniz in den Urlaub?
Lokaladverbial	Lokaladverbialien sind **Ortsangaben**. Du kannst sie so erfragen: *Wo? Woher? Wohin?* *Deniz wohnt <u>in Deutschland</u>.* → <u>Wo</u> wohnt Deniz?
Modaladverbial	Modaladverbialien geben Auskunft über die **Art und Weise**, wie etwas geschieht. Du kannst sie mit *Wie? Wie viel? Wie sehr?* erfragen. *Er fliegt <u>gerne</u> in den Urlaub.* → <u>Wie</u> fliegt er in den Urlaub?
Kausaladverbial	Kausaladverbialien nennen den **Grund** für etwas. Du kannst sie mit *Warum?* erfragen. *<u>Wegen des Regens</u> kommt er zu spät.* → <u>Warum</u> kommt er zu spät?

Hinweis: **Konjunktionen** sind keine Satzglieder. Sie dienen nur dazu, Wortgruppen oder Sätze miteinander zu verbinden.

Beispiele

Christian <u>und</u> Lukas gehen ins Kino. (*Christian und Lukas* = Subjekt)
→ Hier verknüpft die Konjunktion „und“ die Teile eines Subjekts.

Maria isst gerne Kuchen <u>und</u> sie mag Eis. (*Maria isst gerne Kuchen.* = Satz 1; *Sie mag Eis.* = Satz 2) → Hier verknüpft die Konjunktion „und“ zwei Sätze.

Tipp

Satzglieder, die mit einer Präposition eingeleitet werden, sind oft schwer zu bestimmen. Um **Adverbialien** von **Präpositionalobjekten** zu **unterscheiden**, prüfst du am besten zuerst, ob sich das Satzglied (zusammen mit der Präposition) durch *Wem oder was?* beziehungsweise *Wen oder was?* erfragen lässt. Ist das der Fall, dann handelt es sich um ein Präpositionalobjekt.
Sarah ist in Timo verliebt. → In wen oder was ist Sarah verliebt? In Timo.

Übung 66

1. Umrande jedes Satzglied mit einem Rahmen. Die Anzahl der Satzglieder, die du umranden musst, ist jeweils in Klammern angegeben.
   a) In den Pausen stehen die Schüler auf dem Hof. (4)
   b) Sie diskutieren die neuesten Modetrends. (3)
   c) Montags vergehen die Pausen viel zu schnell. (4)
   d) Nach jeder Pause beginnt sofort die nächste Unterrichtsstunde. (4)
   e) Fast alle Schultage enden am frühen Nachmittag. (3)

2. Bestimme die Satzglieder. Im ersten Satz sind die Satzglieder schon bestimmt. Verwende die Abkürzungen, die du links siehst.
   Hinweis: Manchmal ist ein Prädikat zweigeteilt. Dann musst du es so kennzeichnen: *Angelo* *schlief* (= P 1) *nach dem Klingeln des Weckers erneut* *ein* (= P 2).

Abkürzungen:
S = Subjekt
P = Prädikat
P 1 = Prädikat Teil 1
P 2 = Prädikat Teil 2
O = Objekt
AB = Adverbial

   a) [Mexikaner] [essen] [traditionell] [Maisfladen].
   S P AB O
   b) [Mehrere Maisfladen] [verputzt] [eine fünfköpfige Familie] [pro Tag].
   c) [Letztes Jahr] [stiegen] [die Maispreise] [aufgrund von Missernten] [an].
   d) [Tausende Menschen] [gingen] [aus Protest] [wütend] [auf die Straße].
   e) [Daraufhin] [spendierte] [man] [allen Mexikanern] [einen Sack Mais].

3. Zerlege die folgenden vier Sätze in ihre Bestandteile und bestimme sie.
   a) Früher kannten nur wenige Deutsche Döner oder Pizza.
   b) Heute kaufen wir diese Speisen ganz selbstverständlich ein.
   c) Amerikanische Hamburger essen die Leute überall gerne.

10.2 Satzbau

Jeder **Satz** enthält mindestens zwei Satzglieder: ein **Subjekt** und ein **Prädikat**.

Beispiel

Die Schiedsrichterin (Subjekt) pfeift (Prädikat).

Ob noch ein **Objekt** oder ein **Adverbial** ergänzt werden muss (oder sogar beides), hängt vom Prädikat ab. Das gebeugte Verb bestimmt nämlich darüber, ob neben Subjekt und Prädikat noch weitere Satzglieder erforderlich sind, damit der **Satz vollständig** und **verständlich** wirkt.

Beispiele

Du besuchst. → *Wen?* Hier fehlt ein Akkusativobjekt.
Der Wanderer steigt. → *Wohin?* Hier fehlt ein Lokaladverbial.
Meine Mutter erklärt. → *Wen oder Was? (Wem?)* Hier fehlt mindestens ein Akkusativobjekt.

Tipp

Den Beginn eines neuen Satzes kannst du daran erkennen, dass ein **neues Prädikat** und ein **zugehöriges Subjekt** genannt werden. Dann musst du ein passendes Satzzeichen setzen, um die Grenze zwischen den beiden Sätzen zu kennzeichnen.

Manchmal wird ein Subjekt weggelassen, wenn z. B. zwei Sätze aufeinanderfolgen, in denen das **Subjekt** genau das **gleiche** ist.

Beispiel

Peter stieg auf sein Fahrrad und (Peter) fuhr los.
→ zwei Hauptsätze mit gleichem Subjekt

Peter stieg auf sein Fahrrad und fuhr los.
→ Wiederholung des Subjekts vermieden

Übung 67

Markiere das Ende der einzelnen Sätze jeweils mit einem Punkt. Schreibe den Text dann richtig ab (→ Heft). Vergiss nicht, die Satzanfänge großzuschreiben.

Hauskatze läuft 3 000 Kilometer durch Australien

Katze Jessie aus Australien hatte Heimweh deshalb lief sie 3 000 Kilometer quer durchs Land zurück in ihr altes Zuhause Besitzerin Sheree Gale war mit der Katze vom südlichen Ungarra auf eine Farm nahe Darwin im Norden von Australien gezogen plötzlich verschwand Jessie sie tauchte erst 15 Monate später in ihrer alten Gegend wieder auf Medienberichten zufolge war eine andere Familie in das alte Haus gezogen diese schickte Fotos der gefundenen Katze an Gale Katze Jessie ist nun wieder mit ihrem Bruder Jack vereint dieser hatte vor knapp einem Jahr den Flieger in die neue Heimat verpasst er war am Abflugtag der Gales weggelaufen.

Quelle: Martin Klemrath, dapd: Hauskatze läuft 3 000 Kilometer durch Australien, 08. 11. 2011. Im Internet unter: http://www.welt.de/vermischtes/kurioses/article13704751/Hauskatze-laeuft-3000-Kilometer-durch-Australien.html, aus didaktischen Gründen stellenweise gekürzt und leicht geändert.

10.3 Abwechslungsreicher Satzbau

Wenn du einen Text schreibst, solltest du dich darum bemühen, deinen Satzbau möglichst abwechslungsreich zu gestalten. Jede Satzreihe oder jedes Satzgefüge **gleich aufzubauen** klingt nämlich ziemlich **langweilig**, egal wie interessant der Inhalt deines Textes ist.
Wenn du ab und zu einen Hauptsatz mit einer **Adverbialangabe einleitest**, ändert sich dadurch die **Reihenfolge der Satzglieder** im Satz. Dann steht nämlich an erster Stelle das Adverbial, an zweiter Stelle das gebeugte Verb des Prädikats und an dritter Stelle das Subjekt. So kommt etwas mehr Abwechslung in deinen Text.

Beispiel

Ich komme nicht mit ins Kino, weil ich noch nichts über den Film gehört habe. Ich habe außerdem keine Zeit.
→ *Ich komme nicht mit ins Kino, weil ich noch nichts über den Film gehört habe. Außerdem habe ich keine Zeit.*

Tipp

> Weiche beim Schreiben eines Textes hin und wieder von der **Standardreihenfolge** der **Satzglieder** (Subjekt – Prädikat – Objekt – Adverbial) ab. Dann klingt deine Darstellung abwechslungsreicher.

Übung 68

Überarbeite den folgenden Text. Gestalte ihn abwechslungsreicher, indem du die Reihenfolge der Satzglieder hin und wieder veränderst (→ Heft).

Leiche unter Schnee und Eis
Ein Bergsteigerpaar fand am 19. September 1991 bei einer Bergtour in den Ötztaler Alpen eine Leiche aus der Jungsteinzeit. Sie lag in einem Gletscher unter Eis und Schnee. Sie war deshalb ungewöhnlich gut erhalten. Die Mumie wurde wegen ihres Fundorts später liebevoll „Ötzi“ genannt.
Wissenschaftler*innen beschäftigen sich seitdem mit dem Steinzeitmenschen. Die Forscher*innen wollen seit 20 Jahren die Umstände seines Todes aufklären. Sie haben durch Untersuchungen schon einiges herausgefunden: Der Mann kam vor rund 5 300 Jahren ums Leben. Ein Keulenschlag tötete ihn von hinten. Er war damals etwa 46 Jahre alt. Der Tod ereilte ihn während einer Rast. Der Angreifer ließ ihn einfach liegen.
Die Forscher*innen kennen den Grund für den tödlichen Angriff nicht. Der Mann muss sich aber kurz vor seinem Tod sicher gefühlt haben. Er hatte nämlich eine lange Rast gemacht und ausgiebig gegessen. Die Forscher*innen können das mit einiger Sicherheit sagen. Sie haben Ötzis Mageninhalt gründlich untersucht. Sie haben inzwischen auch das Erbgut der Steinzeitmumie entschlüsselt.

11 Satzreihe und Satzgefüge

Jeder Text besteht aus einer **Abfolge von Sätzen**. Sinnvoll wirkt ein Text aber nur dann, wenn jeweils der nachfolgende Satz Bezug auf den vorangehenden nimmt. Wenn du in deinem Text Sätze zueinander in Bezug setzen willst, musst du zunächst zwischen zwei Satzarten unterscheiden:

Auf einen Blick

Satzarten	
Hauptsatz	Ein Hauptsatz ist ein Satz, der für sich **alleine stehen kann**. Das kann eine Aussage, eine Frage oder eine Aufforderung sein. **Daran erkennst du einen Hauptsatz:** In Hauptsätzen steht das **gebeugte Verb** am **Satzanfang** (nämlich als erstes oder zweites Satzglied). **Hinweis:** Beachte, dass Konjunktionen keine Satzglieder sind und daher auch nicht mitgezählt werden dürfen! *Max überreicht Anne ein Geschenk.*
Nebensatz	Ein Nebensatz ist ein Satz, der nicht alleine stehen kann. Er ist immer von einem Hauptsatz abhängig. **Daran erkennst du einen Nebensatz:** • Das **gebeugte Verb** steht in Nebensätzen in der Regel am **Satzende**. • Nebensätze werden oft, aber nicht immer, durch eine **Konjunktion** oder ein **Relativpronomen** eingeleitet. *…, weil sie heute Geburtstag hat.*

11.1 Satzreihe

In einer Satzreihe werden **zwei** oder **mehrere Hauptsätze** aneinandergereiht.

Beispiel

Max gratuliert Anne zu ihrem Geburtstag und er überreicht ihr ein Geschenk.

Hauptsatz 1 — Konjunktion — Hauptsatz 2

Satzreihe

Um Hauptsätze zu einer Satzreihe zu verbinden, brauchst du in der Regel nebenordnende **Konjunktionen** oder **Adverbien**. Nur durch sie werden die Zusammenhänge zwischen den einzelnen Sätzen klar und dein Text verständlich.

Beispiel

Einzelne Hauptsätze	**Satzreihen**
Der laute Autoverkehr toste durch die Straßen. Die Tram ratterte über die Geleise. Viele Menschen wohnten in dem Stadtviertel. Sie schätzten die guten Verkehrsverbindungen.	*Der laute Autoverkehr toste durch die Straßen und ständig ratterte eine Tram über die Geleise. Trotzdem wohnten viele Menschen in dem Stadtviertel, denn sie schätzten die guten Verkehrsverbindungen.*

Nebenordnende Konjunktionen und Adverbien

In der folgenden Übersicht siehst du, wie du deine Hauptsätze sinnvoll zu einer Satzreihe verbinden kannst:

Hauptsätze verknüpfen

Zusammenhang	Konjunktionen	Adverbien
Aufzählung	und, sowie, sowohl – als auch	auch, außerdem, ebenfalls, zudem, darüber hinaus, ferner, weiter, zusätzlich
weitere Möglichkeit	oder, entweder – oder	
Gegensatz	aber, doch, jedoch, nicht – sondern	trotzdem, dennoch, allerdings, dagegen, jedoch, hingegen, stattdessen, einerseits – andererseits
Begründung	denn	infolgedessen, folglich, deswegen, deshalb, somit, meinetwegen, anstandshalber
Ort		hier, da, dort, hierher, dahin, draußen, drinnen, hinten, vorne
Zeit		jetzt, sofort, lange, häufig, oft, manchmal, inzwischen, dann, bislang, zuerst, danach, mittlerweile
Art und Weise		so, anders, nebenbei, gern, beispielsweise, vermutlich, immerhin, vielleicht, sicherlich, leider
Bedingung		sonst, ansonsten, andernfalls

Tipp

Versuche die **Konjunktion „und"** nicht ständig zu wiederholen. Sorge stattdessen mit **Adverbien** für Abwechslung in deinem Satzbau.

Übung 69

Überarbeite den folgenden Text.

- Kennzeichne inhaltlich zusammengehörige Sätze durch Klammern.
- Trage passende Konjunktionen oder Adverbien am rechten Rand ein.
- Schreibe den Text mit den von dir vermerkten Konjunktionen oder Adverbien auf (→ Heft). Du kannst auch Sätze umstellen, wenn sich das anbietet.

Hinweis: Entscheide selbst, ob du hin und wieder statt eines Punktes ein Komma setzt, um die Grenze zwischen zwei Sätzen zu markieren.

Keine Wirkung ohne Nebenwirkung

Der Herbst ist da. Viele Menschen sind erkältet. Sie müssen zur Arbeit oder zur Schule gehen. Sie nehmen Medikamente ein. Sie können den Tag so überstehen. Sie hoffen das. Jedes Medikament enthält auch unangenehme Wirkstoffe. Es gibt kein Medikament ohne Nebenwirkungen. Viele wissen das nicht. Mittel gegen Husten können schläfrig machen. Sie beeinträchtigen das Reaktionsvermögen. Andere Mittel wirken anregend. Ver-

______
______
______
______
______
______
______
______

wirrtheit und Halluzinationen sind die möglichen Folgen. Selbst harmlose Mittel können die Fahrtüchtigkeit beeinträchtigen. Autofahrer*innen sollten sich über die möglichen Nebenwirkungen informieren. Im Falle eines Unfalls drohen Bußgelder. Fahrverbote können ausgesprochen werden. Auskünfte zu den Nebenwirkungen von Medikamenten erteilt medizinisches Fachpersonal. Informationen dazu finden sich auf dem Beipackzettel.

11.2 Satzgefüge

Ein Satzgefüge besteht aus mindestens **einem Hauptsatz** und **einem Nebensatz**. Da ein Nebensatz stets vom zugehörigen Hauptsatz abhängig ist, musst du ihn durch eine passende **unterordnende Konjunktion** an den Hauptsatz anschließen. Ein Relativsatz wird durch ein **Relativpronomen** angeschlossen.
In der folgenden Übersicht siehst du, mit welchen Konjunktionen du Haupt- und Nebensätze zu einem Satzgefüge verbinden kannst:

Haupt- und Nebensätze verknüpfen

Zusammenhang	Fachbegriff	Konjunktionen
ohne besondere Bedeutung	neutral	dass, ob
Zeit	temporal	während, als, seit(dem), solange, sobald, sowie, sooft, nachdem, bis, bevor, ehe
Bedingung	konditional	(nur) wenn, falls, sofern
Gegensatz	adversativ	während (hingegen), wohingegen, (an)statt dass
Art und Weise	modal	indem, ohne dass
Grund	kausal	weil, zumal, da
Folge	konsekutiv	sodass, (so) – dass
Zweck	final	damit, um – zu, auf dass
Einräumung	konzessiv	obwohl, obgleich

Tipp

Wenn du Haupt- und Nebensätze miteinander verbindest, wirkt dein Text nicht nur **verständlicher**, sondern auch vom Klang her **lebendiger**. Denn da das gebeugte Verb im Hauptsatz immer vorn steht, im Nebensatz aber ganz am Ende, wird ein interessanter Rhythmus erzeugt.

Nebensätze können in einem Satzgefüge **drei verschiedene Positionen** einnehmen:

- Sie **folgen** dem Hauptsatz, von dem sie durch ein Komma abgetrennt sind.
  Ich weiß nicht, ob ich morgen Zeit für dich habe.
- Sie stehen **vor** dem Hauptsatz, von dem sie durch ein Komma abgetrennt sind.
  Wenn nichts dazwischenkommt, werde ich mit dir Mathe üben.
- Sie sind in den Hauptsatz **eingefügt**. Dann musst du den Nebensatz vorne und hinten durch ein Komma vom Hauptsatz abtrennen.
  Die Aufgaben, die wir lösen müssen, werden nicht schwierig sein.

Übung 70 Sind die Nebensätze in den folgenden Satzgefügen durch eine Konjunktion (K) oder ein (Relativ-)Pronomen (P) eingeleitet? Kreuze entsprechend an.

Labrador als Lebensretter	K	P
Ein 81-jähriger Mann und seine 3-jährige Enkelin, die während einer Autofahrt einen Unfall erlitten, verdanken ihrem Hund das Leben.	☐	☐
Der 7-jährige Labrador bewahrte die beiden vor dem Erfrieren, indem er sie abwechselnd wärmte.	☐	☐
So überstanden sie die Nacht im Unfallwagen ohne Erfrierungen, obwohl die Temperaturen deutlich unter dem Gefrierpunkt lagen.	☐	☐
Die Polizei entdeckte das Trio am nächsten Morgen in dem Fahrzeug, das umgestürzt in einem Flussbett lag.	☐	☐
Für seine Heldentat, die sich in der Region schnell herumsprach, erhielt der Hund einen Orden und eine Extraportion Hundefutter.	☐	☐
Man kann annehmen, dass sich das Tier mehr über das Hundefutter als über den Orden gefreut hat.	☐	☐

Übung 71 Verbinde die folgenden Satzpaare durch passende unterordnende Konjunktionen zu Satzgefügen (→ Heft).

Hinweis: Ein Satzgefüge kann auch mit einem Nebensatz beginnen. Du kannst also die Reihenfolge der Sätze ändern.

a) Hundebesitzer*innen in Nordrhein-Westfalen können sich freuen. Sie dürfen künftig ihre Vierbeiner auf Waldwegen frei laufen lassen.

b) Das Oberverwaltungsgericht in Münster hat entschieden: Hunde müssen dort nicht angeleint werden.

c) Die geliebten Vierbeiner verlassen den Weg: Nur dann müssen sie eine Leine tragen.

d) Eine Hundebesitzerin hatte wegen des Leinenzwangs im Wald gegen die Stadt Hilden geklagt. Sie bekam in zweiter Instanz recht.

11.3 Relativsätze

Wenn man in zwei aufeinanderfolgenden Sätzen über ein und dieselbe Person oder Sache sprechen will, bietet es sich manchmal an, den zweiten Satz als Relativsatz zu gestalten. Man vermeidet damit **unschöne Wiederholungen**.

Beispiel

Ein Taschendieb öffnete unbemerkt die Handtasche einer jungen Frau. Er hatte sich der jungen Frau unauffällig von hinten genähert.
→ unschöne Wiederholung von *einer/der jungen Frau*

Ein Taschendieb öffnete unbemerkt die Handtasche einer jungen Frau, der er sich unauffällig von hinten genähert hatte.
→ Wiederholung durch Relativpronomen vermieden

Relativsätze erkennen

Relativsätze sind Nebensätze, die du an zwei Merkmalen erkennen kannst:

Auf einen Blick

Merkmale von Relativsätzen	
Relativ-pronomen	Jeder Relativsatz wird durch ein **Relativpronomen** (*der, die, das, welcher, welche, welches, wer, was*) eingeleitet. Dieses Einleitewort steht **stellvertretend** für ein Wort/eine Wortgruppe, von dem/der im **Satz zuvor** die Rede ist. *Das ist der Junge, der immer Fußball spielt.* *Es hat viel geregnet, was in einigen Gebieten zu Überschwemmungen geführt hat.* Dem Einleitewort ist gelegentlich eine **Präposition** wie *mit, in* oder *für* **voran-gestellt**. *Der Bach, in dem sich viele Fische tummeln, hat ganz klares Wasser.*
Position des Verbs	Da Relativsätze Nebensätze sind, steht das **gebeugte Verb** dort immer am **Satzende**.

Tipp

Die **Pronomen „der“, „die“** und **„das“** können sowohl Relativpronomen als auch Demonstrativpronomen sein. Wenn sie einen Relativsatz einleiten, erkennst du das auch an der Position des gebeugten Verbs. Dieses muss bei Relativsätzen nämlich immer am Satzende stehen.

Beispiel

Gestern traf ich einen alten Freund, den ich jahrelang nicht gesehen **hatte**.
→ Relativsatz, da gebeugtes Verb am **Satzende**.

Gestern traf ich einen alten Freund, den **hatte** *ich jahrelang nicht gesehen.*
→ kein Relativsatz, sondern Hauptsatz, da gebeugtes Verb an **zweiter Stelle**.

Relativsätze richtig platzieren

Der **Abstand** zwischen dem Relativsatz und den Wörtern, auf die er sich bezieht, sollte **nicht zu groß** sein. Sonst hat der Leser Mühe zu verstehen, wer oder was gemeint ist.
Es gibt zwei Möglichkeiten, einen Relativsatz an den Hauptsatz anzuschließen:

- Der Relativsatz **folgt direkt** auf den Hauptsatz.
  Wenn die Wörter, auf die sich ein Relativsatz bezieht, ziemlich weit am **Schluss des** voranstehenden **Hauptsatzes** stehen, kann man den Relativsatz direkt nach dem Hauptsatz folgen lassen.

Beispiel

In der Stadt trafen wir einen Jungen. Der Junge tanzte Breakdance.
→ *In der Stadt trafen wir einen Jungen, der Breakdance tanzte.*

- Der Relativsatz wird in den Hauptsatz **eingeschoben**.
  Stehen die entsprechenden Wörter aber weiter vorn im Hauptsatz, dann sollte man den Relativsatz in den Hauptsatz einschieben, und zwar unmittelbar nach dem entscheidenden Wort, auf das er sich bezieht.

Beispiel

Die Frau stand an der Bushaltestelle. Sie wurde bestohlen.
→ *Die Frau, die bestohlen wurde, stand an der Bushaltestelle.*
(Nicht: *Die Frau stand an der Bushaltestelle, die bestohlen wurde.*)

Übung 72

Verbinde jeweils den Satz, der in Klammern steht, als Relativsatz mit dem voranstehenden Hauptsatz. Zeige die Grenzen zwischen Hauptsatz und Relativsatz durch Komma an (→ Heft).

a) Eine Frau (Man hatte der Frau einmal die Handtasche gestohlen.) verzichtete seither auf dieses modische Beiwerk.

b) Aus Vorsicht wollte sie die Geldbörse (Sie trug die Geldbörse bei sich.) nur noch eng am Körper tragen.

c) Sie kaufte sich fortan ausschließlich Jacken und Mäntel. (Die Jacken und Mäntel waren auf der Innenseite mit einer Tasche versehen.)

d) Taschendieb*innen (Taschendieb*innen sahen es auf ihr Geld ab.) sollten bei ihr keine Chance mehr haben.

e) Modische Akzente setzte sie seither nur noch mit Tüchern. (Die Tücher passten farblich zu ihrer Kleidung.)

f) Allerdings lösten sich die Nähte der Innentaschen (In die Innentaschen hatte sie ihre Geldbörse gesteckt.) nach und nach auf.

g) Da griff die Frau zu Nadel und Faden und verstärkte die Nähte. (Die Nähte hatten angefangen, sich zu lösen.)

h) Seither hatte sie beim Einkaufen keine Angst mehr vor Taschendieb*innen. (Die Taschendieb*innen könnten ihr die Geldbörse stehlen.)

11.4 Die Wörter „das" und „dass" unterscheiden

Fällt es dir schwer, zwischen *das* und *dass* zu unterscheiden? Zum Glück gibt es klare Merkmale, an denen du den Unterschied erkennen kannst:

Auf einen Blick

Zwischen „das" und „dass" unterscheiden	
dass	„Dass" ist immer eine **Konjunktion**, die einen **Nebensatz** einleitet. *Er weiß, dass es schon spät ist.*
das	„Das" kann dreierlei sein: • **Artikel** *das Geld, das Essen, das Spiel* • **Relativpronomen** Relativpronomen beziehen sich immer auf etwas zurück, das im zugehörigen Hauptsatz gerade erwähnt worden ist. *Kennst du das Mädchen, das dort drüben geht?* • **Demonstrativpronomen** Demonstrativpronomen (von *demonstrieren = zeigen*) zeigen auf Wörter, Wortgruppen oder auf einen ganzen Satz. Das Zeigen ist meist rückwärtsgewandt: Das, worauf sich ein Demonstrativpronomen bezieht, wurde in der Regel kurz vorher genannt. *Du bist ja tatsächlich pünktlich. Das hätte ich nicht erwartet.*

Tipp

So kannst du ganz leicht herausfinden, ob du **das** oder **dass** schreiben musst: Kannst du es durch das Relativpronomen **welches** ersetzen, schreibst du **das**. Kannst du es durch das Demonstrativpronomen **dieses/dies** ersetzen, schreibst du auch **das**.
Nur wenn kein Austausch möglich ist, handelt es sich um die Konjunktion **dass**.

Übung 73

Entscheide: **das** oder **dass**? Trage anschließend die Wortart (Artikel, Relativpronomen, Demonstrativpronomen oder Konjunktion) in die rechte Spalte ein.

Steckt ________ Gähnen auch Wellensittiche an?	________________
Gähnt jemand, gähnen bald alle – ____________ kennt	________________
man vom Menschen und von einigen Affenarten. US-	________________
Wissenschaftler*innen wollen __________ Phänomen	________________
nun auch bei Wellensittichen beobachtet haben.	________________
___________ Gähnen ansteckend ist, gilt außer für	________________
Menschen nur für wenige Tierarten wie Schimpansen,	________________
Makaken und Paviane. Nun behaupten Forscher*innen,	________________
___________ sich auch Wellensittiche von gähnenden	________________
Artgenossen anstecken lassen. Sie filmten 21 der kleinen	________________
Papageien in einer Voliere. Zwar gähnten die Tiere	________________
insgesamt recht selten, doch war die Wahrscheinlichkeit	________________
größer, ___________ ein Sittich den Schnabel aufriss und	________________

Flügel und Beine streckte, wenn unmittelbar zuvor andere Käfiggenossen gegähnt hatten. Nur selten passierte es, __________ ein einzelner Vogel gähnte. Laut den Forscher*innen dient ein Gähnen, __________ ansteckend ist, dem Zusammenleben in der Gruppe. Allerdings ist unklar, ob __________ Gähnen verschiedener Vögel, __________ direkt aufeinanderfolgt, nicht bloß auf Zufall beruht. Möglicherweise ist es auch so, __________ die Vögel in der Voliere den gleichen Tagesrhythmus haben. Es kann also sein, __________ sie alle zur gleichen Zeit müde werden.

Quelle: Katrin Blawat: Steckt Gähnen auch Wellensittiche an? 18. 01. 2012. Im Internet unter: http://www.sueddeutsche.de/wissen/verhaltensbiologie-steckt-gaehnen-auch-wellensittiche-an-1.1260679, aus didaktischen Gründen stellenweise geändert und leicht gekürzt.

11.5 Sätze verkürzen

Wenn du einen Text schreibst, solltest du es vermeiden, Nebensätze zu oft mit der Konjunktion *dass* einzuleiten. Das kannst du tun, indem du den **zu-Infinitiv** benutzt. Dieser besteht aus dem **Infinitiv des Verbs** und dem Wörtchen **zu**.
So kannst du *dass*-Sätze in verkürzte Nebensätze mit zu-Infinitiv umwandeln:

- Entferne im Nebensatz die **Konjunktion** *dass*. Streiche dann das **Subjekt** oder **Objekt**, das schon im Hauptsatz genannt worden ist.
- Setze das **Verb** in seine Grundform und stelle das Wörtchen **„zu" voran**.

Beispiel *Ich hoffe, ~~dass ich~~ heute meine Freundin ~~treffe~~. → zu treffen.*

Hinweis: Bei manchen zusammengesetzten Verben schiebt sich das Wörtchen *zu* zwischen den ersten Wortbaustein und das eigentliche Verb: *absagen → abzusagen*

Wenn der Nebensatz mit *als dass*, *ohne dass* oder *statt dass* beginnt, bleiben die Wörter *als*, *ohne* und *statt* erhalten.

Beispiel *Sie ging fort, ohne ~~dass sie~~ sich ~~verabschiedete~~. → zu verabschieden.*

Übung 74 Wandle die folgenden *dass*-Sätze in Infinitivkonstruktionen mit *zu* um (→ Heft).

a) Roboter dienen inzwischen dazu, dass sie den Alltag erleichtern.
b) Sie erledigen alles, ohne dass sie sich darüber beklagen.
c) Man kann sie z. B. dazu einsetzen, dass sie den Hund füttern.
d) Neue Roboter lernen sogar schon, dass sie den Hund ausführen.
e) Allerdings ist es nicht leicht, dass man ihnen das beibringt.
f) Der Roboter läuft nämlich lieber um den Hund herum, als dass er ihm folgt.
g) Er weicht einem Hindernis eher aus, statt dass er direkt darauf zusteuert.

Kompetenz Hörverstehen

Interaktive Aufgaben: Hörverstehen

Was muss man können? Was wird geprüft?

Wie beim Leseverstehen geht es beim Hörverstehen darum, dass du Aufgaben zu einem Text beantwortest und damit zeigst, dass du die **wesentlichen Informationen** herausfiltern kannst und die **entscheidenden Zusammenhänge** verstehst.

Der Unterschied besteht allerdings darin, dass dir beim Hörverstehen der Text nur **mündlich** vorgetragen wird: Entweder liest deine Lehrkraft den Text vor – oder es wird ein Hörbeitrag von einem CD-Player abgespielt. Du bekommst den Text **zweimal** zu hören. Nach dem zweiten Anhören kannst du dir auf einem Extrablatt **Notizen** machen. Danach werden die Aufgaben ausgeteilt, die du bearbeiten sollst. In der Regel handelt es sich um Aufgaben, bei denen nicht viel zu schreiben ist, also um **geschlossene** oder **halboffene Aufgaben**.

Während des Tests zum Hörverstehen ist vor allem eines erforderlich: **Konzentration**. Im Gegensatz zum Lesen hast du hier nämlich keine Möglichkeit, Inhalte noch einmal nachzulesen. Lass dich also während des Zuhörens nicht durch deine Mitschüler*innen oder von Geräuschen im Klassenzimmer ablenken. Am besten schaust du nur auf das Notizblatt, das du vor dir liegen hast. Vielleicht hilft es dir auch, wenn du beim Zuhören die Augen schließt.

Beim Hörverstehenstest gehst du so vor:

Schritt für Schritt

Richtig zuhören

Arbeitsschritt **1** Achte darauf, dass **Notizblatt** und **Stift** bereitliegen, bevor der Beitrag abgespielt wird.

Arbeitsschritt **2** Wenn der Hörbeitrag das **erste Mal** vorgespielt wird, hörst du konzentriert zu und versuchst zu verstehen, um welches **Thema** es geht.

Arbeitsschritt **3** Beim **zweiten Mal** weißt du dann schon, wo du genauer hinhören musst. Achte dabei auch auf **wesentliche Einzelheiten**.

Arbeitsschritt **4** Mache dir zu allen Informationen, die du für wichtig hältst, **Notizen**. In der Prüfung darfst du manchmal schon **während** des zweiten Anhörens mitschreiben, meistens aber erst **danach**. Verzichte darauf, ganze Sätze zu schreiben; das dauert zu lange. Notiere nur **Stichworte**. Auf eine schöne Schrift kommt es hier auch nicht an, denn dein Notizblatt wird nicht bewertet.

Arbeitsschritt **5** Die **Aufgabenstellungen** bekommst du erst, nachdem du den Text zweimal gehört hast. Lies sie dir genau durch und überlege jeweils, was von dir erwartet wird.

Arbeitsschritt **6** **Überprüfe** zum Schluss noch einmal deine Lösungen und vergleiche sie mit deinen Notizen.

Es wird übrigens nicht von dir erwartet, dass du dich anschließend an jede kleine Einzelheit erinnern kannst. Getestet wird schließlich dein Textverständnis, nicht dein Erinnerungsvermögen. Trotzdem musst du natürlich einige Details behalten, um die Zusammenhänge zu verstehen. Wichtig sind vor allem diese Informationen:

Auf einen Blick

Analyse eines Hörbeitrags	
Sprecher*in	Wer spricht? Sind es Fachleute oder Betroffene? Wie viele Sprecher*innen kommen zu Wort? Unterhalten sich die Sprecher*innen miteinander oder sprechen sie einzeln nacheinander?
Thema	Worüber wird gesprochen? Was wird über das Thema gesagt?
Funktion	Was ist das Ziel des Beitrags? Soll er die Hörer*innen unterhalten? Oder soll er sie nur sachlich informieren? Wird ein Missstand kritisiert? Oder werden Appelle an die Hörer*innen gerichtet?
Sprechweise	Wie wird gesprochen? Ist der Beitrag ernst oder humorvoll?
Hintergrundgeräusche	Kannst du Hintergrundgeräusche erkennen? Wozu dienen diese Geräusche? Geben sie dir Hinweise auf einen bestimmten Schauplatz?

Hinweis: Es kann übrigens sein, dass ein Text zwei Funktionen erfüllt, z. B. weil er einerseits informativ ist, andererseits aber auch unterhaltsam. In diesem Fall musst du überlegen, welche Funktion die größere Rolle spielt.

Tipp

Das Hörverstehen lässt sich gut mit dem **Radio** üben. Geeignet sind vor allem **Nachrichten, Interviews und Magazinsendungen**, die du bei vielen Radiosendern kostenlos auch als Podcasts (= Hördateien) im Internet herunterladen kannst. **Hörbücher** sind ebenfalls sehr hilfreich, um das Verstehen von Hörtexten zu trainieren.

Übung 75

Höre dir den Beitrag „Süße Sachen sind köstlich“ an und bearbeite dann die zugehörigen Aufgaben. **Während** des zweiten Hörens kannst du dir ein paar Notizen machen. Lege dir dafür ein Extrablatt zurecht.

Aufgaben

1. Bestimme das Thema des Textes. Kreuze die passende Aussage an.

   In dem Beitrag geht es darum, …

   ☐ wie viel Zucker wir täglich essen, ohne es zu wissen.
   ☐ warum einige Menschen nach Zucker süchtig werden.
   ☐ dass Kinder sich zum Leidwesen ihrer Eltern ungesund ernähren.
   ☐ wie sich der Zuckergeschmack mit zunehmendem Alter ändert.

2. Warum ist es sinnvoll, dass kleine Kinder Süßes mögen?

   ____

   ____

3. Welche Aussagen sind in dem Beitrag enthalten und welche nicht? Kreuze entsprechend an.

	enthalten	nicht enthalten
a) Alle Menschen werden mit einer Vorliebe für Süßes geboren.	☐	☐
b) Einige Eltern machen sich Sorgen, weil ihre Kinder so viel Süßes essen wollen.	☐	☐
c) Kinder mögen nichts, das sauer oder bitter schmeckt.	☐	☐
d) Kleine Kinder können Süßes nur ab einer hohen Konzentration von Zucker schmecken.	☐	☐
e) Ab einem Alter von etwa acht Jahren wollen Kinder nicht mehr so viele Süßigkeiten essen.	☐	☐

Übung 76

Höre dir den Beitrag „Richtig bräunen“ zweimal an und bearbeite dann die Aufgaben. **Während** des zweiten Hörens kannst du dir auf einem Extrablatt ein paar Notizen machen.

Aufgaben

1. Welches Ziel verfolgt der Beitrag? Kreuze die passende Aussage an.
   Der Beitrag will …
   - ☐ davor warnen, sich allzu ausgiebig in die Sonne zu legen.
   - ☐ Ratschläge geben, wie man eine gesunde Bräune erreicht.
   - ☐ darüber informieren, wie eine Sonnenschutzcreme funktioniert.
   - ☐ erklären, wie man am schnellsten braun wird.

2. Vervollständige die folgenden Aussagen so, dass sie zum Beitrag passen.
   a) Auch wenn man sich im Schatten aufhält oder die Sonne sich hinter Wolken versteckt, gelangen immer noch rund 50 Prozent ____________________

   ____

   b) Deshalb sollte man sich immer mit einer Sonnencreme einreiben, welche

   ____

3. Was versteht man unter einer Sonnencreme mit dem Lichtschutzfaktor 20? Kreuze die **beiden** zutreffenden Aussagen an.
   - ☐ Man kann sich 20 Minuten in der Sonne aufhalten, ohne einen Sonnenbrand zu bekommen.
   - ☐ Der natürliche Eigenschutz der Haut, der nur zehn Minuten beträgt, wird um das Zwanzigfache verlängert.
   - ☐ Man kann sich maximal 200 Minuten in der Sonne aufhalten, ohne dass die Haut anfängt sich zu röten.
   - ☐ Man kann die Creme 20-mal hintereinander auftragen, um den Sonnenschutz zu verlängern.

Übung 77

Höre dir den Beitrag „Was ist Glück?" zweimal an und bearbeite dann die Aufgaben. **Nach** dem zweiten Hören kannst du dir als Erstes ein paar Notizen machen, ehe du die Aufgaben löst. Lege dir dafür ein Extrablatt zurecht.

Aufgaben

1. Worum geht es in dem Beitrag? Kreuze die passende Aussage an.

   In dem Beitrag geht es um die ...

   ☐ Frage, wovon es abhängen kann, ob jemand glücklich ist.
   ☐ Feststellung, dass Geld allein nicht glücklich macht.
   ☐ Überlegung, dass jeder für sein Glück selbst verantwortlich ist.
   ☐ Beobachtung, dass alle Menschen Glück suchen.

2. Welche Aussagen sind in dem Beitrag enthalten und welche nicht? Kreuze entsprechend an.

	enthalten	nicht enthalten
a) Ein niederländischer Soziologe hat auf der Grundlage von Umfragen eine Weltkarte des Glücks erstellt.	☐	☐
b) Die glücklichsten Menschen leben in Rotterdam.	☐	☐
c) Das Glück eines Menschen hängt allein von seinem Reichtum ab.	☐	☐
d) Je mehr Wohlstand in einem Land herrscht, desto glücklicher sind die Menschen, die dort leben.	☐	☐
e) Wohlhabende Menschen sind besonders glücklich, wenn sie frei und selbstbestimmt leben können.	☐	☐

3. Es heißt im Beitrag, dass es drei Arten von Glück gibt. Zeige jeweils an einem Beispiel aus dem Beitrag auf, was darunter zu verstehen ist.

   a) Glück als Zufall:

   ____

   ____

   b) Glück als das Genießen lustvoller Augenblicke:

   ____

   ____

   c) Glück als Gefühl der Zufriedenheit:

   ____

   ____

   ____

   ____

4. Der zuständige Redakteur hat überlegt, welche Gestaltungsmittel er verwenden könnte, um den Beitrag interessant zu gestalten.
   Welche Mittel hat er verwirklicht und welche nicht?
   Kreuze entsprechend an.

	verwirklicht	nicht verwirklicht
a) Zuhörerfrage als Einstieg in den Beitrag	☐	☐
b) Experteninterview	☐	☐
c) Untermalung mit Musik und Geräuschen	☐	☐
d) Anführen von Beispielen zur Veranschaulichung	☐	☐

Übung 78

Höre dir den Beitrag mit dem Titel „Das Navigationsgerät“ zweimal an und bearbeite dann die Aufgaben. Du kannst dir **nach** dem zweiten Hören erst einmal ein paar Notizen machen, ehe du die Aufgaben löst. Lege dir dafür ein Extrablatt zurecht.

Aufgaben

1. Der Titel soll ausführlicher gestaltet werden.
   Welcher der folgenden Vorschläge passt zum gesamten Beitrag?
   Kreuze die passende Aussage an.

   - ☐ Früher benutzte man noch Straßenkarten
   - ☐ Wie ein Navigationsgerät funktioniert
   - ☐ Was mit einem Navigationsgerät schiefgehen kann
   - ☐ Wie das Navigationsgerät unser Leben erleichtert

2. Vervollständige die folgende Aussage sinngemäß.

   Bei den ersten handelsüblichen Geräten musste man das Kartenmaterial noch

   ____

   ____

3. Bei der Fahrt mit einem Navigationsgerät können Probleme auftreten. Zu welchen Problemen sind in dem Beitrag Informationen enthalten und zu welchen nicht?
   Kreuze entsprechend an.

	enthalten	nicht enthalten
a) Der Akku ist leer.	☐	☐
b) Der Zielort wird falsch ermittelt.	☐	☐
c) Die Ansagen des Sprechers sind undeutlich.	☐	☐
d) Die Funkverbindung ist gestört.	☐	☐
e) Der angezeigte Weg führt im Kreis.	☐	☐
f) Das Ziel liegt in einer nur beschränkt befahrbaren Zone.	☐	☐

4. Welche der folgenden Gestaltungsmöglichkeiten wurden in dem Radiobeitrag verwendet und welche nicht?
Kreuze entsprechend an.

	verwendet	nicht verwendet
a) Interview mit einem Experten/einer Expertin	☐	☐
b) Einsatz verschiedener Sprecher*innen	☐	☐
c) Untermalung mit Musik und Geräuschen	☐	☐
d) Einblenden von Zuhöreranrufen	☐	☐

Original-Prüfungsaufgaben

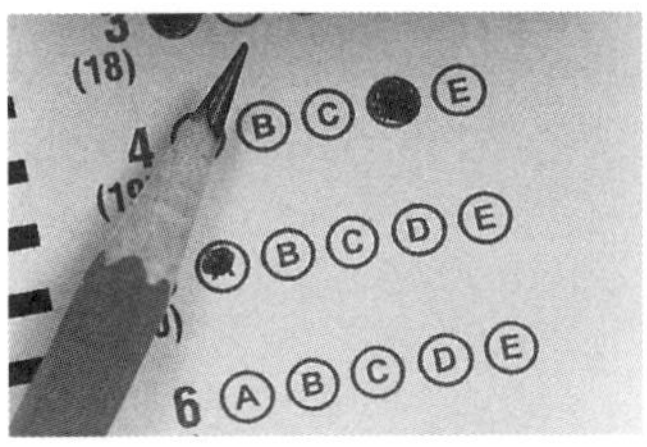

Abschlussprüfung an Hauptschulen in Niedersachsen
Deutsch 2018 – Klasse 9

Hauptteil 1 (Hörverstehen)

Hinweis: Die Prüfung beginnt mit dem Aufgabenteil zum Hörverstehen. Der **Hörtext** (**siehe Lösungsband**) wird von deiner Lehrerin/deinem Lehrer zweimal vorgelesen. Während des zweiten Anhörens darfst du dir Notizen machen. Die Arbeitsblätter mit den Aufgaben erhältst du erst nach dem zweiten Vorlesen des Hörtextes.

Hier kannst du deine Notizen aufschreiben:

Aufgabe 1

2 P. Entscheide, ob die folgenden Aussagen wahr oder falsch sind. Kreuze an.

	wahr	falsch
Früher arbeiteten Kinder als billige Arbeitskräfte in der sich schnell entwickelnden Industrie.	☐	☐
Heutzutage müssen in Deutschland viele Kinder arbeiten, um zu überleben.	☐	☐
Ein Gesetz von 1891 verbot den Einsatz von Kindern unter 13 Jahren in Fabriken.	☐	☐
Die streng kontrollierte Schulpflicht macht es heute unmöglich, dass Jugendliche neben der Schule etwas verdienen können.	☐	☐

Aufgabe 2

2 P. Nenne zwei Regelungen, die das aktuelle Jugendarbeitsschutzgesetz festlegt.

____

____

____

Aufgabe 3

1 P. Kinderarbeit gibt es noch heute in Europa. Die folgenden Wortgruppen beschreiben den negativen Kreislauf, der durch wirtschaftliche Not entsteht.
Ordne die Wortgruppen in eine sachlich richtige Reihenfolge.

Kinder müssen arbeiten – keine qualifizierte Berufsausbildung – Vernachlässigung der Schulbildung – geringes Familieneinkommen

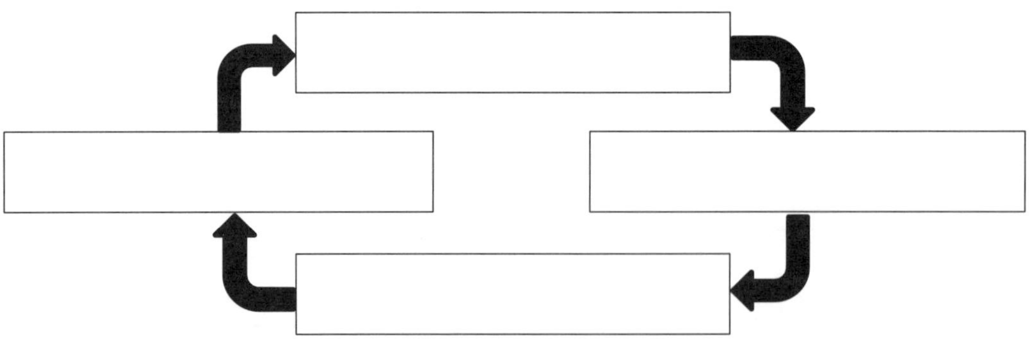

Aufgabe 4

1 P. Ergänze den Satz sinngemäß.

Kinderarbeit ist nur zu bekämpfen, wenn

____

____

Hauptteil 2 (Basisteil)

Zielsetzung: In dieser Arbeit setzt du dich mit dem Thema „Kinderarbeit“ auseinander. Im Wahlteil am Ende der Arbeit verfasst du einen **argumentativen Text** (Wahlteil A) oder einen **persönlichen Brief** (Wahlteil B).

Material 1

In den folgenden Auszügen des Jugendbuches „**Das verkaufte Glück**“ von Manfred Mai geht es um die Brüder Jakob und Kilian, die aus dem österreichischen Galtür stammen. Wie tausende ihrer Altersgenossen machten sich die beiden auf den Weg in das wohlhabende Oberschwaben (heute im Bundesland Baden-Württemberg). Über 400 Jahre zogen alljährlich zwischen März und Oktober Kinder aus dem Alpenraum zu den Kindermärkten in Ravensburg und Friedrichshafen. Die Kinder waren im Alter von sechs bis vierzehn Jahren. 1915 wurden die Kindermärkte abgeschafft, nachdem in Baden-Württemberg auch für ausländische Kinder die Schulpflicht eingeführt wurde, zuvor waren die Kinder von der Schulpflicht in ihren Heimatorten befreit.

[...] Der Vater räusperte sich, wusste aber nicht, wie er anfangen sollte.

„Ja ... also ... Jakob und Kilian, hört mal zu.“ [...] „Ihr seid alt genug, um zu verstehen, was ich sage.“ Er schaute Jakob und Kilian an. Beide nickten.

„Ihr wisst, dass es bei uns hinten und vorne nicht reicht. Nach jedem Essen steht ihr hungrig vom Tisch auf. Und ihr braucht dringend wärmere Kleidung und bessere Schuhe. Das alles können wir euch nicht geben. Selbst wenn wir noch so fleißig arbeiten, reicht es einfach nicht für alle. Und wenn das neue Geschwisterchen kommt, reicht es noch weniger. Eure Mutter und ich haben lange hin und her überlegt, was wir tun können. Wir sehen keine andere Möglichkeit, als euch dieses Jahr ins Schwabenland zu schicken.“ Er machte eine Pause. [...]

„Es ist ja nicht für immer und ihr seid auch nicht alleine“, fügte der Vater hinzu. „Im Herbst kommt ihr wieder heim und habt die ganze Zeit gut gegessen und Geld verdient.“ [...]

„Müssen wir schon morgen gehen wie die anderen?“, fragte Jakob.

Der Vater nickte ...

Auf einem tagelangen Marsch durch Schnee und eisigen Wind überquerten die Kinder mit Josef Gruber[1] die Alpen und erreichten frühmorgens den Markt.

Die ersten Bauern waren auch schon da. Zwischendrin standen Marktfrauen, die lautstark ihre lebendigen und geschlachteten Hühner, Gänse, Fische, Eier, selbstgemachte Marmelade und sonst noch allerlei anboten. Jakob schickte ein stummes Gebet zum Himmel und bat den lieben Gott, dass Kilian und er zu guten Leuten kamen.

„Was ist denn mit dem da?“, fragte ein Bauer und zeigte auf Jakob. „Und was soll er kosten?“ [...]

Es war üblich, dass die Kinder als Lohn für ihre Arbeit zweimal von Kopf bis Fuß eingekleidet wurden, was man „doppeltes Häs“ nannte. Die Bezahlung in Geld galt es zu verhandeln. [...]

„Fünfzehn Gulden und doppeltes Häs“, antwortete Gruber. [...]

„Für fünfzehn kriege ich einen richtigen Kerl. Mehr als zehn ist der nicht wert.“

Jakob fühlte sich so schlecht wie noch nie in seinem Leben. [...]

Der nächste Bauer versuchte nicht, den Preis herunterzuhandeln.

„Einverstanden“, sagte er. „Der Bub muss bei mir feste mithelfen, drum soll er auch anständig entlohnt werden.“ „Und Kilian?“, fragte Jakob.

„So heißt dein Bruder, nehm ich an. Ich verstehe, dass ihr beieinander bleiben möchtet, aber ich kann nur einen Buben brauchen.“ [...]

1 Begleiter der Kinder, der sie vermittelt und die Löhne aushandelt

Schweren Herzens musste Jakob sich von Kilian verabschieden. Er schaute ihm hinterher, bis er zwischen den Leuten verschwunden war.

Jakob fiel nach den langen Arbeitstagen gegen Mitternacht todmüde ins Bett. [...] Wenn er morgens um fünf geweckt wurde, kam er kaum aus dem Bett. [...]

Nach der Stallarbeit und dem Frühstück führte er die Kühe auf die Weide. Das Hüten war zwar keine schwere Arbeit, aber manchmal fror er jämmerlich.

Und noch schlimmer als die Kälte und der Regen war das Alleinsein.

Ein ganzes Leben hatte Jakob Menschen um sich gehabt: seine Eltern, seine Geschwister und seine Kameraden. Ganz selten war er allein gewesen. [...]

Wenn er die Augen schloss, stellte er sich vor, er wäre zu Hause bei seiner Familie. Er spürte ein schmerzhaftes Ziehen und Stechen in Brust und Bauch und musste weinen.

„Warum habt ihr mich fortgeschickt?“, schrie Jakob laut. [...]

Jakob hob die rechte Hand und rief zum Himmel hinauf: „Ich schwöre, dass ich meine Kinder nie ins Schwabenland schicken werde. Niemals!“

Quelle: Manfred Mai: Das verkaufte Glück. Der lange Weg der Schwabenkinder. Ravensburg 2015, Textauszüge gekürzt und bearbeitet

Aufgabe 1

1,5 P. a) Formuliere für jeden Textabschnitt eine treffende Teilüberschrift.

3 P. b) Fasse den Inhalt jedes Textabschnittes in nicht mehr als zwei Sätzen zusammen.

a) Teilüberschrift		b) Zusammenfassung des Textabschnittes
Zeile 1–15		
Zeile 16–36		
Zeile 37–48		

Aufgabe 2

Kreuze an, welche Kernaussage auf Textabschnitt 2 (Zeile 16–36) zutrifft. 1 P.

A	Durch den offenen Handel auf dem Markt wird sichergestellt, dass die Gefühle der Kinder berücksichtigt werden.	☐
B	Um größtmögliche Gerechtigkeit herzustellen, sind die Löhne festgelegt und können nicht verhandelt werden.	☐
C	Durch die Marktszene wird deutlich, dass die Kinder wie Waren auf dem Markt gehandelt werden.	☐

Aufgabe 3

Überlege dir, mit welchen zwei Adjektiven Jakobs Gefühlslage in den Zeilen 37–48 am treffendsten beschrieben werden kann. Schreibe die zwei Adjektive auf und begründe deine Entscheidung. 2 P.

Aufgabe 4

a) Ergänze die fehlenden Zeichen der wörtlichen Rede und die Satzzeichen. 1 P.

Ich will trotzdem nicht mehr ins Schwabenland erwiderte er nie mehr

b) Schreibe den Satz korrigiert auf. Beachte die Groß- und Kleinschreibung. 1 P.

„ich war so müde, dass mir beim hüten die augen einfach zugefallen sind“, murmelte jakob als entschuldigung.

c) Wähle ein Wort des Satzes aus der vorangehenden Aufgabe aus und begründe, warum du dich für die Kleinschreibung entschieden hast. 0,5 P.

Material 2

Kinderarbeit heute

Der zehnjährige Hari ist hungrig und müde. Er kauert auf dem Fußboden eines engen Zugabteils. Gleich werden die Waggons in Richtung Neu-Delhi, Indiens Hauptstadt, rumpeln. In 20 Stunden werden ihn rund 800 Kilometer Eisenbahnfahrt von seinen Eltern trennen.

Hari stammt aus einer der ärmsten Regionen des Landes.

Überschwemmungen, Hunger, Arbeitslosigkeit und Kriminalität sind Alltag in seiner Heimat.

Auf der Zugfahrt wird Hari von Rakesh, seinem Aufpasser, begleitet. Der lügt vor Fremden, er sei Haris Vater. Was Rakesh tut, ist kriminell – auch in Indien. Er hat Hari gekauft. Seine Eltern bekamen etwa zehn Euro und das Versprechen, der Sohn werde aus Delhi weiteres Geld schicken.

Wie viele andere Kinder auch soll Hari in der boomenden Textilindustrie der Stadt arbeiten. Kinderarbeit ist immer Handarbeit. In den Slums nähen und besticken sie oft mehr als 14 Stunden Hemden und T-Shirts – fernab sozialer Standards und staatlicher Kontrollen. Kinderarbeit hat nicht unbedingt etwas mit Billigware zu tun. Auch für renommierte Modemarken wird unter schlimmsten Bedingungen Ware produziert.

Kinder sind billig, schutzlos und durch Menschen wie Rakesh unbegrenzt verfügbar.

Hari wurde erst vor einer Woche angesprochen. Rakesh lockte ihn mit Süßigkeiten und Kinobesuchen, wenn er mit ihm nach Neu-Delhi führe und dort zwei Stunden am Tag leichte Arbeiten erledigen würde. Für den Jungen klang das nach großer und weiter Welt, Abenteuer und Luxus.

Inzwischen ahnt Hari, dass sein Traum von der süßen Zukunft platzen wird, denn an seinem ersten Arbeitstag traf er den vierzehnjährigen Sikandar. Dieser muss bereits seit fünf Jahren in Neu-Delhi leben. Sikandar erzählt: „Wir arbeiten lange und hart. Ich schufte täglich von sechs Uhr morgens bis drei Uhr nachts. Wenn ich nicht genug T-Shirts besticke, werde ich hart bestraft. Als ich einmal an meinem Arbeitsplatz eingeschlafen bin, habe ich die schlimmsten Prügel meines Lebens bekommen."

Hari sieht Sikandar entsetzt an. „Wusstest du nicht, dass dein Vater für dich Geld bekommen hat? Die nächsten vier Monate musst du diesen Betrag abarbeiten, bevor du eine einzige Rupie nach Hause schicken kannst. Danach bekommst zwischen 15 und 30 Rupien[1] am Tag."

Arbeit für Kinder unter 14 Jahren ist in Indien durch das „Gesetz zum Verbot und zur Regulation von Kinderarbeit" seit 1986 verboten. Inoffiziell, so schätzen Hilfsorganisationen, arbeiten trotzdem 40 Millionen indische Kinder zwischen 5 und 14 Jahren. Bisher wurden erst in 4 000 Fällen Arbeitgeber wegen Verstoßes gegen das Gesetz verurteilt, die meisten nur zu einer Geldstrafe von umgerechnet knapp vier Euro.

1 Ein Euro entspricht 70 Rupien. Stand: 04. 05. 2017

Quelle: Dan McDougall und Jan Boris Wintzenburg: Dieser Junge näht ihr Hemd; Der STERN vom 12. 06. 2007, https://www.stern.de/wirtschaft/news/esprit-dieser-junge-naeht-ihr-hemd-3273854.html, Text gekürzt und geändert

Aufgabe 5

1 P. Erkläre, welche Bedeutung das unterstrichene Wort im Textzusammenhang hat. Antworte in vollständigen Sätzen.

Auch für renommierte Modemarken wird unter schlimmsten Bedingungen Ware produziert.

Aufgabe 6

Vergleiche die beiden Hauptfiguren Jakob und Hari miteinander. Fülle die Tabelle in Stichpunkten aus. 4 P.

	Jakob (Material 1)	Hari (Material 2)
Woher kommen die Jungen?		
Warum müssen die Jungen arbeiten?		
In welchen Wirtschaftsbereichen arbeiten die Jungen?		
Welchen Lohn erhalten die Jungen?		

Material 3

Am 20. November 1989 verabschiedete die UNO[1] (**U**nited **N**ations **O**rganization) die Vereinbarung über Kinderrechte. Mit dieser Vereinbarung sollten erstmals alle Kinder weltweit die gleichen Rechte erhalten.

Abgebildet sind die 10 wichtigsten Kinderrechte:

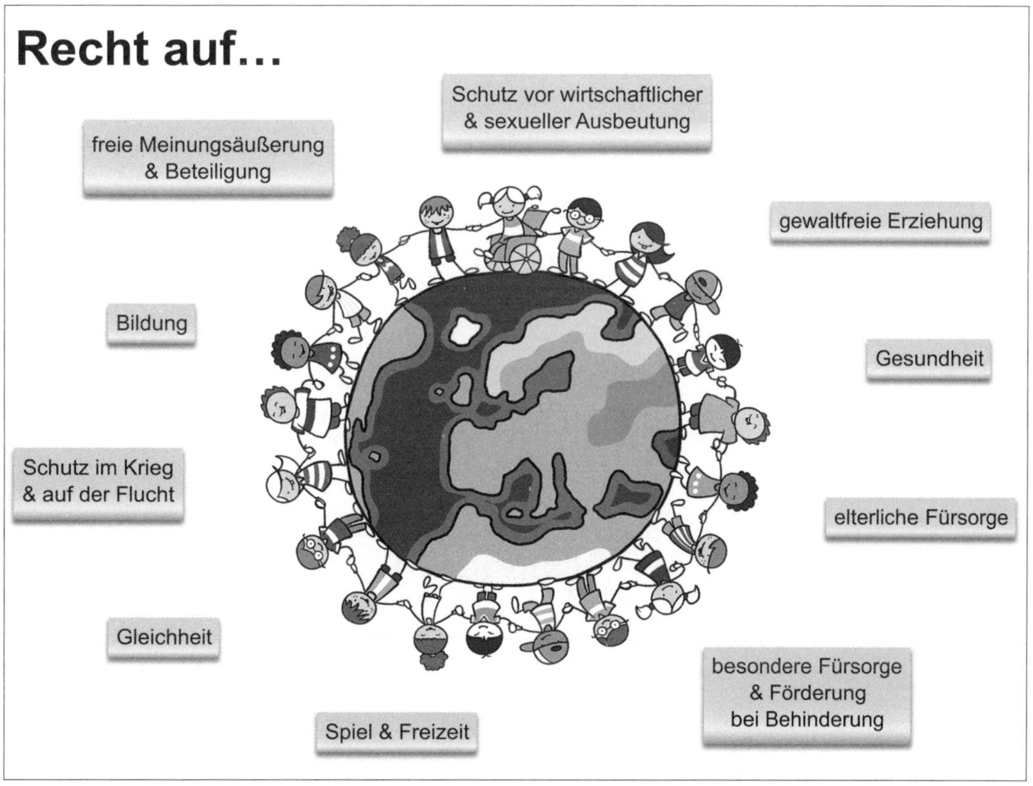

Eigene Darstellung nach: https://unicef.at/kinderrechte/; Weltkugel: © Robert Kneschke/Shutterstock.com

1 *UNO, auf Deutsch „Vereinte Nationen", Zusammenschluss von 193 Ländern; die wichtigsten Ziele sind Weltfrieden und internationale Sicherheit. Die Vereinten Nationen setzen sich außerdem für den Schutz und die Einhaltung der Menschenrechte ein.*

Aufgabe 7

1 P. a) Wähle ein UN-Kinderrecht aus Material 3 aus, gegen das sowohl in Material 1 als auch in Material 2 verstoßen wird. Erkläre die Bedeutung des Kinderrechtes.

2 P. b) Begründe deine Auswahl mit Bezug auf Material 1 und Material 2 ausführlich.

Wahlteil A – Argumentativer Text

9 P.

Am 20. September ist Weltkindertag – an deiner Schule soll dazu ein Projekttag mit dem Thema „Gib den Kindern dieser Welt eine Stimme“ durchgeführt werden. Bei der Vorbereitung bist du auf die Karikatur gestoßen.
Der kleine Junge in der Karikatur steht stellvertretend für viele Kinderschicksale dieser Welt. Ihm fehlt der Mund!

Informiere deine Mitschülerinnen und Mitschüler über das Thema Kinderarbeit und gib dem kleinen Jungen damit eine Stimme.

© Seppo Leinonen

Schreibplan

a) Stelle in der Einleitung das Thema des Projekttages vor.

b) Beschreibe die Karikatur. Begründe, warum du sie für geeignet hältst, um deine Mitschülerinnen und Mitschüler über das Thema zu informieren.

c) Erläutere anhand von zwei überzeugenden Argumenten, was gegen Kinderarbeit spricht. Berücksichtige dabei, welche Auswirkungen die Missachtung der Kinderrechte auf das zukünftige Leben der Kinder haben kann.

d) Schließe mit einem Appell, der verdeutlicht, dass es wichtig ist, sich für Kinderrechte einzusetzen.

e) Verwende zur Verknüpfung der Textteile abwechslungsreiche und treffende Überleitungen.

Zähle alle deine Wörter im Hauptteil 2 und im Wahlteil.

Aufgabe	1	2	3	4	5	6	7	Wahlteil
Wörter								

Wörter insgesamt: ______________

Wahlteil B – Persönlicher Brief

9 P.

Am Ende von Material 1 werden Jakobs Gefühle deutlich. Aus dieser Stimmung heraus schreibt er einen Brief an seine Eltern.

Versetze dich in Jakobs Lage und verfasse diesen Brief.

Schreibplan

a) Äußere zunächst Verständnis für die Beweggründe deiner Eltern, dich ins Schwabenland geschickt zu haben.

b) Berichte darüber, was in dir vorging, als ihr auf dem Markt wart und verkauft wurdet.

c) Beschreibe deine Aufgaben und dein Leben auf dem Bauernhof mithilfe von Material 1 und dem Wortspeicher zu den Aufgaben Jakobs.

d) Teile deinen Eltern mit, wie sehr dich die Situation in der Fremde belastet.

e) Begründe deinen Schwur, deine eigenen Kinder später niemals wegzuschicken.

f) Beachte die formalen Kriterien eines Briefes.

Wortspeicher

Kühe füttern, melken, striegeln – Stall ausmisten – Kühe zur Weide führen und hüten – Kühe in den Stall zurückbringen – Hühner und Gänse in den Stall treiben – Eier einsammeln – Kühe melken – Milch verarbeiten, z. B. Butter rühren

Zähle alle deine Wörter im Hauptteil 2 und im Wahlteil.

Aufgabe	1	2	3	4	5	6	7	Wahlteil
Wörter								

Wörter insgesamt: ______________

Abschlussprüfung an Hauptschulen in Niedersachsen
Deutsch 2018 – Klasse 10

Hauptteil 1 (Hörverstehen)

Hinweis: Die Prüfung beginnt mit dem Aufgabenteil zum Hörverstehen. Der **Hörtext (siehe Lösungsband)** wird dir dazu zweimal vorgespielt. Während des zweiten Anhörens darfst du dir Notizen machen. Die Arbeitsblätter mit den Aufgaben erhältst du erst nach dem zweiten Abspielen des Hörtextes.

Hier kannst du deine Notizen aufschreiben:

Aufgabe 1

1 P. Welche Geräusche werden während des Beitrags eingespielt? Kreuze zwei passende an.

- ☐ Vogelgezwitscher
- ☐ Wellenrauschen
- ☐ Gesang
- ☐ Schiffsknarren
- ☐ Kirchenglocken
- ☐ Hupen
- ☐ Klopfen
- ☐ Möwengeschrei
- ☐ Orgelmusik

Aufgabe 2

2 P. Welche Informationen sind richtig, welche nicht? Kreuze an.

Die folgende Information …	ist richtig.	ist falsch.
Der Klabautermann wird als der gute Geist des Schiffes bezeichnet.	☐	☐
Wenn man den Klabautermann sieht, bringt es Glück.	☐	☐
Dem Klabautermann wurde Essen hingestellt, um ihn freundlich zu stimmen.	☐	☐
Der Name „Klabautermann“ kommt von „klauben“, also etwas aufheben.	☐	☐

Aufgabe 3

2 P. Ergänze die Sätze.

Die große Zeit des Klabautermanns ging zu Ende ______________________________

____

Pumuckl behauptet von sich, er sei ein Nachkomme ______________________________

Aufgabe 4

1 P. Kreuze an. Dieser Hörtext soll …

- ☐ informieren.
- ☐ argumentieren.
- ☐ appellieren.

Hauptteil 2 (Basisteil)

Zielsetzung: Du beschäftigst dich mit Texten zum Thema „200 Jahre Sagen und Märchen der Brüder Grimm" und schreibst am Ende einen **kreativen Paralleltext** (Wahlteil A) oder ein **informierendes Vorwort** (Wahlteil B).

Sagen haft

200 Jahre Deutsche Sagen der Brüder Grimm

Text 1

Märchen und Sagen der Brüder Grimm

In der Erstausgabe der „Kinder- und Hausmärchen" (1812–1815) von Jacob und Wilhelm Grimm heißt es: „Es war vielleicht gerade Zeit, [...] Märchen festzuhalten, da diejenigen, die sie bewahren sollen, immer selt[e]ner werden".

Den entscheidenden Anstoß zur Sammlung von Märchen und Sagen erhielten die Brüder Jacob und Wilhelm Grimm während ihres Studiums in Marburg. Hier wurden sie in die Praxis des Sammelns, Bearbeitens und Herausgebens historischer und volkstümlicher Texte eingeführt. Ab 1806 begannen die Brüder Grimm selbst damit, überlieferte Texte „des Volkes" zusammenzutragen. Über ihre Arbeitsweise sagten die Brüder Grimm, dass es ihnen vor allem auf Treue und Wahrheit angekommen sei. Sie hätten nichts aus eigenen Mitteln hinzugesetzt, keine Sage und kein Märchen selbst verschönert, sondern deren Inhalt so wiedergegeben, wie sie ihn gehört oder gelesen hätten.

Anders als die romantische Vorstellung der wandernden Brüder Grimm waren diese nicht selbst sagen- und märchensammelnd durch Deutschland gezogen. Vielmehr wurden sie von über fünfzig gut gebildeten Märchensammlern vor allem aus dem Raum Hessen und Westfalen unterstützt. Diese notierten die mündlichen Überlieferungen und gaben sie dann an die Brüder Grimm weiter. Teilweise griffen die Brüder Grimm auch auf Märchen und Sagen aus schriftlich überlieferten Quellen zurück. Die dadurch entstandene Ähnlichkeit einiger Märchen mit Überlieferungen aus Italien und Frankreich war den Brüdern Grimm bewusst. Zwei in der Erstausgabe enthaltene Märchen, nämlich „Ritter Blaubart" und „Der gestiefelte Kater", nahmen sie später wieder aus der Sammlung heraus, weil ihnen die Nähe zum französischen bzw. italienischen Vorbild zu offensichtlich erschien. Allerdings bezeichneten die Brüder Grimm, im Gegensatz zu anderen Werken dieser Zeit, ihre Sagen- und Märchensammlung nicht als „deutsch", sondern nannten sie einfach „Kinder- und Hausmärchen". Die Brüder Grimm hatten erkannt, dass Märchen und Sagen überall zu Hause waren, bei allen Völkern und in allen Ländern.

In den Jahren von 1806 bis 1815 trugen die Brüder Grimm über zweihundert Texte für ihre Sammlung zusammen. Auch 200 Jahre nach dem Erscheinen dieser Sammlung sind die „Kinder- und Hausmärchen" noch immer die bekanntesten Geschichten deutscher Sprache in der Welt und das bestverkaufte deutsche Buch aller Zeiten. Außerdem trugen die Brüder 585 „Deutsche Sagen" zusammen, die sie 1816/1818 in zwei Bänden erstmals veröffentlichten. Dieses zweihundertjährige Jubiläum wird von Mitte 2016 bis Mitte 2018 gefeiert. Kurz zusammengefasst: Grimms Märchen und Sagen sind Deutschlands erfolgreichster Kulturexport.

Eigene Zusammenstellung nach www.grimms.de und „Die Brüder Grimm – Wörtersammler/Märchensammler" und www.programm.ard.de

Aufgabe 1

2 P. Sind die Aussagen in Text 1 enthalten oder nicht enthalten? Kreuze an.

Diese Aussage ...	ist enthalten.	ist nicht enthalten.
Ab 1806 reisten die Brüder Grimm alleine durch Deutschland und sammelten überlieferte Märchen und Sagen.	☐	☐
Die Brüder Grimm griffen ausschließlich auf schriftliche Überlieferungen zurück.	☐	☐
Die Brüder Grimm nahmen beim Zusammentragen eine Auswahl vor und sortierten einige Märchen bzw. Sagen aus.	☐	☐
Die grimmschen „Kinder- und Hausmärchen" gehören bis heute zu den beliebtesten deutschen Büchern.	☐	☐

Aufgabe 2

1 P. In Text 1 heißt es: *„Es war vielleicht gerade Zeit, [. . .] Märchen festzuhalten, da diejenigen, die sie bewahren sollen, immer selt[e]ner werden".*

Eigene Zusammenstellung nach www.grimms.de und „Die Brüder Grimm – Wörtersammler/Märchensammler" und www.programm.ard.de

Erkläre den Inhalt des Satzes in eigenen Worten.

____

____

____

____

Aufgabe 3

0,5 P. a) In Text 1 findest du mehrere Sätze im Konjunktiv. Schreibe <u>einen</u> auf.

____

____

____

0,5 P. b) In Text 1 findest du den Satz:
Die Brüder Grimm hatten erkannt, <u>dass</u> Märchen und Sagen überall zu Hause waren, bei allen Völkern und in allen Ländern.

Eigene Zusammenstellung nach www.grimms.de und „Die Brüder Grimm –Wörtersammler/Märchensammler" und www.programm.ard.de

Begründe, warum an dieser Stelle das „dass" mit „ss" korrekt geschrieben ist.

____

____

____

Text 2

Was Kinder aus alten Erzählungen lernen

1

Im Vorschulalter, etwa von drei Jahren an aufwärts, beginnt bei vielen Kindern die Begeisterung für Märchen. Gerade die alten Volksmärchen der Brüder Grimm begeistern die Kleinen. Aber sind die Erzählungen auch für Kinder geeignet? Oder können sie mit Geschichten von Waisenkindern, bösen Hexen und vergifteten Äpfeln kindliche Ängste schüren? Der Inhalt der Märchen ist häufig nicht friedlich; Szenen, die das Verbrennen im Ofen oder das Tanzen bis zum Tode in feurigen Schuhen schildern, haben vielfach Diskussionen angeregt, ob Märchen überhaupt kindgerecht seien. Diese Widersprüchlichkeit hält die Märchen am Leben: Ist die in ihnen enthaltene Brutalität Kindern überhaupt zumutbar? Oder sind Märchen mit ihrem einfachen Aufbau und der deutlichen Trennung von Gut und Böse ideal für den kindlichen Charakter? Sind Märchen simple Erzählungen? Oder bieten sie eine Fundgrube an lebenswichtigen Erkenntnissen? Und was haben erst die Rollenbilder an Diskussionen ausgelöst: Ist das Frauenbild fragwürdig oder besitzt zum Beispiel ein Schneewittchen auch heute besondere Reize, die es attraktiv erscheinen lassen? Wirken die Frauen, insbesondere die bösen, als Persönlichkeiten mit Charakter – hinterhältig, bösartig und gefährlich in ihrer Unberechenbarkeit –, während die Männer ihnen rein gar nichts entgegenzusetzen haben? Auf den ersten Blick erscheint diese Sicht verständlich. Eine Märchenerzählung funktioniert aber mit den Regeln der Bildsprache. Märchen sind nicht wörtlich, sondern in einem übertragenen Sinn zu verstehen. Sie arbeiten mit starken Bildern und mit Symbolik. Sie dienen nicht als Rollenvorbild, das nachzuahmen ist, sondern regen zur Auseinandersetzung an. Auch Kinder sind in der Lage, zwischen einem Märchen und der Realität zu unterscheiden.

2

Nach Ansicht von Pädagogen und Pädagoginnen sind Märchen keineswegs schädlich, auch wenn sie aus Elternsicht oft ziemlich blutig daherkommen. Im Gegenteil. Nach Ansicht vieler Fachleute helfen die Erzählungen sogar beim Erwachsenwerden. Die oft brutalen Ereignisse bereiten Kindern viel weniger Kopfzerbrechen als ihren Eltern. Das liegt an der kindlichen Weltsicht in diesem Alter, die Eindeutigkeit benötigt, um Orientierung zu finden. Kindern im Vorschulalter ist demnach die klare Einteilung in Gut und Böse im Märchen wichtig. Sie lieben klare Verhältnisse, an denen sie sich orientieren können und die ihnen helfen, ihr Weltbild aufzubauen. Helden und Heldinnen sind darin gut, Hexen böse – ohne viel Wenn und Aber. Es ist für einen Vierjährigen daher kein Problem, wenn eine „böse“ Figur bestraft wird oder gar stirbt – das wird als gerecht empfunden und ist deshalb in Ordnung.

3

Außerdem fassen Märchen kindliche Ängste in Bilder – zum Beispiel die Angst vor dem Verlassenwerden oder vor dem Aufbruch ins Neue und Unbekannte. Indem die Märchenheldinnen und -helden die Aufgaben und Herausforderungen bewältigen, zeigen sie dem Kind Wege auf, mit den eigenen Ängsten umzugehen. Oder sie bieten einfach die Möglichkeit, die eigenen Sorgen auf die Märchenfiguren zu übertragen und durch diese quasi stellvertretend lösen zu lassen. Wenn dann das Gute siegt, stärkt dieser Triumph das Kind. Märchen sind deshalb große Tröster und Mutmacher, die zeigen, dass es auch aus schwierigen Situationen immer einen guten Ausweg gibt, und dass das Gute siegt.

Auch wenn die Sprache natürlich aus dem 19. Jahrhundert stammt, sind die Inhalte nach wie vor aktuell, denn sie behandeln die Grundfragen des Lebens: Wie wollen wir leben, wie sollen wir leben? Die zeitlosen Antworten, zum Beispiel auf die Frage nach dem Zusammenleben von Jung und Alt, der Gier, dem Umgang mit Menschen und Tieren, die nicht mehr leistungsfähig sind, sind aktueller denn je!

4

Außerdem verbinden Märchen und Sagen seit Jahrhunderten Generationen miteinander. Das kennen die Großeltern noch, die Eltern haben es auch gelesen und deshalb sollen auch die Enkel die Märchen kennenlernen. Das Märchen entwickelt sich immer weiter. Es passt sich den Kindern der aktuellen Generation an. Denn auch in der multimedialen Welt werden die Kinder mit verschiedenen Formen von Märchen konfrontiert, z. B. mit modernen Fantasy-Geschichten wie Harry Potter und Co. Sogar *Der Herr der Ringe* oder *Star Wars* haben typische Märchenstrukturen – im Sinne von Gut gegen Böse, aus den Augen verlieren und wiedergewinnen, auf sich alleine gestellt sein und Freunde suchen. Auch moderne Märchenverfilmungen haben in den letzten Jahren immer größere Erfolge verzeichnet. Kinogänger kennen Filme wie *Hänsel und Gretel: Hexenjäger* (2013, Hänsel und Gretel), *Maleficent – die dunkle Fee* (2014, Dornröschen) oder *Snow White and the Huntsman* (2012, Schneewittchen).

Eigene Zusammenstellung nach http://laboratorium-fuer-geschichte.de/experimente/ueber-die-relevanz-von-maerchen/ und https://verlage.westermanngruppe.de/anlage/4555827/Maerchen-heute-noch-aktuell-Was-Kinder-aus-den-alten-Erzaehlungen-lernen

Aufgabe 4

2 P. Text 2 ist in vier Sinnabschnitte unterteilt. Finde für jeden Abschnitt eine zusammenfassende Überschrift und trage sie in die Felder über den Textabschnitten ein.

Aufgabe 5

1 P. Die Tabelle enthält Aussagen, die sinngemäß Inhalte aus Text 2 wiedergeben. Ordne zu, in welchem Abschnitt diese Aussagen zu finden sind. Schreibe die Nummer des jeweiligen Abschnitts in die Tabelle.

Singgemäße Aussage	Abschnitt Nummer
In den modernen Medien begegnen uns immer noch klassische Märchenmerkmale.	
Es ist fraglich, ob Märchen für Kinder geeignet seien: Sind sie aufgrund ihres einfachen Aufbaus kindgerecht und lehrreich oder sind sie zu brutal und erzeugen Ängste?	
Märchen können Kindern Auswege zeigen oder Lösungsmöglichkeiten anbieten und sie liefern Antworten auf immer noch zeitgemäße Existenzfragen.	
Klare Strukturen in Märchen sowie die eindeutige Zuordnung von Gut und Böse helfen den Kindern bei ihrer Weltsicht und Orientierung, dabei steht Brutalität für die Kinder nicht im Vordergrund.	

Aufgabe 6

Im Nachfolgenden findest du vier Äußerungen von Eltern, die sich auf Märchen beziehen. 4 P.

Verfasse zu jeder Äußerung eine passende Erwiderung. Beziehe dich dabei auf Text 2.

Ich lese meinen Kindern keine Märchen vor, da ich sie zu brutal finde. Das könnte meinen Kindern schaden.

Ich lese meinen Kindern keine Märchen vor, da die Rollenbilder darin für meine Kinder schlechte Vorbilder sind.

Ich lese meinen Kindern keine Märchen vor, da sie daraus ohnehin nichts lernen können.

Ich lese meinen Kindern keine Märchen vor, da sie nicht mehr aktuell sind.

Aufgabe 7

2 P. Betrachte die Grafik.

a) Verfasse einen vollständigen Einleitungssatz zu der Grafik.

b) In der Schulbücherei sollst du den Jungen und Mädchen der 5. Klassen einen Text vorlesen. Entscheide dich für eine der unten aufgeführten Textsorten und begründe deine Entscheidung anhand der Grafik.

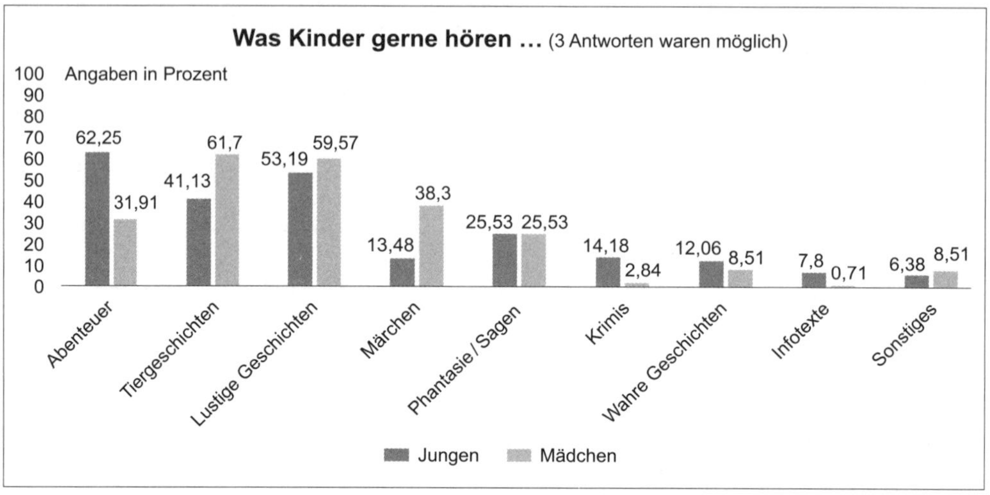

Eigene Darstellung nach: lesefuechse.org/lmu-prasentiert-erste-ergebnisse-der-lesefuchse-studie/

a) ______________________________

____

____

____

____

____

b) ______________________________

____

____

____

____

____

Text 3: Sage

Traum vom Schatz auf der Brücke

Es hat auf eine Zeit einem geträumt, er solle gen Regensburg gehen auf die Brücken, da sollte er reich werden. Er ist auch hin gegangen und da er einen Tag oder vierzehn allda gegangen hat, ist ein reicher Kaufmann zu ihm kommen, der sich wunderte, was er alle Tage auf der Brücke mache, und ihn fragte, was er da suche. Dieser antwortete: „Es hat mir geträumt, ich soll gen Regensburg auf die Brücke gehen, da würde ich reich werden." „Ach", sagte der Kaufmann, „was redest du von Träumen, Träume sind Schäume und Lügen; mir hat auch geträumt, dass unter jenem großen Baume (und zeigte ihm den Baum) ein großer Kessel mit Geld begraben sei, aber ich acht sein nicht, denn Träume sind Schäume*."

Da ging der andere hin, grub unter dem Baum ein, fand einen großen Schatz, der ihn reich machte und sein Traum wurde ihm bestätigt.

Quelle: Deutsche Sagen. Jacob und Wilhelm Grimm. Köln 2014, S. 229

Informationen zur Textsorte

Sagen als volkstümliche Erzählungen sind lange Zeit nur mündlich, später aber auch schriftlich überliefert worden. Sie enthalten in der Regel einen wahren Kern. Im Gegensatz zu einem Märchen beruhen Sagen oft auf realen Begebenheiten und benennen einen konkreten Ort, an dem außergewöhnliche Ereignisse oder rätselhafte Erscheinungen stattfanden.
Sie versuchen, diese Begebenheiten zu deuten, ihre Abläufe oder Ursachen zu erklären, und ergänzen sie mit allerlei Magischem und Mystischem – z. B. Hexen, Riesen oder Zwerge.
Viele Sagen werden meist in der dritten Person Singular, im Präteritum erzählt.

* Mehrzahl von Schaum

Aufgabe 8

Schreibe aus dem Text „Traum vom Schatz auf der Brücke" zwei Stellen mit Zeilenangaben heraus, aus denen ersichtlich wird, dass es sich um eine Sage handelt. Erkläre deine Auswahl anhand der Angaben aus dem Infotext. 2 P.

Zitat	Erklärung

Aufgabe 9

1 P. In Text 3 findest du dieses Zeichen:

Verfasse eine kurze Erwiderung auf die Behauptung „Träume sind Schäume“, die man an dieser Stelle einfügen könnte.

Der andere erwiderte:

Aufgabe 10

2 P. In Text 3 kommen zwei Personen vor. Notiere jeweils ein passendes Adjektiv, das zu der jeweiligen Person passt.
Begründe, warum du dich für diese Adjektive entschieden hast, indem du dich auf die Sage beziehst.

Person	Adjektiv	Begründung
Träumer		
Kaufmann		

Aufgabe 11

2 P. Der Mann in der Sage findet einen Schatz. Laut Wörterbuch kann der Begriff „Schatz“ verschiedene Bedeutungen haben. Schreibe zu jeder möglichen Bedeutung ein eigenes Beispiel auf.

an einem Ort angehäufte Menge kostbarer Dinge/Reichtümer verschiedenster Art

angesammelte Dinge von persönlichem Wert

Anrede für einen geliebten Menschen

etwas, das nicht materiell, aber für den Besitzer sehr kostbar ist

Wahlteil A – Sage

Du nimmst an einem Kreativwettbewerb „200 Jahre Sagen der Brüder Grimm“ teil. Dafür sollst du einen Text verfassen, der die Erzählstruktur der Sage „Traum vom Schatz auf der Brücke“ in die heutige Zeit überträgt.

a) Erstelle einen Schreibplan, indem du deine Ideen stichwortartig in der Tabelle notierst. 2 P.

b) Verfasse anhand deiner Notizen eine Sage mit dem Titel „Traum vom Schatz“, die in der heutigen Zeit spielt. 6 P.

200 Jahre Sagen der BRÜDER GRIMM

Kreativwettbewerb

„Traum vom Schatz“

Regeln

Textvorlage
„Traum vom Schatz auf der Brücke“

Deine Sage …
- spielt in der heutigen Zeit, an einem realen Ort.
- stellt ein außergewöhnliches, rätselhaftes Ereignis in den Mittelpunkt.
- ist im Präteritum, 3. Person Singular geschrieben.

Einsendeschluss: 03.05.2018

Schreibplan/Verlauf der Handlung:

Erzählstruktur der Sage	Eigene Ergänzungen
An welchem Ort spielt deine Sage?	Wie sieht es dort aus?
Welchen Traum hat deine handelnde Person?	Welche Eigenschaften besitzt die handelnde Person und warum ist ihr der Traum wichtig?
Aus welchem Grund erfüllt sich der Traum der Hauptfigur nicht?	Vermute, welche Gedanken und Gefühle die Figur begleiten.
Die Situation verändert sich, weil jemand etwas Außergewöhnliches tut oder sagt.	Worin könnte diese Veränderung bestehen?
Der Traum erfüllt sich anders als erwartet.	Wie könnte sich das Problem/die Situation auflösen?

Wahlteil B – Informierendes Vorwort

Anlässlich des 200-jährigen Jubiläums soll ein neues Buch mit Sagen und Märchen der Brüder Grimm herausgegeben werden. Zu diesem Buch schreibst du ein informierendes Vorwort.

1 P. a) Erstelle einen Schreibplan, indem du die Informationen stichwortartig in die Tabelle einträgst.

Schreibplan:

Anlass für das Vorwort	
Informationen über die Arbeit der Brüder Grimm	
Gründe für die Aktualität von Märchen (Beispiele)	
Positive Auswirkungen von Märchen (mindestens zwei)	
Mögliche Bedenken bezüglich Märchen	

7 P. b) Verfasse nun ein informierendes Vorwort.

- Informiere zunächst über das Jubiläum und über die Arbeit der Brüder Grimm.
- Erläutere ausführlich, warum Märchen heute noch aktuell sind. Verwende passende Beispiele.
- Benenne und erkläre zwei positive Auswirkungen, die durch Märchen erzeugt werden können.
- Gehe auf mögliche Bedenken ein, die mit dem Lesen der Märchen verbunden sind.
- Schließe das Vorwort mit einem motivierenden Aufruf ab, der Lust auf das Lesen des Buches macht.

Berücksichtige die Informationen aus allen Texten!

Wichtig! Zähle alle Wörter in folgenden Aufgaben:

Aufgabe	2	3a	3b	4	6	7	8	9	10	11	Wahlteil
Wörter											

Abschlussprüfung an Hauptschulen in Niedersachsen
Deutsch 2019 – Klasse 9

Hauptteil 1 (Hörverstehen)

Hinweis: Die Prüfung beginnt mit dem Aufgabenteil zum Hörverstehen. Der **Hörtext** (**siehe Lösungsband**) wird von deiner Lehrerin/deinem Lehrer zweimal vorgelesen. Während des zweiten Anhörens darfst du dir Notizen machen. Die Arbeitsblätter mit den Aufgaben erhältst du erst nach dem zweiten Vorlesen des Hörtextes.

Hier kannst du deine Notizen aufschreiben:

Aufgabe 1

2 P. Entscheide, ob die folgenden Aussagen richtig oder falsch sind. Kreuze an.

	richtig	falsch
Werbeunternehmen sammeln persönliche Daten und führen sie zu Nutzerprofilen zusammen.	☐	☐
Mithilfe einfacher technischer Einstellungen können die eigenen Daten beim Surfen geschützt werden.	☐	☐
Informationen wie Freizeitaktivitäten, Beziehungsstatus oder Lieblingsbücher sind für Arbeitgeber nicht von Interesse.	☐	☐
Große Webdienste erzielen durch Werbeeinnahmen Milliardengewinne.	☐	☐

Aufgabe 2

1 P. Anbieter wie Google oder Microsoft stellen verschiedene Dienste zur Verfügung, z. B. E-Mail-Programme. Nenne zwei weitere Angebote, die im Text genannt werden.

Aufgabe 3

2 P. Im Text werden zwei Möglichkeiten genannt, wie du es vermeiden kannst, Spuren im Netz zu hinterlassen. Notiere die beiden Möglichkeiten.

Aufgabe 4

1 P. Ergänze den Satz sinngemäß.

Je mehr Dienste man bei einem Anbieter in Anspruch nimmt, …

Hauptteil 2 (Basisteil)

Zielsetzung: In dieser Arbeit beschäftigst du dich mit verschiedenen Materialien zum Thema „Überwachung des Menschen mittels neuester Technik“. Lies die Texte zunächst sorgfältig und bearbeite die dazugehörigen Aufgaben. Am Ende verfasst du einen **informativ-argumentativen** Text oder einen **inneren Monolog**.

Material 1

China belohnt den Idealbürger

Wer geht brav über den Zebrastreifen? Wer geht bei Rot über die Ampel? Chinas Ziel ist der maschinenlesbare Mensch – und die totale Kontrolle. Vom Jahr 2020 an soll das „Social Credit System“ die gesamte chinesische Bevölkerung erfassen. Es ist der weltweit bislang einmalige Versuch, ein ganzes Volk zu Musterbürgern zu erziehen. Gutes Verhalten soll belohnt und schlechtes Verhalten bestraft werden. Dafür sammelt der Staat so viele Daten wie möglich, trägt sie zusammen und wertet sie aus. Als Grundlage dient ihm neueste Überwachungstechnik. Bewährt hat sich die Gesichtserkennungstechnologie. Dabei vermessen Überwachungskameras Gesichter, merken sich spezielle Merkmale wie Leberflecken und Augenfarbe und erstellen Bewegungsprofile. Jede Person wird sofort identifiziert und ihr Verhalten im Straßenverkehr, in Bahnhöfen, auf Flughäfen und in Einkaufszentren kontrolliert.

Die chinesische Küstenstadt Rongcheng hat bereits 2014 mit einem Sozialexperiment begonnen. Dabei wurde für alle Bürger ein „Social Credit System“ eingeführt. Jeder Bürger bekommt ein Punktekonto. So auch der 42-jährige Zhang Jian, der seinen Punktestand im Bürgeramt erfragt. „Ich arbeite für das Forstamt. Ich bin hier, weil ich eine Beurteilung für meine Beförderung brauche“, erklärt Zhang Jian. „Dafür muss ich den Social-Credit-Kontostand erfragen. Aber ich mache mir da keine Sorgen, denn ich achte auf mein Benehmen und mein Handeln. Ich lasse mich zum Beispiel nie auf eine Schlägerei ein, weil das einen Punktabzug für mich bedeuten würde. Auch meine Arbeit im Forstamt wird bewertet, deshalb strenge ich mich besonders an.“

Bevor Zhang Jian seinen Kontostand bekommt, wird ihm das Punktesystem noch einmal erklärt: Der Punktestand ist anfangs für alle gleich, nämlich genau 1 000. Dieser erhöht oder verringert sich je nach Verhalten. Die Bewertungsskala bewegt sich von AAA, der besten Bewertung mit einem Punktestand von 1 300, bis hin zur Kategorie D, der schlechtesten Wertung mit weniger als 600 Punkten. Wer eine gute Bewertung hat, wird bevorzugt behandelt, beispielsweise durch eine bessere Krankenversicherung oder besonders angesehene Ausbildungsplätze. Wer in der Kategorie D auftaucht, muss mit schwerwiegenden Konsequenzen im Alltag rechnen, z. B. dem Verlust des Arbeitsplatzes oder dem Streichen von Sozialleistungen.

Die Einstufung funktioniert mit Hilfe von riesigen Datensammlungen (Big Data). Mehr als 50 Ämter, Behörden und Institutionen liefern Daten zu Strafen, Verkehrsdelikten, Geldgeschäften und vielem mehr. Die daraus entstandene Bewertung kann außer von den Behörden auch von Banken, Arbeitgebern, Vermietern, Einkaufsplattformen, Reiseveranstaltern und Fluggesellschaften eingesehen werden.

Für die chinesische Regierung geht es um den Versuch, den moralisch einwandfreien Menschen zu schaffen. Dafür wird die eigene Bevölkerung beobachtet und kontrolliert, um gesellschaftliche Probleme oder soziale Unzufriedenheit im Vorfeld zu erkennen und darauf reagieren zu können. Darüber hinaus ist die Bekämpfung der Kriminalität ein Ziel der Überwachung. Der Staat allein bestimmt, welches Verhalten gut und schlecht ist. Worauf die Entwicklung hinausläuft, ist offensichtlich: die totale Kontrolle.

Eigener Text nach: https://www.swr3.de/aktuell/nachrichten/Wie-China-seine-Buerger-digital-mit-Punkten-bewertet (gekürzt und bearbeitet, entnommen am 05.11.2018), http://www.maz-online.de/Nachrichten/Politik/China-belohnt-den-Idealbuerger (gekürzt und bearbeitet, entnommen am 05.11.2018)

Aufgabe 1

4 P. Ordne die Teilüberschriften in der richtigen Reihenfolge.
Ergänze sie mit den dazugehörigen Zeilenangaben aus dem Text.

Das Sammeln von riesigen Datenmengen – Die Überwachung des Menschen durch neue Technologien – Die Ziele der Überwachung – Das Punktesystem und die Folgen für die Bevölkerung

Teilüberschrift	Zeilenangabe

Aufgabe 2

1 P. Der folgende Satz ist sinngemäß wiedergegeben worden. Finde in Material 1 den inhaltlich passenden Satz. Schreibe ihn vollständig auf.

Egal, an welchem Ort man sich aufhält, man wird überall erkannt.

____

____

Aufgabe 3

2 P. Verbinde die inhaltlich passenden Satzteile miteinander.
Notiere unter der Tabelle die richtigen Buchstaben-Zahlen-Kombinationen.

A	Grundlage für das „Social Credit System“ sind Überwachungskameras,	1	um Bürger ganz im Sinne des Staates zu schaffen.
B	Der Staat sammelt so viele Daten wie möglich,	2	die jede Person identifizieren und ihr Verhalten kontrollieren können.
C	Für alle Bürger werden Punktekonten geführt,	3	die zusammengetragen und ausgewertet werden.
D	Die chinesische Regierung führt dieses System ein,	4	die über Vergünstigungen oder schwerwiegende Konsequenzen entscheiden.

A / ____ B / ____ C / ____ D / ____

Material 2

Margit Ruile: deleted_TRAUE NIEMANDEM (Jugendbuch 2015)

Der folgende Jugendbuch-Auszug spielt im Jahr 2035. Ein digitaler Megakonzern hat die Welt in einen vollständig überwachten Ort verwandelt. Mittels modernster Technik ist jeder Mensch Teil der SEA, einer Art Internet, in dem alle miteinander verbunden sind und jederzeit und überall ausspioniert werden können. Der Konzern hat Zugriff auf die Vergangenheit und nimmt Einfluss auf die Gegenwart und die Zukunft aller.
Außerhalb der SEA ist ein Leben kaum denkbar. Hauptperson ist der 15-jährige Ben, der die Aufnahmeprüfung für die Akademie, eine Eliteschule, bestanden hat und an seinem ersten Schultag zum Schulleiter kommen soll.

Ich blickte mich um. Es war sicher nicht verboten, sich umzusehen. Ich ging hinüber und stand vor einem Hologramm[1]. Es war eine genaue Abbildung der Akademie. Fünf Stockwerke, die Palme in der Mitte, die Pflanzen, die über die Geländer hingen. Noch atemberaubender war jedoch, dass ich alle Personen, die sich in dem Gebäude befanden, sehen konnte. Sie waren winzige Abbildungen ihrer selbst und saßen in Klassenzimmern oder waren in den Gängen unterwegs. Zwei Mädchen gingen die Treppe hoch. Eine ältere Frau, vermutlich eine Lehrerin, kam ihnen entgegen. Über den winzigen Menschen schwebten ihre Namen und kleine Zahlen. Bei den Schülern in den Klassenzimmern wechselten die Zahlen in atemberaubendem Tempo. Ein winziger Lennart fuhr in einem Aufzug nach unten und ich suchte ungeduldig mit den Augen den fünften Stock ab. Hier, am Ende des Ganges, befand ich mich und sah mir selber zu, wie ich in das Hologramm starrte. Ich konnte nicht anders, ich fuhr automatisch mit meinen Fingern hinein. Doch das Hologramm änderte sich überhaupt nicht, ich sah nur, wie sich die Projektion langsam auf meiner Handfläche verzerrte.

„Dir scheint unsere kleine 3D-Grafik zu gefallen!", sagte eine Stimme hinter mir.

Ich zog die Hand zurück, als hätte ich mich verbrannt. Hinter mir stand ein Mann, der Schulleiter. Seine langen, dunkelblonden Haare waren zu einem Pferdeschwanz zusammengebunden und er sah nicht älter aus als vielleicht dreißig.

„Entschuldigung!", murmelte ich schnell und starrte auf meine Handflächen.

„... Ich freue mich, wenn du Interesse an meinem kleinen Spielzeug zeigst. Es ist eine der neusten Erfindungen der SEA und wird hier ausprobiert. Ich finde sie weit besser als diese zweidimensionalen Monitore, auf denen die Menschen nur als kleine flache Punkte zu sehen sind, sehr praktisch übrigens, wenn man jemanden sucht."

[...]

„Und was bedeuten die Zahlen?"

„Oh, das sind die Noten! Jeder hat über sich eine Zahlenkombination, in der aufgeschlüsselt wird, auf welcher Gesamtnote er steht."

„Aber die Lehrer haben auch Zahlen!"

„Ja, es gibt eine kurze Umfrage nach jeder gehaltenen Stunde über die Qualität des Unterrichts, so werden auch die Lehrer bewertet. Aber ich glaube nicht, dass es hier um Geheimwissen geht! Jeder kann jederzeit die Noten des anderen sehen. Auch die der Lehrer." Ich starrte auf einen kleinen rundlichen Mann, der ein Klassenzimmer verließ und dessen Zahl gerade um drei Punkte nach oben schnellte. „So haben wir eine dauernde Qualitätskontrolle!"

„Es erinnert mich an ein Aquarium!", entfuhr es mir. Mist! Ob das so klug war? Doch der Schulleiter lachte. „Sehr gut, Ben! Ein Aquarium, ein Aquarium mit Menschen. Und was wir haben, sind unsere wunderbaren Zierfische!"

Er lachte über seinen Witz, bevor er mit seinem Finger auf ein Klassenzimmer im dritten Stock zeigte. Ich konnte Lennart sehen, der das Klassenzimmer gerade betreten hatte.

1 Dreidimensionale, virtuelle Abbildung

Der Schulleiter verschränkte die Arme. „Das ist deine Klasse, Ben. Unter 47 354 Jugendlichen in Berlin-Brandenburg haben wir dieses Jahr zwanzig ausgewählt. Die besten ihrer Schulen, die besten ihrer Bezirke. Wir haben eure Sozialnoten, eure Schulnoten, eure Disziplinarnoten miteinander verglichen. Und dann haben wir noch etwas verrechnet.... Alle, die hier sind, sind nicht nur gut. Das wäre zu einfach! Schulnoten, Sozialnoten, Disziplinarnoten ...“ Er winkte ab. „Alles ein alter Hut. Was du hier findest, sind Originale! Wir haben errechnet, wann jemand etwas Geniales und Ungewöhnliches vollbringen kann. Das ist eine neue Form der Filterung: der Algorithmus[2] für das Genie!“

[...] Er zwinkerte mir zu und ich fand mich kurz darauf mit meinem Koffer [...] im Aufzug wieder. Für einen Moment stellte ich mir vor, mich selbst im Hologramm des Schulleiters zu sehen: ein kleiner Fisch in einem riesigen Aquarium.

2 Vorgehensweise, um ein Problem zu lösen, hier im Sinn einer „Bauanleitung für das Genie“

Quelle: Margit Ruile: deleted_TRAUE NIEMANDEM (Jugendbuch 2018), München: bloomoon, 2015, S. 71–75

Aufgabe 4

3 P. Fasse den Inhalt des Jugendbuch-Auszugs (Material 2) in nicht mehr als fünf Sätzen zusammen. Beginne mit einem einleitenden Satz.

Aufgabe 5

0,5 P. In welcher Erzählperspektive ist das Jugendbuch verfasst?

Aufgabe 6

Der folgende Textabschnitt beschreibt einen Vergleich. 1 P.

> „Es erinnert mich an ein Aquarium!“, entfuhr es mir. Mist! Ob das so klug war? Doch der Schulleiter lachte. „Sehr gut, Ben! Ein Aquarium, ein Aquarium mit Menschen. Und was wir haben, sind unsere wunderbaren Zierfische!“ [...]
>
> Für einen Moment stellte ich mir vor, mich selbst im Hologramm des Schulleiters zu sehen: ein kleiner Fisch in einem riesigen Aquarium.

Entscheide, welche der Aussagen die Bedeutung des Vergleichs wiedergibt. Kreuze an.

Der Vergleich beschreibt, dass die Menschen in der Schule beobachtet werden können wie Fische in einem Aquarium.	☐
Der Vergleich beschreibt, dass die Menschen in der Schule so wunderbar sind wie Zierfische in einem Aquarium.	☐
Der Vergleich beschreibt, dass Menschen wie Zierfische sind, die nur in einem Aquarium vor schädlichen Einflüssen geschützt werden können.	☐

Aufgabe 7

Vervollständige die Tabelle mithilfe von Informationen aus Material 1 und 2. Schreibe in ganzen Sätzen. 1,5 P.

Fragestellung	Material 1	Material 2
	Kameras mit Gesichtserkennungstechnologie werden eingesetzt.	Ein Hologramm der Akademie zeigt alle Personen im Gebäude.
Wer überwacht wen?	Die chinesische Regierung will die gesamte Bevölkerung erfassen.	
Was ist das Ziel der Überwachung?		Die Qualität von Lehrern, Schülern und des Unterrichts soll jederzeit sichtbar sein.

Aufgabe 8

2 P. In der Tabelle sind zwei Schreibweisen für ein Wort aufgelistet. Welche Rechtschreibstrategie eignet sich jeweils, um die korrekte Schreibweise der Beispielwörter zu überprüfen? Schreibe das Beispielwort richtig in die entsprechende Spalte.

	Ich verlängere das Wort.	**Ich leite vom Wortstamm ab.**	**Ich prüfe die Länge des Vokals.**
Beispiel: lächeln oder lecheln?		*lächeln (lachen)*	
beschreipt oder beschreibt?			
aufgeschlüßelt oder aufgeschlüsselt?			
rundlich oder rundlig?			
Gebäude oder Gebeude?			

Material 3

„Hightech"-Mutter

Aufgabe 9

a) Beschreibe die Karikatur „Hightech“-Mutter. 1 P.

b) Stelle den Zusammenhang zu Material 1 und Material 2 her. 2 P.

Wahlteil A – Informativ-argumentativer Text

9 P.

Im Deutschunterricht habt ihr das Jugendbuch „deleted_TRAUE NIEMANDEM“ gelesen. Das Thema der Überwachung des Menschen mittels neuester Technik interessiert dich. Im Internet stößt du auf den Artikel „China belohnt den Idealbürger“ (Material 1) und nutzt ihn als Grundlage für ein Referat. Deinen Vortrag arbeitest du schriftlich aus.

Nutze alle Materialien.

Baue deinen Vortrag folgendermaßen auf:

a) Verdeutliche zunächst, dass es sich nicht um die Zukunft handelt, so wie im Jugendbuch beschrieben, sondern dass digitale Überwachung in China bereits Alltag ist.

b) Erkläre, wie die Überwachung funktioniert und wie die gesammelten Daten genutzt werden.

c) Wäre es für dich vorstellbar, dass an deiner Schule Überwachungskameras installiert werden, um das Verhalten der Jugendlichen zu kontrollieren und zu bewerten? Belege deinen eigenen Standpunkt mit zwei vollständigen Argumenten.

d) Beende deine Ausführungen mit einem Appell, der deinen Standpunkt unterstreicht.

e) Verwende zur Verknüpfung der Textteile abwechslungsreiche und treffende Überleitungen.

Zähle alle Wörter.

Aufgabe	1	2	4	5	7	8	9a/b	Wahlteil
Wörter								

Wörter insgesamt: ______________

Wahlteil B – Innerer Monolog

9 P.

Am Ende des Jugendbuchauszugs (Material 2) heißt es:

[…] Er zwinkerte mir zu und ich fand mich kurz darauf mit meinem Koffer […] im Aufzug wieder. Für einen Moment stellte ich mir vor, mich selbst im Hologramm des Schulleiters zu sehen: ein kleiner Fisch in einem riesigen Aquarium.

Versetze dich in Bens Lage. Schreibe einen inneren Monolog.

Beginne deinen inneren Monolog so: *Diese Vorstellung beunruhigte mich …*

a) Beschreibe, welche Gedanken dir durch den Kopf gehen.
Gehe zunächst darauf ein, wie du dich als kleiner Fisch in dem großen Aquarium fühlst.

b) Schildere ausführlich deine Gedanken und Gefühle, als dir bewusst wird, dass du von nun an ständig unter Beobachtung stehst und dein Leben kontrolliert und bewertet wird.

c) Stelle Überlegungen an, ob die Bewertungen Auswirkungen auf dein Verhalten haben werden.

d) Entscheide am Ende, ob du unter diesen Bedingungen an der Schule bleiben möchtest.

e) Verfasse deinen Text in der Ich-Perspektive.

Zähle alle Wörter.

Aufgabe	1	2	4	5	7	8	9a/b	Wahlteil
Wörter								

Wörter insgesamt: ______________

Abschlussprüfung an Hauptschulen in Niedersachsen
Deutsch 2019 – Klasse 10

Hauptteil 1 (Hörverstehen)

Hinweis: Die Prüfung beginnt mit dem Aufgabenteil zum Hörverstehen. Der **Hörtext (siehe Lösungsband)** wird dir dazu zweimal vorgespielt. Während des zweiten Anhörens darfst du dir Notizen machen. Die Arbeitsblätter mit den Aufgaben erhältst du erst nach dem zweiten Abspielen des Hörtextes.

Hier kannst du deine Notizen aufschreiben:

Aufgabe 1

2 P. Vervollständige den Satz mit vier Begriffen aus dem Wortspeicher.

Wortspeicher: E-Mails ergänzt Überbleibsel Überhang ersetzt Liebesbriefe

In dem Hörbeitrag geht es darum, dass ______________________ nicht nur ein ______________________ von früher sind, das heute durch ______________ vollständig ______________ wurde.

Aufgabe 2

1 P. Im Hörbeitrag heißt es „Auf nichts warten wir so ungeduldig wie auf den nächsten Liebesbrief." Ergänze den folgenden Satzanfang.

Früher warteten die Menschen sehnsüchtig auf die Postkutsche und heute …

____

____

Aufgabe 3

2 P. In dem Hörbeitrag werden Inhalte genannt, die früher in Liebesbriefen zu finden waren. Wähle die zwei Inhalte aus, die der Beitrag nennt und kreuze sie an.

- ☐ Pläne für die Zukunft schmieden
- ☐ Liebe beichten, erhalten, vermehren, entfachen
- ☐ Bedingungen für die Ehe festlegen
- ☐ Nähe herstellen trotz großer Distanzen
- ☐ einen Heiratsantrag unterbreiten
- ☐ um einen Besuch bitten

Aufgabe 4

1 P. Der Hörbeitrag beinhaltet verschiedene Gestaltungselemente.
Kreuze an, welche enthalten sind.

- ☐ Musik – Sprecherin – Zitate
- ☐ Musik – Interview – Posthorn
- ☐ Musik – Zitate – Vogelgezwitscher

Hauptteil 2 (Basisteil)

Zielsetzung: Du beschäftigst dich mit Texten zum Thema Schrift und schreibst am Ende einen **argumentierenden** oder einen **kreativen Brief**.

Text 1

Die Handschrift

Ist sie weitgehend verschwunden, die Handschrift? Müssen wir im Tastaturzeitalter überhaupt noch zu Stift und Papier greifen? Und muss es unbedingt eine schöne, runde Schreibschrift sein? In der Urlaubszeit wird mancher eine alte Bekannte wiedergetroffen haben: die eigene Handschrift. Ungeschickt kriecht sie über die Rückseite einer Ansichtskarte, fremd, fast ein wenig sonderbar. Nur ein paar Belanglosigkeiten über das Wetter, aber doch ein Schriftstück, in das wir mehr Handarbeit investieren als in die meisten anderen.

Die Handschrift ist uns abhandengekommen. Wer schreibt heute noch seitenlange Briefe? Wer legt heute noch seine intimsten Gedanken unter dem sanften Kratzen eines Füllfederhalters auf Tagebuchseiten nieder? Was wir heute zu schreiben haben, passt auf ein paar Klebezettel: hastig hingeschmierte To-do-Listen, Termineinträge oder kurze Notizen. Eigentlich bedarf es dafür nicht einmal mehr Stift und Papier. Wozu gibt es Produktivitäts-Apps und zwei Daumen, die gelernt haben, mit atemberaubender Geschwindigkeit über die Display-Tastatur zu huschen?

Die Digitalisierung des Schriftlichen scheint die Kritiker der oft mühsam erlernten Schreibschrift zu bestätigen: Wozu noch Grundschüler mit etwas quälen, das allenfalls noch von kulturellem, aber nicht mehr von praktischem Wert ist? Tippen reicht doch. Wofür braucht man die Handschrift eigentlich? Für Briefe oder Postkarten? Dafür gibt es E-Mails und SMS, zur Not kann man das auch ausdrucken. Aufsätze und Geschichten? Kann man ebenfalls drucken. Einkaufszettel? Im Smartphone speichern. Notizen und Formulare? Ebenfalls. Für Liebesbriefe und Trauerbekundungen? Wäre handgeschrieben persönlicher, muss aber nicht sein. Am Ende bleiben nur Freundebücher übrig, in die man mit der Hand schreiben muss. Wischen, tippen, klicken – der digitale Mensch benötigt den Stift in der Hand nicht mehr.

Die alte Kulturtechnik des Schreibens scheint ausgedient zu haben. Im Vergleich zum raschen Tippen auf der Tastatur lässt das langsame Gleiten des Stiftes über Papier mehr Zeit, einen Gedanken zu verfolgen, zu überlegen und zu formulieren. Es gibt mehr Gelegenheit, sich über Gefühle und Worte klar zu werden.

Und die Wissenschaft weiß: Schreiben mit der Hand ist mehr als nur das mühsame Fabrizieren von verbundenen Zeichen auf Papier. Es ist eine Höchstleistung des Gehirns. Es muss zugleich die Bewegungen der Hand, das Erkennen der Grammatik und der Wortbedeutung sowie die Bildung einzelner Buchstaben zu Worten koordinieren. Es ist ein außerordentlicher Lernvorgang, den so nur das junge Gehirn leisten kann. Dafür müssen im Hirn Umbauprozesse in Gang gesetzt und dauerhafte Verbindungen eingerichtet werden. Schreiben mit der Hand, so fand die Wissenschaft heraus, ist ein Prozess, der die Erinnerung des Gelernten verbessert und viele Hirnregionen aktiviert. Das Formen der Buchstaben mit der Hand legt im Gehirn offenbar Gedächtnisspuren an, die bei der Wahrnehmung von Worten wieder aktiviert werden.

Beim handschriftlichen Notieren beschäftigen sich die Menschen vermutlich mehr mit dem Verarbeiten des Gehörten als beim Tippen auf der Tastatur. Die Handschreiber fassen das Wesentliche besser auf, da sie das Gehörte sofort in eigene Worte übersetzen, sie begreifen somit die Zusammenhänge leichter und erinnern sich besser.

Eigene Zusammenstellung nach: Daniel Behrendt: Herzliche Grüße, Deine Handschrift, www.haz.de/Sonntag/Top-Thema/Herzliche-Gruesse-Deine-Handschrift (14.2.2018)

Aufgabe 1

3 P. Stelle Text 1 übersichtlich in der Grafik dar. Verfasse Überschriften, die die Textabschnitte sinnvoll zusammenfassen.

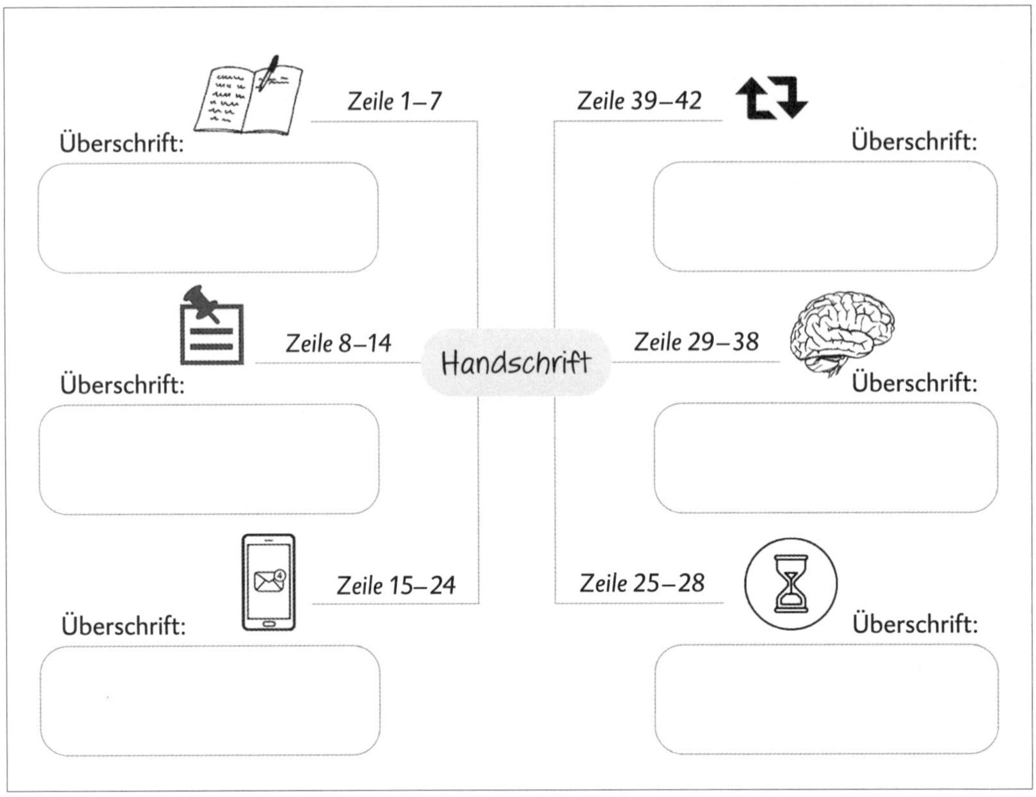

Aufgabe 2

1 P. Einer deiner Mitschüler besucht einen Vortrag und soll sich Notizen machen. Was würdest du ihm raten: Soll er dafür ein *Laptop nutzen und tippen* oder *Stift und Papier* verwenden? Begründe anhand von Text 1. Notiere die Zeilenangaben, auf die du dich beziehst.

Text 2

Die Abschaffung der Tinte

Sonja M., Mutter eines 10-jährigen Jungen, äußert sich in der Neuen Zürcher Zeitung zum Thema Handschrift.

1 Einen Kugelschreiber nehme ich nur noch in die Hand, um das Zeugnis meines Sohnes zu unterschreiben. Wir sollten deshalb aufhören, unsere Kinder jahrelang mit der Schönschrift zu quälen. Die heutige Handschrift ist nur ein winziger Funke in der Geschichte des Schreibens. Es ist Zeit, diese unnatürliche Art, Buchstaben zu formen, endlich abzuschaffen wie zuvor die Tontafeln, die Keilschrift und andere fragwürdige Techniken.

Schüler, die bereits in der Grundschule Probleme mit dem Erlernen der Handschrift haben, entwickeln oft eine Abneigung gegen die Handschrift. Im schlimmsten Fall entsteht daraus eine Abneigung gegen Schule im Allgemeinen. Ist eine schöne Schrift ein Hinweis auf Intelligenz? Nein! Doch viele Lehrer stellen diesen Zusammenhang her. Studien beweisen, dass Lehrer sauber geschriebene Versionen ein und desselben Textes besser benoten. Dabei hätte das Tippen auf einem Computer einen demokratisierenden Effekt. Es vereinheitlicht das Erscheinungsbild der Texte und rückt den Ausdruck von Ideen in den Mittelpunkt – statt das Aussehen von Buchstaben.

Heute erscheint das Aussterben der Handschrift vielen Menschen als das Ende der Individualität und der Beginn einer roboterhaften Zukunft. Doch als die Druckerpresse erfunden wurde, fürchteten sich die kirchlichen Schreiber vor dieser Technik. Ein von Hand geschriebener Text galt als der exakte und einzig wahre. Wenn sich eine neue Schreibtechnik entwickelt, werden wir schon bald die vorherige als die beste ansehen. Die ersetzte Technik erscheint uns dann echter, weil sie besonderer wird. So ist es auch heute. Computer gelten als frei von Emotion und Persönlichkeit. Das Schreiben von Hand dagegen gilt als Ausdrucksmöglichkeit von Intimität, Originalität und Kreativität.

Die Handschrift wird also nicht sofort verschwinden. Aber sie wird verschwinden!

Eigene Zusammenstellung nach: Anne Trubek: Die Abschaffung der Tinte, www.nzz.ch/die_handschrift_ist_eine_unnatuerliche_art_zu_schreiben (05.12.2018) Übers.: Andreas Hirstein

Aufgabe 3

In Text 2 heißt es „Dabei hätte das Tippen auf einem Computer einen demokratisierenden Effekt.“ (Z. 11/12) 2 P.

a) Im Folgenden findest du drei Definitionen für das Verb „demokratisieren“. Kreuze an, welche der drei Bedeutungen im Satz gemeint ist.

- ☐ Einen Staat nach den Grundsätzen der Demokratie einrichten, gestalten.
- ☐ Eine Institution, Behörde oder Ähnliches demokratisch machen, gestalten.
- ☐ Etwas der Allgemeinheit zugänglich, erreichbar machen.

b) Erkläre den Satz „Dabei hätte das Tippen auf einem Computer einen demokratisierenden Effekt.“ (Z. 11/12) in eigenen Worten.

____

____

____

____

____

Aufgabe 4

3 P. a) Beschreibe, was der Mann auf seinem Display sieht.

© Timo Essner

b) Erkläre, was der Zeichner mit der Karikatur aussagen möchte.

c) Begründe, ob diese Karikatur geeignet ist, um die Aussage „Dabei hätte das Tippen auf einem Computer einen demokratisierenden Effekt.“ (Z. 11/12) zu verbildlichen.

Text 3

Künstlerische Schrift

Einst galt die Schrift als Statussymbol, da Bildung nicht allen Menschen zugänglich war. Insbesondere die Kalligraphie (die Kunst des Schönschreibens) war bis in die moderne Zeit sehr hoch geschätzt. Heute gibt es – neben Kalligraphie – das Handlettering als eine neue Variante des schönen Schreibens mit dem Stift. Beim Handlettering wird jeder Buchstabe als einzelnes Kunstwerk gesehen und eher gemalt als geschrieben. Durch verschiedene Schriftarten entstehen tolle Kontraste und besondere Schriftzüge. Ergänzt um Schnörkel oder Deko-Elemente, ergeben sich so echte Kunstwerke. Doch nicht nur als Hobby finden Zeichnungen heute Einzug in die Welt der Schrift. In Besprechungen, Konferenzen oder im Studium gewinnen sogenannte Sketchnotes immer mehr an Bedeutung. Sowohl auf Papier als auch digital am Tablet ist diese Methode anwendbar.

„Sketchnotes" sind visuelle Notizen, in denen sich Stichwörter und Bilder ergänzen. Sie helfen, Inhalte besser zu verstehen und fördern zusätzlich die Kreativität. Das Zusammenspiel aus Text und Bild führt dazu, dass Inhalte schneller wahrgenommen werden und wesentlich besser im Gedächtnis bleiben. Das liegt daran, **dass** wir rund 83 % aller Eindrücke von außen visuell wahrnehmen. Die Verknüpfung dieser visuellen Wahrnehmung mit Texten führt zu einer besseren Verankerung der Informationen im Gehirn.

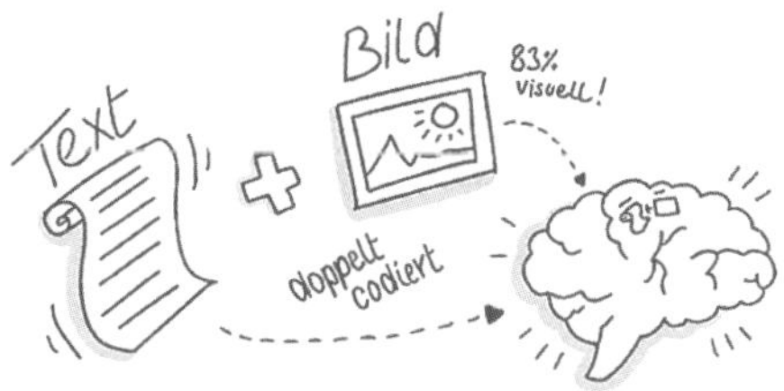

Eigene Zusammenstellung nach: Timo Strauß: Sketchnotes & Sketchnoting – Dein kreatives Werkzeug!, Strauss Internet Marketing, https://sketchnoting.net (29.05.2018); Abb.: © Timo Strauß/sketchnoting.net

Aufgabe 5

Kreuze die passende Aussage an. 1 P.

- ☐ Text 3 **appelliert** an den Leser, Handschriften und Bebilderungen häufiger zu verwenden.
- ☐ Text 3 **informiert** über den Einzug künstlerischer Formen in die heutige Handschrift.
- ☐ Text 3 **kommentiert** die historische Entwicklung der Handschrift bis hin zu Sketchnotes.

Aufgabe 6

In Text 3, Zeile 16 ist das Wort „**dass**" fett gedruckt. 1 P.

a) Kreuze an, um welche Wortart es sich handelt.

- ☐ Adverb
- ☐ Präposition
- ☐ Konjunktion

b) Kreuze an, welche Satzart mit „dass" beginnt.

- ☐ Hauptsatz
- ☐ Nebensatz

Aufgabe 7

2 P. Notiere zu den Behauptungen passende Textstellen aus Text 3 mit Zeilenangaben.

Behauptung	Textstelle
Nur wenn man es sich leisten konnte, erhielt man einen Zugang zu Bildung und Schrift.	
Das Verknüpfen von Wort und Bild führt zum besseren Erinnern der Inhalte.	
Handlettering legt Wert auf die künstlerische Art, Schrift darzulegen.	
Wir nehmen einen Großteil unserer Umgebung mit den Augen wahr.	

Text 4

FRAU QUAN SCHREIBT BRIEFE von Irmela Brender

Frau Quan ist fit in EDV.
Sie kennt das Internet genau,
kann surfen, chatten, Mailbox leeren,
per Fax in aller Welt ______________ .

Geschäftlich nutzt sie den PC,
denn das ist schließlich ihr Metier*.
Doch wenn es um Privates geht,
dann hält sie nichts von dem Gerät.

Dann schreibt sie Briefe mit der Hand.
Die werden mit der Post ______________
und treffen sehr viel später ein,
doch, sagt sie, so viel Zeit muss sein.
[…]

Natürlich braucht der Briefverkehr
mehr Zeit und fällt drum manchem schwer.
„Ich spare Zeit", sagt sich Frau Quan,
„damit ich sie genießen ______________ .
Und Briefe schreiben, Briefe kriegen
ist eines meiner Topvergnügen."

Quelle: Irmela Brender: Frau Quan schreibt Briefe, http://www.isb-mittelschule.de/userfiles/Modularisierung/Deutsch/Starterkit/GesamtdateiDEU100323.pdf

* Handwerk, Tätigkeit

1 P.

Aufgabe 8

a) Setze in die Lücken die passenden Reime ein. Wähle aus:

beschweren	kann	erkannt
verkehren	man	versandt

b) Um welchen Reim handelt es sich? Kreuze an.

- ☐ Paarreim
- ☐ Kreuzreim
- ☐ umarmender Reim

Aufgabe 9

Frau Quan aus Text 4 ist eine begeisterte Briefschreiberin. Das Schreiben und Zustellen braucht Zeit. 2 P.

a) Nenne einen möglichen Vorteil des höheren Zeitaufwands für das handschriftliche Verfassen von Briefen.

---

b) Nenne einen möglichen Vorteil der längeren Wartezeit auf Briefe, die per Post zugestellt werden.

Text 5

Die Postkutsche

1 Sehr geehrter Maximilian von Hohenberg,

ich muss Ihnen etwas gestehen: Ich habe heute die Postkutsche von Prag nach Wien ausgeraubt, was ich nicht sehr oft mache, jedoch sind – wie Sie wohl wissen – die heutigen Lebensbedingungen recht schlecht für ehrliche Männer wie mich. Als ich meinen Raub begangen habe, ahnte ich noch nicht, dass ich das Glück haben würde, einen von Ihnen verfassten Liebesbrief zu finden. Verzeihen Sie bitte, dass ich mich in Ihre Privatsphäre einmische, jedoch hatte ich unbedingt das Bedürfnis, Ihr Schreiben an das Weibsbild zu kommentieren. Ich kann die *Unsicherheit*, die Sie belastet, ganz klar in Ihrem Brief erkennen. Ja – Sie *lieben* diese Frau; doch hat auch sie seit Ihrer letzten Begegnung so viel an Sie gedacht? Diese *Begegnung* und Ihre *Gefühle* beschreiben Sie so eindringlich! Ich sehe Ihre *Sehnsucht*, Ihren *Schmerz*, Ihre *Zweifel* und die *Gründe* dafür, die Sie nennen, leuchten mir auch alle ein. Es hat mich zutiefst gerührt, wie Sie Ihre Rosalie *beschreiben;* ganz deutlich kann man erkennen, wie sehr Sie sie verehren. Doch schon im nächsten Augenblick beschreiben Sie voller Verzweiflung die Ungewissheit Ihrer *Zukunft*. Wollen Sie sich wirklich in solch *Ungewissheit* begeben? Sie sind so unentschieden und so unsicher, wenn es um dieses Fräulein von Tulpenstein geht. Die Ihnen bevorstehende *Entscheidung* ist schwierig, das gebe ich zu. Dieses Gewicht lastet sehr auf Ihren Schultern und ist in Ihrem Brief deutlich erkennbar. Sie scheinen so hin und her gerissen! Doch wägen Sie gut ab zwischen den von Ihnen beschriebenen *Alternativen;* haben doch beide schwerwiegende Folgen! Sie werden verstehen, dass ich meinen vollständigen Namen nicht nenne, habe ich doch die Postkutsche ausgeraubt …

So verbleibe ich mit herzlichsten Grüßen und wünsche Ihnen viel Glück.
Roland von G.

Eigener Text nach: www.postfuerdich.net/images/schuelerbriefe/simon_stein.pdf (29. 05. 2018)

Aufgabe 10

1 P. Der Verfasser des geraubten Liebesbriefs heißt ______________________.

Die Empfängerin des Liebesbriefs heißt ______________________.

Aufgabe 11

1 P. Notiere eine Vermutung, weshalb es Roland von G. ein so dringendes Bedürfnis war, Maximilian von Hohenberg einen Brief zu schreiben.

____

____

____

____

____

____

____

____

____

____

____

Aufgabe 12

2 P. Rolands Brief deutet an, in welcher Stimmung sich der Schreiber des geraubten Liebesbriefes befunden hat. Wähle aus dem Wortspeicher vier passende Begriffe aus.

______________________ ______________________

______________________ ______________________

Wortspeicher: glücklich verliebt aggressiv unsicher faul zufrieden sehnsuchtsvoll streitlustig humorvoll selbstzweifelnd

Wahlteil A

> **AKTUELLES WOCHENBLATT**
>
> **LAPTOPS werden an Schulen zur PFLICHT!**
>
> An allen Schulen in Niedersachsen sollen im kommenden Schuljahr verpflichtend Laptops im Unterricht eingesetzt werden. Im Rahmen der bundesweiten Digitalisierung …

Seit Erscheinen dieser Schlagzeile in der Lokalzeitung wird an eurer Schule diskutiert, ob Laptops an Schulen Vor- oder Nachteile mit sich bringen. Besonders die Gegner verteidigen die Handschrift und befürchten das Ende der Individualität. Um sowohl die Vorteile der Handschrift als auch der Laptops zu nutzen, schlägst du in einem Brief an deine Schulleiterin Frau Peters die Einführung von Tablets statt Laptops vor. 8 P.

Gehe folgendermaßen vor:
- Nenne zuerst den Anlass deines Briefes.
- Formuliere zwei Argumente, die für die Erhaltung der Handschrift sprechen.
- Formuliere zwei Argumente, die für das Schreiben an der Tastatur sprechen.
- Zeige auf, wie Tablets beide Vorteile nutzen können.
- Nimm Stellung zu der Schlagzeile „Laptops werden an Schulen zur Pflicht!“. Erläutere deine Position.

Denke an den korrekten Aufbau eines Briefes.

Wahlteil B

8 P. Text 5 beinhaltet Rolands Antwort auf einen geraubten Liebesbrief.
Verfasse diesen Liebesbrief.

Bedenke, was darin enthalten sein muss, wenn man von Rolands Antwort ausgeht:
- Liebesgeständnis / Unsicherheit seit letzter Begegnung
- Beschreibung der Begegnung / Gefühle
- Sehnsucht, Schmerz, Zweifel und die Gründe dafür
- Beschreibung von Rosalie
- Entscheidung / Ungewissheit / Alternativen

Denke an den korrekten Aufbau eines persönlichen Briefes.

Hinweise zu den einzelnen Inhalten des geraubten Liebesbriefes findest du kursiv gedruckt in Text 5.

Wichtig! Zähle alle Wörter in folgenden Aufgaben:

Aufgabe	2	3b	4a	4b	4c	7	9a	9b	11	Wahlteil
Wörter										

Gesamtzahl der Wörter: ______________

Abschlussprüfung an Hauptschulen in Niedersachsen
Deutsch 2020 – Klasse 9

Hauptteil 1 (Hörverstehen)

Hinweis: Die Prüfung beginnt mit dem Aufgabenteil zum Hörverstehen. Der **Hörtext (siehe Lösungsband)** wird von deiner Lehrerin/deinem Lehrer zweimal vorgelesen. Während des zweiten Anhörens darfst du dir Notizen machen. Die Arbeitsblätter mit den Aufgaben erhältst du erst nach dem zweiten Vorlesen des Hörtextes.

Hier kannst du deine Notizen aufschreiben:

Aufgabe 1

2 P. Entscheide, ob die folgenden Aussagen richtig oder falsch sind. Kreuze an.

	richtig	falsch
Der Künstler Gunter Demnig installiert an Hauswänden goldfarbene Steine mit Namen und Daten.	☐	☐
Die Stolpersteine werden nur in Deutschland verlegt.	☐	☐
An dem Projekt sind Verwandte von Holocaust-Opfern, Freiwillige, Studenten und Schulkinder beteiligt.	☐	☐
Ein weiterer Künstler hilft Gunter Demnig und fertigt Stolpersteine maschinell an.	☐	☐

Aufgabe 2

1 P. Fülle die Lücken aus. Setze die richtigen Zahlen ein.

In den letzten ________ Jahren wurden ________ Steine in ganz Europa verlegt, davon 7 000 allein in Berlin.

Aufgabe 3

2 P. Stolpersteine erinnern an alle Opfer des Nationalsozialismus. Benenne zwei von den Nazis verfolgte Gruppen.

1. ______________________________

2. ______________________________

Aufgabe 4

1 P. Kreuze die richtige Aussage an.

Bei den Stolpersteinen handelt es sich um das weltweit größte dezentrale Denkmal, das bedeutet, dass …

☐ … es sich um das größte Denkmal in einem Stadtzentrum handelt.

☐ … sich das Zentrum des Denkmals in Deutschland befindet.

☐ … sich das Denkmal über ganz Europa verteilt.

Hauptteil 2 (Basisteil)

Zielsetzung: In dieser Arbeit beschäftigst du dich mit einem Zeitzeugenbericht und einem Auszug aus dem Tagebuch der Anne Frank. Am Ende verfasst du eine **Stellungnahme** oder einen **Artikel für die Schülerzeitung**.

Material 1

Zeitzeugen – lebendige Geschichte

Kinder und Jugendliche über Nationalsozialismus und Judenverfolgung aufzuklären wird schwieriger: Es leben immer weniger Zeitzeugen. Wie kann jungen Menschen heute noch der Schrecken der NS-Zeit[1] vermittelt werden? Gedenk- und Jahrestage können uns nur einen kleinen Einblick in Gegenwart und Zukunft des Erinnerns geben.

Eine Zeitzeugin berichtet

Hastig bedeckt die Jüdin Margot Friedländer den Stern am Mantel mit der Handtasche, geht an dem Mann vorbei, der vor ihrer Berliner Wohnungstür steht und ihr Gesicht mustert. Eine Nachbarin zieht sie in ihre Wohnung und macht der damals 21-Jährigen klar, dass die Gestapo[2] ihren jüngeren Bruder Ralph abgeholt hat. Sie erfährt, dass ihre Mutter Ralph begleitet, um ihn nicht allein zu lassen. Sie wird die beiden nie wiedersehen. Das war Anfang 1943. Die junge Frau verändert daraufhin ihr Aussehen und taucht unter.

Die Berliner Schüler und Schülerinnen, die vor der 96-jährigen Dame sitzen und gebannt zuhören, scheinen den Atem anzuhalten. So still ist es in der Schulaula. Margot Friedländer erzählt nun über die Zeit in der Illegalität[3], in der ihr 16 Deutsche halfen. 1944 fiel sie den Nazis dennoch in die Hände. Die junge Frau wird ins Konzentrationslager Theresienstadt deportiert. Dort, „im Zwischenreich – nicht Leben, nicht Tod“, widerfährt ihr nahezu Unmögliches. Sie trifft Adolf Friedländer, den sie aus Berlin kennt. Beide überleben und lassen sich noch in Theresienstadt kurz nach der Befreiung von einem Rabbi[4] trauen. Das junge Paar verlässt 1946 Deutschland, weil es seinen Landsleuten nicht mehr traut. Sie gehen in die USA, beide für ihr Leben gezeichnet. Nach dem Tod ihres Mannes 1997 kehrt Margot Friedländer einige Jahre später dauerhaft nach Deutschland zurück.

Es gibt Schüler, die nach dem Gespräch mit dem Kopf schütteln, weil die Lebensgeschichte dieser Frau ihnen eine Vergangenheit vor Augen geführt hat, die Lehrbücher nicht vermitteln können.

Der 16-jährige Sören macht Selfies mit Frau Friedländer. Der Junge ist begeistert von der alten Dame: „Sie klagt uns nicht an. Sie ist nach Hause zurückgekommen – sie ist ja auch Deutsche!“

Die alte Dame weiß, dass ihr Schicksal eines von Millionen ist. „Ich wollte sprechen und ich wollte die Hand reichen. Denn ihr werdet von nun an die Zeitzeugen sein, die wir bald nicht mehr sein können.“ Dann geht sie erschöpft nach Hause.

1 Abkürzung für die Zeit der nationalsozialistischen Herrschaft

2 Geheime Staatspolizei; politische Polizei während der Zeit des Nationalsozialismus

3 In der NS-Zeit: Leben im Untergrund

4 Ehrentitel und Anrede für einen Rabbiner, jüdischer Schriftgelehrter, Religionslehrer

Aufgabe 1

Margot Friedländer berichtet über ihr Leben. Ordne die Stationen ihres Lebens in der richtigen Reihenfolge. Schreibe die Ziffern 1–8 vor den jeweiligen Satz. 1 P.

______ Adolf Friedländer stirbt.

______ Die jungen Leute überleben und heiraten.

______ Margot Friedländer kehrt dauerhaft nach Deutschland zurück.

_____ Sie wird verhaftet und deportiert.

_____ In Theresienstadt trifft sie Adolf Friedländer wieder.

_____ Margots Mutter und ihr Bruder Ralph werden verhaftet und deportiert.

_____ Sie versteckt sich vor den Nazis.

_____ Das Ehepaar emigriert nach Kriegsende in die USA.

Aufgabe 2

1 P. Schreibe aus Material 1 den Satz auf, der der folgenden Aussage entspricht.

„Wenn ich nicht mehr lebe, tragt ihr die Verantwortung dafür, dass die Vergangenheit nicht vergessen wird.“

____

____

Aufgabe 3

2 P. Erkläre mit eigenen Worten, was ein *Zeitzeuge* ist.

____

____

____

____

____

____

Material 2

Das Tagebuch der Anne Frank

„Das Tagebuch der Anne Frank“ ist eines der eindringlichsten Dokumente der Judenverfolgung im Nationalsozialismus.

Die jüdische Familie Frank[1] aus Frankfurt verließ Deutschland bereits 1934 aufgrund der zunehmenden Ausgrenzung und Verfolgung durch die Nationalsozialisten und zog nach Amsterdam. 1940 besetzte Deutschland die Niederlande, ab diesem Zeitpunkt wurden auch hier die Lebensumstände für Juden immer bedrohlicher. Die Franks tauchten unter und versteckten sich gemeinsam mit vier weiteren Personen in einem Amsterdamer Hinterhaus. Zwei Jahre lang wurden sie von verschiedenen Helfenden versorgt. Im Sommer 1944 wurden die Untergetauchten verraten, festgenommen und in Konzentrationslager gebracht. Anne starb im Februar oder März 1945 in Bergen-Belsen – wenige Wochen vor der Befreiung des Lagers.

In der Enge des Hinterhauses war das Tagebuch Annes „Freundin und Gesprächspartnerin“, der sie viele persönliche Gedanken anvertraute, die sie mit sonst niemandem teilen konnte. Sie schrieb beispielsweise über ihren Alltag, ihre Träume und ihre Ängste.

1 Das Ehepaar Otto und Edith Frank sowie die Töchter Margot und Anne

Auszüge aus dem Tagebuch der Anne Frank

Freitag, 29. Oktober 1943

Mir selbst geht es ganz gut, außer dass ich überhaupt keinen Appetit habe. Meine Nerven gehen oft mit mir durch, vor allem sonntags fühle ich mich elend. Dann ist die Stimmung im Haus drückend, schläfrig und bleiern. Draußen hört man keinen Vogel singen, eine tödliche und bedrückende Stille liegt über allem. Diese Schwere hängt sich an mir fest, als würde sie mich in die Tiefe ziehen. Ich irre von einem Zimmer zum anderen, die Treppe hinunter und wieder hinauf, und habe ein Gefühl wie ein Singvogel, dem die Flügel mit harter Hand ausgerissen worden sind und der in vollkommener Dunkelheit gegen die Stäbe seines engen Käfigs fliegt.

„Nach draußen, Luft und Lachen!“, schreit es in mir. Ich antworte nicht mal mehr, lege mich auf die Couch und schlafe, um die Zeit, die Stille und auch die schreckliche Angst abzukürzen, denn abzutöten sind sie nicht.

Montagabend, 8. November 1943

Heute Abend klingelte es lang, laut und durchdringend. Ich wurde sofort weiß, bekam Bauchweh und Herzklopfen, und das alles vor Angst!

Abends im Bett sehe ich mich allein in einem Kerker, ohne Vater und Mutter. Manchmal irre ich auf der Straße herum, oder unser Hinterhaus steht in Brand, oder sie kommen uns nachts holen, und ich lege mich vor Verzweiflung unters Bett. Ich sehe alles so, als würde ich es am eigenen Leib erleben. Und dann noch das Gefühl, das alles könnte sofort passieren!

Miep[2] sagt oft, dass sie uns beneidet, weil wir hier Ruhe haben. Das kann schon stimmen, aber an unsere Angst denkt sie sicher nicht. Ich kann mir überhaupt nicht vorstellen, dass die Welt für uns je wieder normal wird. Ich spreche zwar über „nach dem Krieg“, aber dann ist es, als spräche ich über ein Luftschloss, etwas, dass niemals Wirklichkeit werden kann.

2 Miep Gies, Helferin

Freitag, 24. Dezember 1943

Wenn jemand gerade von draußen hereinkommt, mit dem Wind in den Kleidern und der Kälte im Gesicht, dann würde ich am liebsten meinen Kopf unter die Decke stecken, um nicht zu denken: „Wann ist es uns wieder mal vergönnt, Luft zu riechen?“ Und obwohl ich meinen Kopf nicht unter der Decke verstecken darf, mich im Gegenteil aufrecht und stark halten muss, kommen die Gedanken doch, nicht nur einmal, sondern viele Male, unzählige Male.

Glaub mir, wenn man eineinhalb Jahre eingeschlossen sitzt, kann es einem an manchen Tagen mal zu viel werden, ob es nun berechtigt oder undankbar ist. Gefühle lassen sich nicht zur Seite schieben. Radfahren, tanzen, pfeifen, die Welt sehen, mich jung fühlen, wissen, dass ich frei bin – danach sehne ich mich. Und doch darf ich es nicht zeigen. Denn stell dir vor, wenn wir alle acht anfingen, uns zu beklagen oder unzufriedene Gesichter zu machen, wohin sollte das führen?

Quelle: Frank, Otto H. (Hrsg.): Anne Frank, Tagebuch. Frankfurt a. M.: Fischer, 2013. S. 140 f., 145 f., 153 f. (gekürzt)

Aufgabe 4

Kreuze die vier richtigen Aussagen an. 2 P.

☐ Familie Frank stammt aus München.

☐ Aufgrund der politischen Lage in Deutschland zog sie 1934 nach Amsterdam.

☐ Wenige Jahre später tauchte die Familie gemeinsam mit vier anderen Personen unter.

- ☐ Die Gruppe wurde jahrelang von verschiedenen Menschen unterstützt und versorgt.
- ☐ Im Winter 1944 wurden die Untergetauchten verraten, festgenommen und in Konzentrationslager gebracht.
- ☐ Im Versteck vertraute Anne ihrem Tagebuch viele persönliche Gedanken an.

Aufgabe 5

1 P. *„Ich irre von einem Zimmer zum anderen, die Treppe hinunter und wieder hinauf, und habe ein Gefühl wie ein Singvogel, dem die Flügel mit harter Hand ausgerissen worden sind und der in vollkommener Dunkelheit gegen die Stäbe seines engen Käfigs fliegt."*

Kreuze an, welche der Aussagen den im Tagebuchauszug beschriebenen Vergleich wiedergibt.

Der Vergleich beschreibt, dass Anne Langeweile hat und deshalb ruhelos im Haus hin und her läuft.	☐
Der Vergleich beschreibt, dass Anne sich in dem Versteck verletzt, eingesperrt und von ihrem früheren Alltag abgeschnitten fühlt.	☐
Der Vergleich beschreibt, dass Anne sich in dem Versteck wohlfühlt, aber die Dunkelheit fürchtet.	☐

Aufgabe 6

2 P. Lies noch einmal den Tagebucheintrag (Material 2) vom 8. November 1943, in dem Anne unter anderem ihre Ängste schildert.

Wovor fürchtet sie sich? Schreibe zwei vollständige Sätze.

____

____

____

____

____

____

____

____

Aufgabe 7

Lies noch einmal den Tagebucheintrag (Material 2) vom 24. Dezember 1943.

a) Notiere den vollständigen Satz aus Material 2, in dem deutlich wird, wonach sich Anne sehnt. 1 P.

____

____

____

b) Erläutere, warum sie ihre Sehnsüchte nicht aussprechen darf. 2 P.

____

____

____

____

____

Aufgabe 8

Entscheide, auf welche der beiden Frauen die folgenden Aussagen zutreffen. Kreuze an. 3 P.

Trifft zu auf …	Margot Friedländer	Anne Frank	Margot Friedländer und Anne Frank
Sie muss sich vor den Nazis verstecken.			
Sie kommt ins Konzentrationslager.			
Sie überlebt das Konzentrationslager.			
Sie wird im Konzentrationslager ermordet.			
Sie berichtet in Veranstaltungen über Erlebtes.			
Sie beschreibt ihre Ängste und Sehnsüchte.			

Aufgabe 9

Schreibe den folgenden Satz in korrekter Groß- und Kleinschreibung. Beachte die Wortgrenzen. 2 P.

ICHMÖCHTEGERNENOCHMALFÜREINPAARTAGEUNBEKÜMMERTUNDFRÖHLICHLEBEN.

____

____

Wahlteil A – Stellungnahme

10 P.

Im Deutschunterricht könnt ihr als Klasse mitentscheiden, welches Buch gelesen werden soll. Zur Auswahl steht auch „Das Tagebuch der Anne Frank". Anne bekam ihr Tagebuch zum 13. Geburtstag und führte es bis zu ihrer Verhaftung zwei Jahre später. Nach einer Diskussion in deiner Klasse darüber, dass das Buch schon ziemlich alt sei und Anne Frank heute 90 Jahre alt wäre, setzt du dich für das Lesen des Buches ein. Verfasse eine Stellungnahme.

Baue deine Stellungnahme folgendermaßen auf:

a) Gehe zunächst darauf ein, warum sich Familie Frank verstecken musste.

b) Beschreibe Anne Franks Situation im Hinterhaus.

c) Berücksichtige in deiner Beschreibung Annes Ängste, jedoch auch ihre Hoffnungen und Sehnsüchte.

d) Begründe mit zwei nachvollziehbaren Argumenten, weshalb das Tagebuch auch heute noch bedeutsam ist und im Deutschunterricht gelesen werden soll.

e) Fasse am Ende deine Argumentation zusammen und formuliere einen Appell, der deinen Standpunkt unterstreicht.

Hinweis: Verwende zur Verknüpfung der Textteile abwechslungsreiche und treffende Überleitungen.

Zähle alle Wörter.

Aufgabe	2	3	6	7a	7b	Wahlteil
Wörter						

Wörter insgesamt: ____________

Wahlteil B – Zeitungsartikel

10 P.

Anlässlich des 75-jährigen Gedenkens an die Befreiung des Konzentrationslagers Bergen-Belsen und anderer Vernichtungslager war die Zeitzeugin Margot Friedländer in deiner Schule zu Besuch und erzählte über ihr Leben. Verfasse einen Artikel für die Schülerzeitung.

Beachte beim Verfassen des Zeitungsartikels Folgendes:

a) Gehe in deiner Einleitung auf den Anlass des Besuchs von Margot Friedländer ein.

b) Schreibe auf, was Margot Friedländer über ihr Leben berichtet hat.

c) Schildere ausführlich, was dich besonders an Margot Friedländer beeindruckt hat.

d) Erkläre am Ende deines Zeitungsartikels, warum das Erinnern an die Vergangenheit wichtig ist.

e) Formuliere eine passende Überschrift für deinen Zeitungsartikel.

Hinweis: Verwende zur Verknüpfung der Textteile abwechslungsreiche und treffende Überleitungen.

Zähle alle Wörter.

Aufgabe	2	3	6	7a	7b	Wahlteil
Wörter						

Wörter insgesamt: ______________

Abschlussprüfung an Hauptschulen in Niedersachsen
Deutsch 2020 – Klasse 10

Hauptteil 1 (Hörverstehen)

Hinweis: Die Prüfung beginnt mit dem Aufgabenteil zum Hörverstehen. Der **Hörtext (siehe Lösungsband)** wird dir dazu zweimal vorgespielt. Während des zweiten Anhörens darfst du dir Notizen machen. Die Arbeitsblätter mit den Aufgaben erhältst du erst nach dem zweiten Abspielen des Hörtextes.

Hier kannst du deine Notizen aufschreiben:

Aufgabe 1

1 P. Kreuze an. Der Hörbeitrag soll …

- ☐ informieren.
- ☐ argumentieren.
- ☐ interpretieren.

Aufgabe 2

2 P. Aus welchem Grund sind an einem bestimmten Morgen besonders viele Puppenhäuser bei Amazon bestellt worden? Erkläre.

____

____

____

____

Aufgabe 3

1 P. Der Sprecher im Hörbeitrag nennt zwei Dinge, die an dieser Bestellung erkennbar sind. Kreuze die beiden korrekten Antworten an.

- ☐ Leistungsfähigkeit der Spracherkennung
- ☐ weite Verbreitung der Spracherkennungssysteme
- ☐ Fehlerquote der Spracherkennung von 30 %
- ☐ problemlose Benutzung der Spracherkennungssysteme

Aufgabe 4

2 P. Welche Informationen sind enthalten, welche nicht? Kreuze an.

Die folgende Information ist …	… enthalten.	… nicht enthalten.
Phonem ist ein anderes Wort für einen „Laut“.		
In allen Regionen Deutschlands wird das „R“ gleich ausgesprochen.		
Ein Spracherkenner in einer stillen Umgebung arbeitet zuverlässig.		
Alle Fahrzeuge werden in naher Zukunft nur noch mit eingebauter Spracherkennung ausgeliefert.		

Hauptteil 2 (Basisteil)

Zielsetzung: Du beschäftigst dich mit Texten zum Thema „Künstliche Intelligenz" und schreibst am Ende einen **argumentierenden Brief** oder einen **Tagebucheintrag**.

Text 1

Wie künstliche Intelligenz unser Leben berührt

Montagmorgen, dein Wecker klingelt. Mit einem Gähnen blickst du auf dein Display, um es durch Gesichtserkennung zu entsperren. Dein Handy fragst du: „Wie wird das Wetter heute?" Danach noch ein kurzer Blick auf die neuesten Fotos und Videos und Chats – fertig. Bevor der Tag richtig begonnen hat, hast du schon mehrmals Künstliche Intelligenz in Aktion erlebt.

Aber was ist überhaupt eine Künstliche Intelligenz (KI)?
Einfach erklärt: Ein Computerprogramm, das selbstständig entscheiden und handeln kann. Die Technik funktioniert immer nach dem gleichen Prinzip: Die Entwickler speichern zunächst eine riesige Menge Daten, zum Beispiel Bilder oder Texte, in dem Programm. Darauf kann die KI dann zurückgreifen. Und wenn sie eine Entscheidung treffen muss, vergleicht sie die aktuelle Situation mit den gespeicherten Informationen und berechnet, welche die richtige Reaktion ist. Mit jeder neuen bewältigten Situation sammelt das Programm noch mehr Informationen und kann immer besser reagieren – es wird also immer intelligenter. Das ist keine Kunst, aber künstlich.

Wo aber versteckt sich zum Beispiel die KI?
Vor allem auf deinem Smartphone oder für dein Tablet gibt es zahlreiche Apps und Funktionen, die mit intelligenten Computerprogrammen arbeiten. So zum Beispiel Programme, die die Gesichtserkennung, genannt Face-ID, nutzen. Wenn du das Programm das erste Mal benutzt, merkt es sich verschiedene Merkmale in deinem Gesicht, zum Beispiel den Abstand zwischen deinen Augen. Möchtest du dein Handy nun entsperren, vergleicht es das neue Bild mit den gespeicherten Informationen. Wenn beides übereinstimmt, gibt die KI den Bildschirm frei.

Schon seit mehr als 70 Jahren forschen Menschen an Künstlicher Intelligenz, doch erst in den vergangenen Jahren gelang der Durchbruch. Dass Künstliche Intelligenz längst nicht mehr nur Zukunft, sondern bereits Alltag ist, zeigt das folgende Umfrageergebnis: 6.000 Menschen wurden befragt, ob sie ein Gerät mit Künstlicher Intelligenz nutzen. Das Ergebnis: 84 Prozent tun es, aber nur einer von dreien ist sich dessen auch bewusst. Die KI ist inzwischen Teil unseres Alltags und nicht mehr nur eine Zukunftsvision in Filmen und Büchern.

Quelle: Wie künstliche Intelligenz unser Leben berührt; orange.handelsblatt.com (21.12.2018)

Aufgabe 1

Zitiere aus dem Text einen Satz, der zusammenfasst, um was es sich bei der Künstlichen Intelligenz handelt. Beachte die Regeln des Zitierens. 1 P.

____

____

Aufgabe 2

2 P. In Text 1 heißt es: „Technik funktioniert immer nach dem gleichen Prinzip“ (Z. 8). Stelle dieses Prinzip dar, indem du die Felder ergänzt.

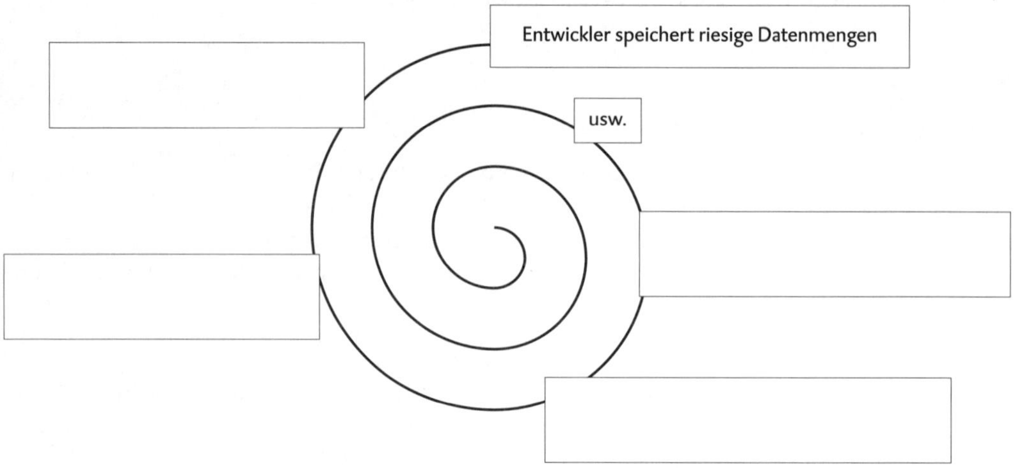

Aufgabe 3

1 P. In Text 1 heißt es: „84 Prozent tun es, aber nur einer von dreien ist sich dessen auch bewusst.“ (Z. 27) Erkläre diesen Satz mithilfe der Abbildung.

Quelle: vecteezy.com/vektorkunst/482107-karikatur-weibliche-figur-des-it-ingenieurs

Aufgabe 4

1 P. Schreibe aus Text 1 drei Anglizismen heraus.

Anglizismen:
Redewendungen / Wortbildungen aus dem Englischen, die in eine andere Sprache (z. B. Deutsch) übernommen wurden.

Text 2

Autonomes Fahren

Auch abseits des Smartphones findet man immer häufiger Künstliche Intelligenz. Ein Beispiel dafür sind selbstfahrende Autos: Damit sich ein Fahrzeug ohne Hilfe eines Menschen fortbewegen kann, braucht es eine weit fortgeschrittene KI. Weil der Straßenverkehr nicht immer vorhersehbar ist, reicht es nicht aus, dass ein autonom fahrendes Auto bremsen und lenken kann. Stattdessen muss die KI Situationen richtig einschätzen und vorausschauend fahren können. Dafür erfasst das Auto die Umgebung mit verschiedenen Kameras und Sensoren. Die Informationen werden mit dem vorhandenen Wissen verglichen und das Fahrzeug reagiert entsprechend. Die ersten autonomen Fahrzeuge sind bereits auf Teststrecken unterwegs. Bis Autos völlig selbstständig fahren können, wird es aber wohl noch eine Weile dauern. Doch schon jetzt unterstützen intelligente Programme viele Funktionen im Fahrzeug. Wenn ein Auto zum Beispiel eine automatische Einparkhilfe oder einen Abstandsregler hat, sitzt die KI mit am Steuer.

In Romanen wie „LifeHack" gehört das autonome Fahren bereits zum Alltag.
In Zeitlupe schlenderte ich jetzt zum Schulparkplatz. Das Ende der Unterrichtszeit artete immer, Tag für Tag, zu einem üblen Chaos aus. Fast alle Schüler wurden von autonomen Fahrzeugen zur Schule gebracht. Ein Teil der Wagen hatte während des Unterrichts an der Schule geparkt, die anderen kamen pünktlich zurück. Autonome Fahrzeuge sind jedoch Idioten. Genauso wie Androiden. Sie halten sich (mit Sicherheitsabstand) an jede Regel. Nicht zu dicht auffahren, rechts vor links, Fußgänger haben Vorfahrt, Schrittgeschwindigkeit. Diese Programmierung führte zuverlässig zu einem unauflösbaren Stau. Denn Programme denken nicht. Sie checken nicht, dass sich, wenn sie ausnahmsweise den Wagen von links vorlassen, der Stau dort auflösen wird. Sie haben auch keine Ahnung, wie man Lücken ausnutzt. Sonst würden sie ja ihre Abstandsregel brechen. Computer sind wirklich komplette Idioten. [...]

Natürlich war die Zahl der Unfälle seit der Einführung der Smart-Cars gegen null zurückgegangen. Autofahren war wie Zugfahren: Jeder war im selben Tempo unterwegs, auf derselben Spur, immer mit einer Autolänge Abstand zueinander.

Quelle: June Perry: LifeHack. Dein Leben gehört mir, Arena 23.09.2019, S. 59/60

Aufgabe 5

Begründe, warum der Begriff „Smart-Car" zukünftig in den Duden aufgenommen werden sollte. 1 P.

____

Aufgabe 6

1 P. Im Nachfolgenden findest du zwei Äußerungen. Verfasse zu jeder Äußerung eine passende Erwiderung. Beziehe dich auf Text 2.

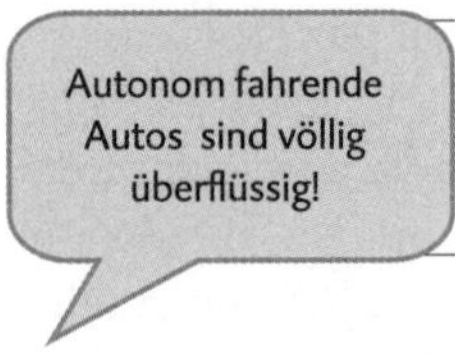

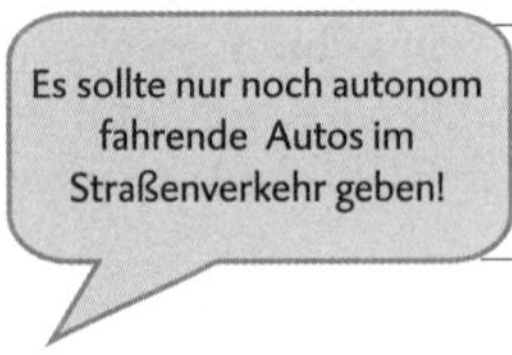

Aufgabe 7

1 P. In Text 2 findest du Sätze in den unten genannten Zeitformen. Schreibe jeweils einen Beispielsatz aus Text 2 auf.

Präteritum:

Plusquamperfekt:

Text 3

Romanausschnitt

„LifeHack. Dein Leben gehört mir" ist ein Jugendroman von der deutschen Autorin June Perry. Er beschreibt eine hochtechnisierte Welt, in der eine künstliche Intelligenz sich in das Leben der Hauptfigur Elli einschleicht.

Das Persönliche-Assistenz-Programm (PAP) galt als die wichtigste Erfindung seit dem Internet. Und ganz ehrlich konnte ich mir nicht vorstellen, wie das Leben war, als man noch Bücher (die waren voll schwer!) zur Schule schleppen, per Hand Kalender und Notizen anlegen oder jeden Handgriff im Haushalt selbst erledigen musste. Das PAP organisierte mein Leben. Termine, Einkaufslisten, Nachrichten und Infos – schlicht alles, was man so für den Alltag brauchte oder wissen wollte, erledigte es gewissenhaft. Es kommunizierte mit dem Haussystem, das für die Überwachung des Hauses, die Reinigung und Nachbestellungen der Vorräte zuständig war.

Irgendwann hatte es auf Smartphones Assistenten gegeben. Man hatte ihnen Termine diktiert oder Nachrichten. Dann gab es Geräte, die die Häuser verwalteten, Zimmertemperaturen und Beleuchtung regelten, dem Bewohner Musik aussuchten, ihn in Kleidungsfragen berieten. Wie einsam sich Menschen damals gefühlt haben mussten, wenn sie allein lebten. Kein Small Talk mit einem intelligenten Social Bot[1], der heutzutage in jedes

1 hier: ein Programm als Gesprächspartner

PAP integriert war. Mit der Zeit wurden die PAPs immer besser in Gesprächsführung. Jetzt war das PAP das einzige Programm, das man benötigte. Es war Gedächtnis, Arzt, Freund, Shoppingassistent, Haushälter, Freizeitkoordinator, Animateur[2], Tagebuch ... Um nichts auf der Welt würde ich auf mein PAP verzichten – aber manchmal nervte es, wenn es zu fürsorglich eingestellt war.

Quelle: June Perry: LifeHack. Dein Leben gehört mir, Arena 23.09.2019, S. 23

2 Unterhalter

Aufgabe 8

Vervollständige die Tabelle. Trage in die freien Felder jeweils einen Bereich oder eine Tätigkeit ein, in denen ein PAP behilflich sein könnte. Verwende Informationen aus Text 3 und eigene Ideen. 2 P.

PAP als ...	Tätigkeiten/Bereiche, die vom PAP übernommen werden könnten
... Gedächtnis	
... Arzt/Ärztin	
... Freund/-in	
... Shoppingassistent/-in	
... Haushälter/-in	
... Freizeitkoordinator/-in	
... Animateur/-in	
... Tagebuch	

Aufgabe 9

Zu Beginn des Textes 3 wird der Inhalt des Romans kurz dargestellt. Stelle Vermutungen darüber an, wie sich die Handlung im Roman entwickelt. Beachte den Titel des Buches. 2 P.

Aufgabe 10

1 P. Elli sagt in Text 3: „Um nichts auf der Welt würde ich auf mein PAP verzichten." Notiere hierfür zwei Gründe.

Text 4

Künstliche Intelligenz und Sprache

Alle Bereiche des menschlichen Wissens, von Sprache über Bilder, Filme, Musik und Architektur, verwandeln sich gerade in digitale Daten. Und diese sind auf der ganzen Welt als Lernmaterial für die KI verfügbar. Unsere **Zuversicht** ist, dass so einige Probleme der Menschheit gelöst werden können, zum Beispiel viele Krankheiten.

Im Bereich der **geschriebenen Sprache** ist die KI schon längst unter uns, ohne dass es besonders auffällt: Wetterbericht, Produktbeschreibungen, unglaublich viele Meldungen in sozialen Medien. Wahrscheinlich hast du auch schon Texte gelesen, die kein Mensch produziert hat. Während des Lesens wird ausgewertet, wofür wir uns interessieren. Wenn wir auf „Like" klicken oder einen Artikel besonders lange lesen, dann liefert uns die Software weitere Informationen zu genau diesem Thema, damit wir möglichst lange auf der jeweiligen Plattform bleiben. Dass wir durch diese Auswahl von Texten und Nachrichten stark beeinflusst werden, ist so manchem Nutzer nicht bewusst.

Zukünftig werden wir bei der Arbeit, im Auto und auch in unseren Wohnungen immer häufiger mittels Sprache mit Maschinen kommunizieren. Sie helfen unseren Alltag zu vereinfachen. Beispielsweise sagen wir dann einfach nur noch: „Schick meiner Schwester Blumen zum Geburtstag". Welcher Blumenladen dahinter steckt, wird uns egal sein. Wir werden die Entscheidungen in vielen Bereichen unseres Lebens abgeben – weil es unser Leben leichter macht, weil die Produkte einen wirklichen Vorteil versprechen oder einfach, weil es alle machen.

Doch viele Informationen unseres Alltags können Maschinen nur erwerben, wenn sie über lange Zeit hinweg Menschen beobachten und ständig hinzulernen. Dies dauert sehr lange und ist sehr schwierig – wie erfolgreich es sein wird, muss sich noch zeigen.

Der Einsatz von KI verursacht auch Angst. Es gibt unterschiedliche Studien, die bis zu 70 % der menschlichen Arbeitskraft zukünftig in den künstlichen Händen von Robotern sehen.

Allerdings kann die KI derzeit noch nicht alles: Für den kreativen Bereich gilt: Computerprogramme können heute zwar Stile kopieren und neu kombinieren, also malen wie van Gogh oder Rembrandt. Aber etwas völlig Neues hat bisher keine Maschine hervorgebracht.

Weit entwickelte Maschinen haben keinen biologischen Körper wie Menschen. Sie werden daher nie alle Erfahrungen mit uns Menschen teilen können: Sie müssen nicht essen und trinken, schlafen und träumen, sie wachsen nicht und bekommen keine Kinder. Und sie kennen den Sturm der Gefühle nicht, der Menschen ergreifen kann, wenn sie sich zum Beispiel verlieben.

Daher sei die Vorhersage gewagt: Selbst wenn Maschinen Emotionen aus Gestik und Mimik lesen und wenn sie so tun, als ob sie Gefühle hätten, dann werden es keine echten Gefühle sein, sondern immer nur Kopien menschlichen Verhaltens.

Aus all diesen Gründen gehört eine Superintelligenz, die uns Menschen auf allen Gebieten übertrifft, wohl eher in den Bereich der Science-Fiction als zu den realen Gefahren.

Quelle: Holger Volland: Die kreative Macht der Maschinen, Beltz Weinheim 07.02.2018

Aufgabe 11

Entscheide, ob die Aussagen richtig oder falsch sind. Kreuze an. Beziehe dich auf Text 4. 2 P.

Diese Aussage ist …	**richtig.**	**falsch.**
In der Zukunft werden Roboter und KI immer mehr Aufgaben übernehmen.		
Das, was ich im Internet lese oder anschaue, hat keinen Einfluss darauf, was mir zukünftig vorgeschlagen wird.		
Die KI lernt so zu sprechen, wie wir Menschen dieses tun.		
Wir werden zukünftig noch mehr Entscheidungen selbst treffen.		

Aufgabe 12

Text 4 lässt sich anhand von Schlüsselwörtern zusammenfassen. Finde zu jedem Schlüsselwort die passende Textstelle. Notiere nur die Zeilenangaben. 3 P.

Schlüsselwort	**Zeilenangabe**
Bequemlichkeit	
Hoffnung	
Emotionslosigkeit	
Furcht	
Manipulation	
Grenzen	

Text 5

Romanausschnitt

Elli, die Hauptfigur des Buches „LifeHack“, unterhält sich mit ihrem Vater über Androiden:

„Wir Menschen haben sie geschaffen, damit sie uns helfen.“ Dad lehnte sich zurück und schob seine Hemdsärmel hoch, als würde er sich für ein hartes Stück Arbeit bereit machen.

„Helfen sie uns denn? […] Ich meine: Programme, die unser Leben organisieren, okay. Klar, das ist nützlich. Aber wozu brauchen wir das?“ Ich deutete auf Jessy [eine Service-Androidin*], die gerade dem Kind eines Kunden einen Lolli schenkte.

„Keiner wollte mehr den Müll wegräumen. Niemand hatte Lust auf Schichtdienst in den Fertigungsstraßen, jeden Tag schwere Sachen buckeln, mit lebensgefährlichen Dingen hantieren … Deshalb sind sie da. Wir haben sie auf die Welt gebracht.“

„Aber sie sehen viel zu menschlich aus. Außerdem haben sie keine Seele. Sie leben nicht. Es sind Maschinen und genau so sollten sie behandelt werden. Keiner hat was gegen Putzroboter. Aber diese Androiden – Dad, das ist gruselig. Warum muss mir ein Robo, der einem Menschen zum Verwechseln ähnlich sieht, Milchshakes verkaufen?“ […]

* ein Roboter, der einem Menschen ähnlich sieht und sich menschlich verhält

Quelle: June Perry: LifeHack. Dein Leben gehört mir, Arena 23.09.2019, S. 72

Aufgabe 13

2 P. Formuliere eine passende Antwort des Vaters auf Ellis Frage, warum Androiden dem Menschen sehr ähnlich sein sollen.

Wahlteil A – Argumentierender Brief

Stell dir vor, wir haben das Jahr 2050. 8 P.
Die Menschen leben ganz selbstverständlich umgeben von Androiden und allerhand Geräten mit künstlicher Intelligenz.

a) Erstelle eine stichwortartige Ideensammlung über einen realistischen Tagesablauf (Tabelle), in dem künstliche Intelligenz eine wichtige Rolle spielen könnte. Du kannst dich auf die Texte beziehen oder eigene Ideen einbringen. Es können positive oder auch negative Erfahrungen im Laufe des Tages gesammelt werden.

b) Verfasse einen Tagebucheintrag, in dem du deinen Tag mit künstlicher Intelligenz schilderst. Tipp: Beachte, dass Tagebucheinträge einzelne Situationen anschaulich beschreiben und sie mit Gefühlen und Gedanken verknüpfen.

Uhrzeit	Leben mit künstlicher Intelligenz
6 Uhr	*Handywecker klingelt, Lieblings-Song ertönt, Handy mit Gesichtserkennung entsperrt, Wetterbericht mit Kleidungsempfehlung und dem Mode-Trend des Tages erscheint, aus dem intelligenten Kleiderschrank fahren zwei Outfit-Vorschläge heraus, der Service-Androide betritt das Zimmer*

Wahlteil B – Tagebucheintrag

8 P. Folgende Meldung erscheint in den Nachrichten:

> „In mehreren Städten des Landes ist es zu Ausschreitungen gekommen", meldete der Nachrichtensprecher. „Die sogenannte Human Life Defense* stürmt Einkaufszentren. Sie machen Jagd auf jegliche Art von Robotern und KIs. Androiden aus Bürogebäuden genauso wie Service- und Verkaufs-Androiden fallen den Extremisten zum Opfer." Der Angriff der Human Life Defense ging offenbar durch die Medien. Und die Leute fanden es gut. Sie schlossen sich zu Gruppen zusammen und marschierten ebenfalls Richtung Innenstadt. Ihre Wut und Entschlossenheit knisterten regelrecht in der Luft.

* sinngemäß: Verteidiger des menschlichen Lebens

Quelle: June Perry: LifeHack. Dein Leben gehört mir, Arena 23.09.2019, S. 298/316

Verfasse einen Brief an den Vorsitzenden der „Human Life Defense" Martin Parker.

Schreibplan:
- **Anlass des Briefes:** Worum geht es? Zu welchem Thema beziehe ich Stellung?
- **Darlegung** des eigenen Standpunkts: Was denke oder befürchte ich nach der Nachricht?
- **Begründung** des eigenen Standpunkts durch Argumente
  - zwei Argumente für die Abschaffung der KI
  - zwei Argumente für den Einsatz im realen Leben
- **Schlussfolgerung:** Welche Meinung vertrete ich nach Darstellung der unterschiedlichen Argumente? Welche Forderung oder welchen Vorschlag habe ich an die Gegner der KI?

Wichtig! Zähle alle Wörter in folgenden Aufgaben:

Aufgabe	3	5	6	9	10	13	Wahlteil
Wörter							

Gesamtzahl der Wörter: ______________

Abschlussprüfung an Hauptschulen in Niedersachsen
Deutsch 2021 – Klasse 9

Hauptteil 1 (Hörverstehen)

Hinweis: Die Prüfung beginnt mit dem Aufgabenteil zum Hörverstehen. Der **Hörtext (siehe Lösungsband)** wird von deiner Lehrerin/deinem Lehrer zweimal vorgelesen. Während des zweiten Anhörens darfst du dir Notizen machen. Die Arbeitsblätter mit den Aufgaben erhältst du erst nach dem zweiten Vorlesen des Hörtextes.

Hier kannst du deine Notizen aufschreiben:

Aufgabe 1

2 P. Kreuze an, ob die Aussagen richtig oder falsch sind.

	richtig	falsch
In Japan wird man vom Arzt auf Rezept in den Wald geschickt.	☐	☐
Zum Waldbaden ist besondere Bekleidung erforderlich.	☐	☐
Die Wirksamkeit des Waldbadens ist noch nicht erforscht.	☐	☐
In Deutschland hat sich Waldbaden als Vorsorge für ältere Menschen durchgesetzt.	☐	☐

Aufgabe 2

2 P. Wähle aus den 5 Sinnen (Tasten, Riechen, Hören, Sehen und Schmecken) zwei aus. Ordne jeweils ein Beispiel aus dem Hörtext zu.

Sinn	Beispiel
__________	__________
__________	__________

Aufgabe 3

1 P. Erkläre den Begriff *Waldbaden* mit eigenen Worten.

____

____

Aufgabe 4

1 P. Welche Auswirkungen kann das Waldbaden auf den menschlichen Körper und die Seele haben? Nenne zwei Beispiele.

____

____

____

____

Hauptteil 2 (Basisteil)

Zielsetzung: In dieser Arbeit beschäftigst du dich mit unterschiedlichen Texten zum Thema „Wald und Aufforstung“. Am Ende verfasst du einen **appellativen** oder **informierenden Text**.

Material 1

Jean Giono: Der Mann, der Bäume pflanzte (1953)

1 Vor etwa vierzig Jahren unternahm ich eine lange Wanderung in einer einsamen Gegend der Alpenregion. Seit dem Morgen hatte ich kein Wasser mehr. Eine Quelle war da, aber völlig ausgetrocknet. Die wenigen von Wind und Wetter zerfressenen Häuser waren zwar angeordnet wie die belebten Dörfer, aber alles Leben war daraus verschwunden.

Ich traf einen Hirten, neben ihm lagen etwa dreißig Schafe. Er gab mir aus seiner Flasche zu trinken und führte mich zu seinem Haus. Er hieß[1] mich, die Suppe mit ihm zu teilen. Wir kamen bald überein, dass ich die Nacht hier verbringen würde.

Der Hirte holte einen kleinen Sack und verteilte einen Haufen Eicheln auf dem Tisch. Aufmerksam kontrollierte er sie und trennte die schlechten von den guten. Als er einen ansehnlichen Haufen auf der Seite der guten hatte, fing er an, sie zu zählen. Als er so hundert Eicheln vor sich hatte, hielt er inne und wir gingen schlafen.

Am nächsten Morgen tränkte er den Sack mit den ausgewählten Eicheln in einem Eimer Wasser. Er nahm einen langen Eisenstab mit. Am Ziel angelangt, bohrte er seinen Eisenstab in die Erde, versenkte eine Eichel und verschloss das Loch. So pflanzte er an dem Tag hundert Eichen mit größter Sorgfalt.

Der Mann erzählte, dass er nun seit drei Jahren Bäume in dieser Einöde pflanzte, bisher schon 100 000. Davon trieben etwa 20 000 aus. Er rechnete damit, die Hälfte davon durch Nagetiere oder durch Unvorhergesehenes zu verlieren. Das ergab, dass dort, wo vorher Wüste war, nun zehntausend Eichen wuchsen. Der Hirte hatte erkannt, dass das Land am Mangel von Bäumen zugrunde gehen würde, und gedachte, diesen Zustand zu ändern.

Im nächsten Jahr begann der Krieg und ich wurde als Soldat eingezogen. Nach Kriegsende sehnte ich mich nach frischer Luft. Planlos nahm ich wieder den Weg zu diesen Einöden auf. Das Land hatte sich nicht verändert. Allerdings bemerkte ich oberhalb des verlassenen Dorfes eine Art grauen Nebel, der die Anhöhe bedeckte wie ein Teppich. Ich dachte wieder an den Hirten, der Bäume pflanzte. Zehntausend Eichen brauchen wirklich viel Platz, sagte ich mir.

Die Eichen von damals waren nun zehn Jahre alt und größer als ich, ein beeindruckender Anblick. Ich war sprachlos. Bald traf ich auch den Hirten wieder und wir verbrachten den ganzen Tag miteinander in seinem Wald. Dieser war 11 km lang und an der breitesten Stelle 3 km weit. Ich stellte mir vor, dass das alles aus den Händen und der Seele dieses einen Mannes entstanden war. Er hatte seine Idee verfolgt und die Eichen, die sich, so weit man sehen konnte, ausgebreitet hatten, zeugten davon. Er zeigte mir auch bewundernswerte Birkenhaine. Die Birken wuchsen, zart und aufrecht wie junge Menschen, auf den Böden, die, wie er richtig vermutet hatte, Feuchtigkeit direkt unter dem Boden enthielten. Regelmäßig kehrte ich in die Berge zurück und sah, wie die Arbeit des Hirten das Land veränderte. Ich bemerkte rinnendes Wasser in Bachbetten, die seit Menschengedenken trocken gewesen waren. Auch der Wind verteilt Samen und darum erschienen mit dem Wasser nun auch Kopf- und Trauerweiden, Wiesen und neue Lebensfreude. An Stelle der trockenen Winde blies nun eine wohlriechende Brise.

Man hatte einen reichlich fließenden Brunnen gebaut, die Ruinen weggeräumt, die verfallenen Mauern eingerissen und Häuser neu gebaut. Rund um die frisch verputzten Häuser sah ich Blumen- und Gemüsegärten.

1 hier: anbieten

Auf dem Platz der Ruinen stehen jetzt schöne Bauernhöfe, die Lebensfreude und Behaglichkeit ausstrahlen. Die Quellen bringen wieder Wasser. Sie werden gespeist vom Regen und Schnee, der von den Wäldern zurückgehalten wird. Menschen von dort, wo der Boden teuer ist, haben sich niedergelassen und bringen Jugendfrische, Bewegungs- und Unternehmungslust mit. Zählt man die Eingewanderten zu der alten Bevölkerung dazu, verdanken mehr als zehntausend Personen ihr Glück dem Mann, der Bäume pflanzte.

Quelle: Giono, J.: Der Mann, der Bäume pflanzte. München: Carl Hanser, 2020. Gekürzt und bearbeitet.

Aufgabe 1

2 P. Stelle die passenden Fragen zu den vorgegebenen Antworten.

a) Die Handlung spielt in einer einsamen Alpenregion.

____

____

b) Der Erzähler trifft auf einen Hirten.

____

____

c) Er sortiert Eicheln, tränkt sie und pflanzt sie ein, damit wieder ein Wald entsteht.

____

____

d) Ein Wald ist entstanden, das Wasser fließt wieder, verlassene Dörfer sind wieder besiedelt. Alles grünt und blüht in der Gegend.

____

____

Aufgabe 2

2 P. Schreibe aus Material 1 die Sätze auf, die den folgenden Aussagen entsprechen.

Satz 1: *„Der Hirte ging davon aus, dass etwa 50 % der Eichen nicht wachsen werden."*

____

____

Zeile: __________

Satz 2: *„Der Hirte pflanzte Bäume, weil er erkannt hatte, dass das Land sonst keine Zukunft hat."*

____

____

Zeile: __________

Aufgabe 3

Die Bergregion verändert sich im Laufe der Geschichte. Beschreibe in ganzen Sätzen, wie sich die Alpenregion im Laufe der Geschichte verändert. 2 P.

Am Anfang der Geschichte …

Am Ende der Geschichte …

Aufgabe 4

Benenne die Erzählperspektive, in der der Autor seine Erzählung (Material 1) verfasst hat. 1 P.

Material 2

Felix Finkbeiner

Bild: © Victoria.Kolbert/ Wikimedia, CC BY-SA 4.0

Felix Finkbeiner war nicht einmal zehn Jahre alt, als er zum Klima-Aktivisten wurde.

Mit 23 Jahren ist er, der Gründer von „Plant for the Planet“[1], immer noch ein entschlossener Kämpfer gegen den Klimawandel. Er hält zahlreiche Vorträge – natürlich über Klima und Bäume.

Sein Ziel ist die globale Aufforstung[2], um den Klimawandel abzubremsen und zu stoppen.

Sein Publikum ist häufig zahlungskräftig und einflussreich. „Wir wollen alle davon überzeugen, Bäume zu pflanzen, oder dass sie ihr Unternehmen durch die Finanzierung von Aufforstung CO_2-neutral machen“, sagt Finkbeiner. Wälder filtern Staub und Schadstoffe aus der Luft, produzieren Sauerstoff und wirken ausgleichend auf das Klima. Zudem dienen Wälder der Erholung und bieten zahlreichen Pflanzen und Tieren Lebensraum.

Seit der Verleihung des Bundesverdienstkreuzes[3] im Jahr 2018 hören ihm die Menschen noch aufmerksamer zu.

„Plant for the Planet“ startete 2015 ein großes Aufforstungsprojekt in Mexiko. Auf einer zerstörten Waldfläche so groß wie 50 Fußballfelder pflanzen und pflegen 100 Mitarbeitende Bäume. Zwei Millionen Bäume sind für dieses Projekt geplant. Für jeden gespendeten Euro kann ein Baum gepflanzt werden.

Neben den Aufforstungen hat sich „Plant for the Planet“ zum Ziel gesetzt, durch Projekte Kinder und Jugendliche für die Klimarettung zu gewinnen und das Thema in die eigenen Familien und Schulen in der ganzen Welt zu tragen.

Seit Gründung von „Plant for the Planet“ wurden nach eigenen Angaben mehr als 18 000 Kinder-Botschafter aus über 30 Ländern der Erde gewonnen.

Als Neunjähriger stieß Felix Finkbeiner bei der Recherche für ein Schulreferat auf eine bekannte kenianische Umweltschützerin. Diese Frau wurde zu seinem großen Vorbild, denn ihr Engagement sorgte dafür, dass in Kenia bislang mehr als 30 Millionen Bäume gepflanzt wurden.

Zusammen mit Mitschülerinnen und Mitschülern pflanzte Felix 2007 ein Zierapfel-Bäumchen auf dem Schulhof. Die Aktion fand große Aufmerksamkeit in den regionalen Medien. Schnell entstand daraus ein Wettbewerb zwischen einzelnen Schulen.

Ein Jahr später waren 50 000 Bäume gepflanzt und die Pflanzaktion in der gesamten Bundesrepublik bekannt.

Nach weiteren zwei Jahren waren es schon eine Million Bäume. Finkbeiners Engagement für den Klimaschutz machte ihn so bekannt, dass er 2009 vor der UN-Vollversammlung[4] sprach.

In den Jahren danach reiste Felix durch die ganze Welt und führte Gespräche mit vielen Prominenten. Sie waren sehr beeindruckt von dem Schüler, der ihnen die Bedeutung von Bäumen für das Klima erklärte.

„Plant for the Planet“ hat heute 75 000 Mitglieder und plant den weltweiten Baumbestand von rund drei Billionen Bäumen um ein Drittel zu erweitern. Um Geld für Baumpflanzungen zu beschaffen, entwickelt Felix Finkbeiner kreative Ideen. Für das Projekt wurde eine Fairtrade[5]-Schokolade entwickelt, die von verschiedenen Supermärkten verkauft wird. Da sowohl Hersteller als auch Händler auf einen Gewinn verzichten, geht ein Teil des Verkaufserlöses an „Plant for the Planet“.

Bis heute ist Felix seinem Motto treu geblieben: „Stop talking, start planting!“[6]

Kinder und Jugendliche dieser Welt wollen nicht mehr warten, bis die Erwachsenen die anstehenden Herausforderungen anpacken. Sie wollen ihre Zukunft retten – Baum für Baum.

1 Plant for the Planet, übersetzt Pflanzen für die Welt

2 weltweites Pflanzen von Bäumen, Anlegen von Wäldern

3 Auszeichnung der Bundesrepublik Deutschland für besondere Verdienste

4 jährlich stattfindende Versammlung der Vereinten Nationen in New York

5 gerechter Handel

6 „Nicht reden, pflanzen!“

Quelle: Petra Apfel: Felix Finkbeiner will die Welt mit Bäumen pflastern – und so das Klima retten, FOCUS Online vom 02. 03. 2019, https://www.focus.de/perspektiven/mutmacher/1000-milliarden-baeume-als-ziel-felix-finkbeiner-will-die-welt-mit-baeumen-pflastern-und-so-das-klima-retten_id_10388413.html

Aufgabe 5

2 P.

Im Jahr …	Ereignis / Aktivität
2007	
2008	50 000 Bäume gepflanzt
2009	
2010	1 Mio. Bäume gepflanzt
2015	
2018	
2021	23 Jahre alt, Klima Aktivist

Aufgabe 6

Felix Finkbeiner wird als *Klima-Aktivist* bezeichnet. Erkläre mit eigenen Worten, was mit dem Begriff gemeint ist. 1 P.

Aufgabe 7

Entscheide, auf welche Personen die folgenden Aussagen zutreffen. Kreuze an. 3 P.

Trifft zu auf …	den Hirten	Felix Finkbeiner	beide
Er lebt in der Einsamkeit.	☐	☐	☐
Er will andere von seiner Idee überzeugen.	☐	☐	☐
Er pflanzt Bäume.	☐	☐	☐
Er setzt sich für die Umwelt ein.	☐	☐	☐
Er erreicht durch seine Arbeit, dass die Region wieder besiedelt wird.	☐	☐	☐
Er wurde für seine Aktionen ausgezeichnet.	☐	☐	☐

Aufgabe 8

2 P. Begründe, welcher der beiden Texte (Material 1 oder 2) dich mehr anspricht.

Aufgabe 9

2 P. Schreibe den folgenden Satz in korrekter Groß- und Kleinschreibung auf.

DAS SPIELEN DER KINDER IN DER NATUR FINDET WEGEN INTENSIVER MEDIENNUTZUNG KAUM NOCH STATT.

Wahlteil A – Appellativer Text

In den letzten Monaten hast du viel über den Klima-Aktivisten Felix Finkbeiner und seine Projekte zur Aufforstung gelesen und gehört. Du bist von seinem Engagement begeistert. Jetzt willst du etwas tun! Du möchtest die Schulleitung von der Einrichtung einer Umwelt-AG überzeugen, die auf dem freien Gelände hinter eurer Schule Bäume pflanzt und pflegt. Verfasse einen Brief an deine Schulleitung. 10 P.

Bild: © Plant-for-the-Planet Foundation

Beachte beim Verfassen deines Briefes Folgendes:

a) Gehe zu Beginn auf den Anlass des Schreibens ein.

b) Berichte ausführlich über die erfolgreiche Arbeit von Felix Finkbeiner.

c) Begründe mit zwei Argumenten, weshalb die AG eingerichtet werden soll. Beachte den Aufbau eines Arguments (Begründung, Beweis/Beispiel). Verwende alle dir zur Verfügung stehenden Materialien.

d) Beende deinen Brief mit einem Appell, der dein Anliegen unterstreicht.

e) Beachte die Briefform.

Zähle alle Wörter.

Aufgabe	1	2	3	4	5	6	8	Wahlteil
Wörter								

Wörter insgesamt: ______________

Wahlteil B – Informierender Text

10 P.

Deine Schule veranstaltet einen Projekttag unter dem Motto: „Wir können die Gestaltung unserer Zukunft nicht den ANDEREN überlassen“.
Du schließt dich der Literaturgruppe an. Hier möchtest du die Erzählung „Der Mann, der Bäume pflanzte“ vorstellen und zeigen, dass sich das Motto in der Geschichte wiederfindet. Du schreibst einen Beitrag für die Homepage deiner Schule.

Bild: Jean Giono, Quint Buchholz, Der Mann, der Bäume pflanzte © Carl Hanser Verlag, München

Beachte bei der schriftlichen Ausarbeitung deines Beitrages Folgendes:

a) Erkläre in der Einleitung die Bedeutung des Mottos des Projekttages.

b) Fasse den Inhalt der Erzählung (Material 1) zusammen. Beachte dabei den formalen Aufbau einer Inhaltsangabe.

c) Stelle im Schlussteil der Inhaltsangabe dar, wie der Hirte das Motto verwirklicht. Begründe mit Hilfe des Textes.

d) Setze dich abschließend damit auseinander, ob du dir das Motto des Projekttages für dein eigenes Leben vorstellen kannst.

e) Achte auf die sprachlichen Verknüpfungen der einzelnen Textteile.

Zähle alle Wörter.

Aufgabe	1	2	3	4	5	6	8	Wahlteil
Wörter								

Wörter insgesamt: ______________

Abschlussprüfung an Hauptschulen in Niedersachsen
Deutsch 2021 – Klasse 10

Hauptteil 1 (Hörverstehen)

Hinweis: Die Prüfung beginnt mit dem Aufgabenteil zum Hörverstehen. Der **Hörtext** (**siehe Lösungsband**) wird dir dazu zweimal vorgespielt. Während des zweiten Anhörens darfst du dir Notizen machen. Die Arbeitsblätter mit den Aufgaben erhältst du erst nach dem zweiten Abspielen des Hörtextes.

Hier kannst du deine Notizen aufschreiben:

Aufgabe 1

1 P. Schreibe in einem Satz auf, wovon der Hörbeitrag handelt.

____

____

____

____

Aufgabe 2

1 P. Im Hörbeitrag wird vom Goldenen Zeitalter der Piraterie gesprochen. Wann war dieses?

____

____

____

____

Aufgabe 3

2 P. Ergänze den Lückentext. Nutze den Wortspeicher.

Wortspeicher:
Handelsschiff Vorstellung unterging strandeten schrieb Insel Hände Piraten Erlebnisse Daniel Collins

Im Hörbeitrag erzählt ______________________, dass er auf dem ______________________ „Betsy“ unterwegs war, welches ______________________. Einige Besatzungsmitglieder konnten sich retten und ______________________ auf einer ______________________. Dort gelangten sie in die ______________________ von ______________________.

Der Erzähler konnte von dort entkommen und ______________________ seine ______________________ später auf. Sie trugen zu unserer heutigen ______________________ von Piraten bei.

Aufgabe 4

Im Hörbeitrag werden den Piraten gegensätzliche Eigenschaften zugeschrieben. Kreuze die genannten an. 1 P.

Einerseits	Andererseits
☐ blutig, gemein und geizig	☐ großzügiger und mutiger Lebemann mit Freiheitsdrang
☐ gierig, verschlagen, grausam und böse	☐ romantischer Freiheitssucher und Gentleman-Abenteurer mit Herz aus Gold

Aufgabe 5

Erkläre mit dem Wissen aus dem Hörtext, was Kaperbriefe waren. 1 P.

____

____

____

____

Hauptteil 2 (Basisteil)

Zielsetzung: Du beschäftigst dich mit Texten zum Thema „Piraterie“ und schreibst am Ende eine **informierende E-Mail** oder eine **Figuren-Charakteristik**.

Text 1

Störtebeker

Klaus Störtebeker war – bevor er Seeräuber wurde – ein Adeliger. In seinen jungen Jahren hatte er wild gelebt und in Hamburg mit seinen Freunden kräftig gefeiert, bis er all sein Geld verspielt hatte. Die Hamburger nahmen ihm sein ritterliches Gewand und seine Waffen ab und verwiesen ihn der Stadt.

Dann wurde Störtebeker Seeräuber. Das Oberhaupt der Seeräuber aber war Godeke Michels. Der prüfte zunächst Störtebekers Kraft. Dieser konnte eine eiserne Kette zerreißen und einen riesigen Becher Bier in einem Zug leeren. Beeindruckt rief der Hauptmann: „Du sollst von nun an Störtebeker heißen!“ Es bedeutete so viel wie „stürz den Becher“. So gab ihm Godeke Michels gleich ein Schiff und teilte den Oberbefehl mit ihm.

Sie griffen Handelsschiffe reicher Hamburger Kaufleute an, plünderten sie aus und holten satte Beute nach Hause, auch Gold und Silber. Sie teilten ihre Beute untereinander und gaben auch den Armen reichlich davon ab. So wurden sie die meistgefürchteten Seeräuber der Ost- und Nordsee.

Die Hamburger Kaufleute wollten sich dies nicht gefallen lassen. Sie schlossen sich zusammen und machten Jagd auf die Seeräuber. Sie spürten sie bei Helgoland auf. Gegen Abend näherte sich die hamburgische Flotte[1] den Seeräubern und am Morgen begann der Kampf. Die Schiffe gingen brausend durch die wilde See. Drei Tage und drei Nächte dauerte der Kampf.

Störtebeker und seine Kameraden wehrten sich tapfer, doch schlussendlich gewannen die Hamburger und nahmen Störtebeker und mit ihm noch 71 Seeräuber gefangen. Langsam fuhren die Schiffe die Elbe aufwärts. Als sie im Hafen zu Hamburg anlegten, kam viel Volk herbeigeeilt; jeder wollte den gefürchteten Störtebeker sehen. Im langen Zuge wurden die gefesselten Räuber durch die Straßen geleitet und in einen Kerker gebracht. Klaus Störtebeker saß gefangen in dem Keller des alten Hamburger Rathauses, der daraufhin den Namen „Störtebekers Loch“ erhielt.

Bald schon sollte er auf dem Grasbrook[2], einem Hinrichtungsplatz bei Hamburg, geköpft werden. Als ihm das Todesurteil verkündet wurde, trug Störtebeker eine letzte Bitte vor: Alle seine Männer in einer Reihe, an denen er mit abgeschlagenem Kopf vorbeigehen könne, sollten freie Männer sein.

Störtebeker wurde enthauptet. Mit aufrechtem Gang schritt der kopflose, blutige Körper an elf Männern vorbei. Doch dann stellte ihm der Henker ein Bein und Störtebekers Körper stürzte zu Boden. Die übrigen 60 Piraten wurden hingerichtet – nur die elf überleben.

Quelle: Otto Mensing: Störtebeker, © 2007 Carl Hanser Verlag GmbH & Co. KG, München

1 Flotte: mehrere Schiffe

2 Grasbrook befindet sich auf dem Gebiet der heutigen HafenCity in Hamburg

Aufgabe 1

Bringe die in Text 1 geschilderten Ereignisse in die korrekte Reihenfolge, indem du Zahlen von 2 bis 7 in die Kästchen schreibst. 2 P.

Sinngemäße Aussage	Abschnitt Nummer
Er trifft Godeke Michels und beeindruckt ihn durch Kraft und Trinkfestigkeit.	
Die Seeräuber machen auf der Ost- und Nordsee reiche Beute.	
Der Henker lässt Störtebeker stolpern und die anderen 60 Kameraden werden hingerichtet.	
Störtebeker wird hingerichtet und läuft kopflos an 11 Männern vorbei, die dadurch verschont werden.	
Reicher Edelmann verliert Hab und Gut beim Feiern in Hamburg.	1
Die Hamburger Kaufleute schließen sich zusammen und nehmen die Seeräuber vor Helgoland gefangen.	
Er erhält den Namen Störtebeker und erhält eine wichtige Stellung auf dem Seeräuberschiff.	

Aufgabe 2

In Text 1 findest du einige Denkblasen (A bis F). Vermute, was Störtebeker an diesen Stellen gedacht haben könnte. Verwende eigene Ideen und formuliere aus der Ich-Perspektive. Schreibe in ganzen Sätzen. 3 P.

E

F

Aufgabe 3

2 P. Ergänze die Tabelle.

a) Wähle eine Charaktereigenschaft aus dem Wortspeicher aus.
b) Erkläre die Charaktereigenschaft in eigenen Worten in ganzen Sätzen.
c) Belege die Charaktereigenschaft mit einem Zitat aus dem Text.

a) Charaktereigenschaft	b) Erklärung	c) Textbeleg als Zitat mit Zeilenangabe

Wortspeicher:
melancholisch loyal aufopfernd großzügig mutig ausdauernd gesellig berühmt ängstlich verantwortungsbewusst wohltätig führungsstark verliebt hinterhältig feierfreudig stark naiv

Aufgabe 4

1 P. a) Kreuze an, welches sprachliche Mittel im folgenden Satz verwendet wird.
„Die Schiffe gingen brausend durch die wilde See.“ (Z. 19 f.)

- ☐ Symbol
- ☐ Personifikation
- ☐ Alliteration

b) Übersetze den Satz in die heutige Sprache.

Text 2

Faszination Piratenfigur

Freibeuter, Kaperfahrer, Abenteurer der Meere – Piraten waren in unserer Vorstellung immer schon etwas anderes als dahergelaufene Kriminelle auf schwankenden Planken mit einem Hang zu nachlässigen Kleidungs- und Körperpflege-Gewohnheiten. Das war schon bei dem legendären Klaus Störtebeker so. Auf solchen Vorstellungen dürfte heutzutage der Erfolg von Jack Sparrow und den Piraten der Karibik beruhen.

Den Film „Fluch der Karibik" haben knapp 2,4 Millionen Zuschauer in den ersten zwei Wochen im Kino gesehen, was eindrucksvoll belegt, dass ein vermeintlich verstaubtes Thema nach wie vor Massen zu faszinieren vermag: das Piraten-Abenteuer. Schwingende Säbel, Kopftücher, Totenkopfflaggen, das tosende, dunkle Meer, heftige Schlachten, das gespenstische Schiff, der vergrabene Schatz auf der einsamen Insel: all diese altvertrauten Bilder üben noch immer einen magischen Reiz auf das Publikum aus.

Der Pirat, den die Literatur und das Kino so feiert, ist eine Figur, die wir positiv betrachten und idealisieren. Dabei ist er ja eigentlich nichts anderes als ein Verbrecher, der seinen *„Mitmenschen nur Furcht und Leid"* zufügte, und die *„Geschichte der Piraterie ist eine endlose Kette von Greuel- und Mordtaten, von Raub und Plünderung, Elend und Verzweiflung, aber auch von blutiger Verfolgung und gnadenloser Bestrafung"*. Darauf weist Robert Bohn hin, Professor für Mittlere und Neuere Geschichte an der Universität Freiburg.

Die in den Abenteuer- und Gruselgeschichten *„stark überwiegende Abwesenheit von Arbeit"* und die *„Momente eines ungebundenen, freien Lebens"* machen die Darstellung der Piraten für uns so anziehend. Die Piraten werden damit zur *„Gegenfigur des Arbeiters und erst recht des Spießers"*.

Je mehr sich Menschen eingezwängt fühlen von Regeln, Verträgen, Alltagsmaschinerien, desto mehr könnte der Pirat als Wunschbild unerfüllter Sehnsüchte gelten: Er ist an kein Gesetz gebunden, er wird reich, ohne allzu viel dafür arbeiten zu müssen. Und weil er morgen schon tot sein kann, genießt der Seeräuber noch heute das Leben in vollen Zügen, Tag für Tag, Nacht für Nacht.

Quelle: eigener Text nach: www.faz.net und www.derwesten.de (29. 09. 2020)

Aufgabe 5

Notiere die Wortbedeutung folgender Begriffe mit Hilfe des Textes 2 oder eines Wörterbuches. 1 P.

vermeintlich (Z. 7): ______________________

____

idealisieren (Z. 13): ______________________

____

Aufgabe 6

a) In Text 2 kommen zwei Sätze vor, die den Konjunktiv enthalten. Zitiere einen dieser Sätze. 1 P.

____

____

____

b) In den Zeilen 8 bis 11 findest du mehrere Kommas. Notiere die Kommaregel, die hier angewendet wird.

___

___

___

Aufgabe 7

3 P. In **Text 2** werden einige Aussagen über Piraten getroffen, die unserer Vorstellung entspringen, und einige, die eher den Tatsachen entsprechen. Untersuche, ob diese Merkmale auf Klaus Störtebeker zutreffen, indem du in die Tabelle Zitate aus **Text 1** einträgst. **Achtung: Eine Aussage passt nicht!**

Aussagen über Piraten aus Text 2	… zu finden bei Störtebeker (Zitat aus Text 1)
genießt das Leben in vollen Zügen	
Raub und Plünderung	
gnadenlose Bestrafung	
reich	
heftige Schlachten	
nachlässige Kleidungs-Gewohnheiten	

Aufgabe 8

2 P. Kann man Störtebeker als „Held“ bezeichnen?
Nutze die Texte 1 und 2, um eine begründete Antwort zu formulieren.

Begründung: Störtebeker ist ein Held.	Begründung: Störtebeker ist kein Held.

Text 3

Piraterie heute

Beim Wort „Piraten“ denken wir normalerweise an Abenteuerromane wie „Die Schatzinsel“ oder Filme wie „Fluch der Karibik“. Kaum vorstellbar ist es, dass es heute immer noch Piraten gibt, doch mit den romantischen Abenteuerhelden haben die Seeräuber von heute nichts gemeinsam. Die heutigen Piraten sind natürlich ganz anders ausgerüstet als die Piraten vor 300 Jahren. Sie fahren mit kleinen schnellen Motorbooten und sind bis an die Zähne bewaffnet. Sie nutzen den Überraschungsmoment und verschwinden mit ihrer Beute und den Geiseln genauso schnell wieder, wie sie gekommen sind.

In den letzten Jahren ist die Anzahl der Piratenüberfälle weltweit wieder stark gestiegen. Die Piraterie heute ist vor allem in Südostasien verbreitet. Aber auch vor der Küste Afrikas, in der Karibik und im südchinesischen Meer kommt es immer wieder zu Überfällen durch Piraten.

Die modernen Seeräuber verstehen sich als „Rächer der einfachen Leute“, erklärt Patricia Schneider von der Universität Hamburg. Sie greifen Handelsschiffe rund ums Horn von Afrika an und erpressen Lösegeld von den Reedereien.

Als Rechtfertigung für ihre Beutezüge nennen sie die illegale Fischerei europäischer und asiatischer Fischfang-Flotten. So inszenieren sich die Piraten als Beschützer der heimischen Fischer, die aufgrund ausgebeuteter Fanggründe ihre Lebensgrundlage verlieren. Diese Robin-Hood-Erzählung entspricht jedoch nicht immer der Realität, denn die erbeuteten Gewinne kommen nur selten den lokalen Fischern zugute, sondern fließen oft in den Drogenhandel und das organisierte Verbrechen.

Da die dortigen Regierungen häufig über keine Marine verfügen, um gegen Piraten vorzugehen, haben sie ihre Gewässer für ausländische Marineschiffe freigegeben. Seit einigen Jahren schützt etwa die NATO Schiffskonvois des Welternährungsprogramms und schickt Kriegsschiffe, um die Frachter in die Häfen zu begleiten.

Quelle: eigener Text nach: Tagesspiegel, Was ist was, Tagesschau, kidsweb (13. 11. 2020)

Aufgabe 9

Text 3 lässt sich anhand von Schlüsselwörtern zusammenfassen. 2 P.
Finde zu jedem Schlüsselwort die passsende Textstelle.
Notiere nur die Zeilenangaben.

Schlüsselwort	Zeilenangabe
Abenteuerhelden	
Piratenüberfälle	
Lösegeld / Erpressung	
Robin-Hood-Erzählung	
Kriegsschiffe	21–24

Aufgabe 10

2 P. Entscheide, ob die Aussagen richtig oder falsch sind. Kreuze an. Beziehe dich auf Text 3.

Diese Aussage ist …	richtig.	falsch.
Die heutigen Piraten inszenieren sich als Beschützer der ausgebeuteten Fischer.	☐	☐
Die erbeuteten Gewinne kommen den lokalen Fischern zugute.	☐	☐
Die Regierungen vor Ort verfügen über eine schlagkräftige Marine.	☐	☐
In den letzten Jahren ist die Anzahl der Piratenüberfälle weltweit stark gestiegen.	☐	☐

Aufgabe 11

1 P. **Piraterie weltweit**

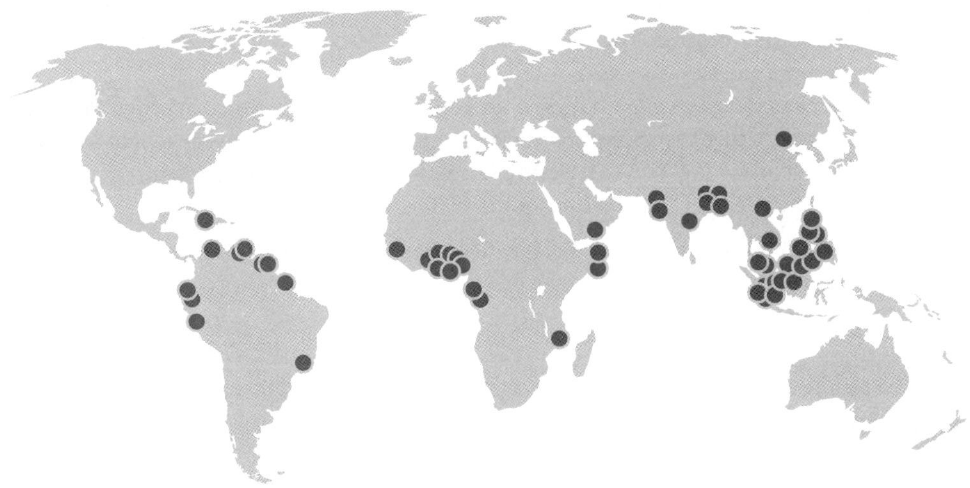

Zu den gefährlichsten Regionen gehörten 2018 Südostasien und Westafrika.

Bild: eigene Darstellung nach: ICC Commercial Crime Services

In der Abbildung „______________________________“ ist eine ______________________________ dargestellt.

Daraus geht hervor, dass ______________________________

____

____

____

Wahlteil A – Informierende E-Mail

8 P.

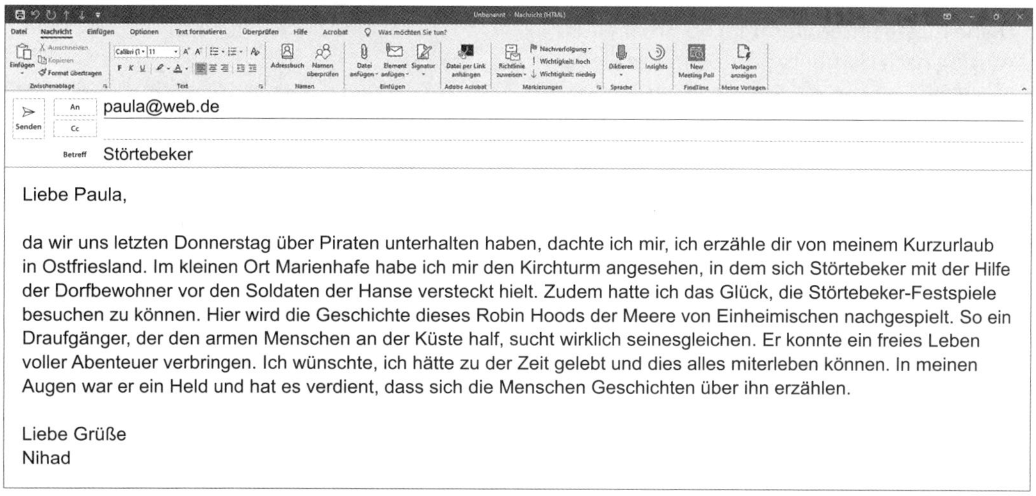
An: paula@web.de

Betreff: Störtebeker

Liebe Paula,

da wir uns letzten Donnerstag über Piraten unterhalten haben, dachte ich mir, ich erzähle dir von meinem Kurzurlaub in Ostfriesland. Im kleinen Ort Marienhafe habe ich mir den Kirchturm angesehen, in dem sich Störtebeker mit der Hilfe der Dorfbewohner vor den Soldaten der Hanse versteckt hielt. Zudem hatte ich das Glück, die Störtebeker-Festspiele besuchen zu können. Hier wird die Geschichte dieses Robin Hoods der Meere von Einheimischen nachgespielt. So ein Draufgänger, der den armen Menschen an der Küste half, sucht wirklich seinesgleichen. Er konnte ein freies Leben voller Abenteuer verbringen. Ich wünschte, ich hätte zu der Zeit gelebt und dies alles miterleben können. In meinen Augen war er ein Held und hat es verdient, dass sich die Menschen Geschichten über ihn erzählen.

Liebe Grüße
Nihad

Du hast von einem Freund diese Mail bekommen. Kurz vor dieser Nachricht hat dein Lehrer im Politikunterricht mit deiner Klasse über Angriffe auf Handelsschiffe vor der Küste Afrikas gesprochen.
Die Sicht deines Freundes auf das Leben der Freibeuter findest du nicht passend und viel zu einseitig.

Verfasse eine Antwort auf diese E-Mail. Nutze die Texte 1, 2 und 3 als Grundlage für deine Antwort.

Schreibplan:

- Erkläre einleitend: Auf was beziehst du dich? Führe kurz in die Thematik ein und schreibe auch, was du kritisch siehst.
- Erkläre, weshalb die Sichtweise deines Freundes zu einseitig ist. Beleuchte dabei **beide** möglichen Sichtweisen ausführlich. Verwende dabei für beide Positionen Beispiele.
- Fasse zum Schluss kurz die wichtigsten Punkte zusammen und stelle dar, zu welchem Ergebnis du kommst.

Wichtig! Zähle alle Wörter in folgenden Aufgaben:

Aufgabe	2	3	4 b	6 a	7	8	11	Wahlteil
Wörter								

Gesamtzahl der Wörter: ____________

Wahlteil B – Figuren-Charakteristik

8 P. Deine Klasse unternimmt im Sommer einen Ausflug nach Hamburg. Vor den verschiedenen Wahrzeichen der Stadt hält jeder von euch einen Vortrag und erklärt so den anderen die Sehenswürdigkeit.

Du hast dich entschieden, vor dem Denkmal in der HafenCity deinen Mitschülern über den sagenhaften Piraten Störtebeker zu berichten.

Als Grundlage schreibst du einen Text, der den berühmten Piraten charakterisiert.

Störtebeker-Denkmal in der HafenCity

Schreibplan:

Stelle einleitend dar,

- wo ihr euch befindet,
- wen du vorstellst,
- was die Menschen an Piraten heutzutage noch immer fasziniert.

Erläutere im Hauptteil …

- die verschiedenen Stationen in Störtebekers Leben und seine Entwicklung.
- vier Charaktereigenschaften Störtebekers. Begründe und belege deine Aussagen mit Zitaten.
- die beiden Möglichkeiten, ob Störtebeker als Held gefeiert werden sollte oder nicht.

Schließe deinen Text mit einem Gesamteindruck, der deine Meinung beinhaltet.

Wichtig! Zähle alle Wörter in folgenden Aufgaben:

Aufgabe	2	3	4 b	6 a	7	8	11	Wahlteil
Wörter								

Gesamtzahl der Wörter: ______________

Abschlussprüfung an Hauptschulen in Niedersachsen
Deutsch 2022

Um dir die Prüfung 2022 schnellstmöglich zur Verfügung stellen zu können, bringen wir sie in digitaler Form heraus.

Sobald die Original-Prüfungsaufgaben 2022 zur Veröffentlichung freigegeben sind, können sie als PDF auf der Online-Plattform *MyStark* heruntergeladen werden (Zugangscode vgl. Farbseiten vorne im Buch).

Prüfung 2022

www.stark-verlag.de/mystark

Bildnachweis

S. 3: © javier brosch/Fotolia.com
S. 4: © pojoslaw/Fotolia.com
S. 6: © Okea/Fotolia.com (oben); © Davide Guglielmo/www.sxc.hu (unten)
S. 8: © Joachim B. Albers/Fotolia.com (links oben); © Michael Flippo/Fotolia.com (links unten); © picture-alliance/dpa (rechts)
S. 11: © goodluz/123rf.com (links, Mitte); © goodluz/Shutterstock.com (rechts)
S. 12: © Gemenacom/Dreamstime.com
S. 13: © www.sxc.hu
S. 15: © Cressie Wright/Dreamstime.com
S. 19: © rdnzl/Fotolia.com
S. 20, S. 23: © Volodymyrkrasyuk/Dreamstime.com
S. 21: © picsxl/Fotolia.com
S. 22: © gradt/Fotolia.com (links oben); © chenier/Fotolia.com (links unten); © fuxart/Fotolia.com (rechts)
S. 26: © Ambience/Dreamstime.com
S. 27: © Max Topchii/Fotolia.com
S. 28: © Edyta Pawlowska/Fotolia.com (links); © Klaus Eppele/Fotolia.com (rechts)
S. 30: © Berc/Dreamstime.com
S. 33: © Marek Kosmal/Fotolia.com
S. 35: © E.O./Fotolia.com
S. 36: © Haina Hessen/Visipix.com
S. 37: © Thomas Perkins/Dreamstime.com
S. 38: © Vladimir Voronin/Fotolia.com
S. 41: © Christi Tolbert/Dreamstime.com
S. 42: © Birgit Reitz-hofmann/Dreamstime.com
S. 44: © Nik/Fotolia.com
S. 45: © diez-artwork/Fotolia.com
S. 46: © Bombaert Patrick/Fotolia.com
S. 47: © Milos Tasic/Dreamstime.com
S. 48: © Steven Francis/Dreamstime.com
S. 50: © Emilia Stasiak/Dreamstime.com
S. 51: © olly/Fotolia.com
S. 53: © freshidea/Fotolia.com
S. 54: © Givaga/Fotolia.com
S. 57: © Pelikan Vertriebsgesellschaft mbH & Co. KG Hannover
S. 58: © fotodesign – jegg/Fotolia.com
S. 63: © mangostock/Fotolia.com
S. 65: © Franz Pfluegl/Fotolia.com (oben); © Barbara Winzer/Fotolia.com (unten)
S. 68: © Nam Fook Voon/Dreamstime.com
S. 70: © Light Impression/Fotolia.com
S. 71: © Byelikova Oksana/Fotolia.com
S. 72: © olly/Fotolia.com
S. 74: © Alexander Trinitatov/Fotolia.com
S. 75: © godfer/Fotolia.com
S. 76: © Noam Armonn/Dreamstime.com
S. 77: © duncan 1890/iStockphoto.com
S. 78: © contrastwerkstatt/Fotolia.com
S. 79: © Aktion Tagwerk e.V.; www.action-tagwerk.de
S. 81: © Dmitry Rukhlenko/Fotolia.com
S. 83: © Alexander Raths/Fotolia.com

S. 85: © Coprid/Shutterstock.com (oben); © Peter Zijlstra/123rf.com (Mitte); © Eric Isselee/Shutterstock.com (unten)
S. 86: © allstars/Shutterstock.com
S. 87: © Statista.com; Marktwächter Finanzen – Verbraucherzentrale Sachsen/Forsa
S. 89: © Helmut Niklas/Fotolia.com
S. 91: © Yuri Arcurs/Fotolia.com (links); © detailblick/Fotolia.com (rechts)
S. 92: © Stefano Neri/Fotolia.com
S. 93: © Monkey Business Images/Dreamstime.com
S. 94: © Kurt Tutschek/Dreamstime.com
S. 96: © Eric Isselée/Fotolia.com
S. 99: © Danny Elskamp/Fotolia.com
S. 101: © cosma/Fotolia.com
S. 102: © Creative images/Fotolia.com
S. 104: © Photomak/Dreamstime.com
S. 107: © svetlana67/Fotolia.com
S. 108: © Azaliya/Fotolia.com
S. 111: © tavi/Fotolia.com
S. 112: © lipowski/Fotolia.com
S. 114: © Simon Krzic/Dreamstime.com (links); © Alarich/Dreamstime.com (mittig); © Cristina Fumi/Fotolia.com (rechts)
S. 116: © bierchen/Fotolia.com (oben); © jivanshreela/Fotolia.com (unten)
S. 117: © Volker Stöckmann
S. 118: © Steve Young/Fotolia.com
S. 120: © Richard Villalon/Fotolia.com
S. 122: © Yvonne Wierink/Dreamstime.com
S. 124: © Dreamstime.com
S. 127: © maumau-design/Fotolia.com
S. 128: © Palaine/Dreamstime.com
S. 130: © Dan Race/Fotolia.com
S. 132: © Robert Kneschke/Fotolia.com
S. 133: © Rafa Irusta/Dreamstime.com
S. 134: © Alexander Yakovlev/Dreamstime.com
S. 135: © jagodka/Fotolia.com
S. 136: © Sasan Saidi
S. 137: © javier brosch/Fotolia.com
S. 138: © Jonas Glaubitz/Fotolia.com
S. 139: © bpstocks/Fotolia.com
S. 140: © by-studio/Fotolia.com
S. 141: © Maksym Yemelyanov/Fotolia.com

Nachweis für Audiodateien

Track 1: Hanns Hatt, Regine Dee: Je jünger, desto milchschnittiger, in: Das kleine Buch vom Riechen und Schmecken. Knaus Verlag: München 2012, S. 44–47, aus didaktischen Gründen stellenweise gekürzt und leicht geändert; Aufnahme: Redaktion, Sprecherin: Carolin Graml

Track 2: Thomas Graf, http://gesundheits-ratgeber.net/tipps/richtig-braeunen-ohne-gesundheitsschaden, aus didaktischen Gründen stellenweise gekürzt und leicht geändert; Aufnahme: Redaktion, Sprecherin: Carolin Graml

Track 3: Andreas Hain: Der SWR3-Bescheidwisser – Was ist Glück? 7. 2. 2013 © SWR3.online 2013

Track 4: Hartwig Tegeler: Das Navigationsgerät, SWR 2 – 99 Sekunden Wissen vom 27. 1. 2010 © SWR 2010

Track 5: © Ulla Rehbein, Tobias Aufmkolk, 08.01.2018, http://www.planet-wissen.de/geschichte/menschenrechte/kinderarbeit/pwiekinderarbeitineuropa100.html, gekürzt und geändert.

Track 6: Hamburger Hafenkonzert - Sagen und Märchen vom Meer, Jan Wulf, © NDR 90,3 2017, https://www.ndr.de/903/sendungen/hamburger_hafenkonzert/Maerchen-und-Sagen-von-der-See,audio703938.html, gekürzt.

Track 7: eigene Zusammenstellung nach: https://www.welt.de/wirtschaft/webwelt/article160308665/So-funktioniert-personalisierte-Werbung-im-Internet.html, 19.06.2014; Aufnahme: Redaktion, Sprecher: Andreas Karl

Track 8: © SWR2 Journal am Mittag: Von wegen Emoji oder SMS - nur der Liebesbrief hält ewig vom 10. 04. 2018

Track 9: Anne Thomas/Narin Lede: „Die Stolpersteine“: ein einzigartiges Denkmal, Deutsche Welle 17.05.2016, https://www.dw.com/de/die-stolpersteine-ein-einzigartiges-denkmal/a-19261313; Aufnahme: Redaktion, Sprecherin: Eva Adelseck

Track 10: © Piotr Heller: Der Verständnisvolle. Algorithmen im Alltag (11/12): https://www.deutschlandfunk.de/algorithmen-im-alltag-11-12-der-verstaendnisvolle.676.de.html?dram:article_id=446717

Track 11: eigener Text nach: „Manchmal brauchen wir ein Handtuch“. In: Alfelder Zeitung, 03. 08. 2020, S. 6, https://www.nabu.de/natur-und-landschaft/natur-erleben/natur-tipps/27790.html; Aufnahme: Redaktion, Sprecherin: Eva Adelseck

Track 12: © BR/Niklas Nau, in Lizenz der BRmedia Service GmbH

Track 13: siehe „Quellennachweis Audiodateien“ auf MyStark

Track 14: siehe „Quellennachweis Audiodateien“ auf MyStark

PRÜFUNGS-
ANGST

STOPP DIE PANIK

Mit der Fußsohlen-Methode

Prüfungen können Angst- und Fluchtsituationen sein. Dein Körper schüttet Adrenalin aus und dämpft das Gefühl in den Füßen. Z. B. beim Weglaufen ist es gut, wenn man die Füße nicht spürt. Eine Prüfung ist aber **keine Gefahrensituation**. Signalisiere deinem Körper, dass du nicht weglaufen musst, und bring das Gefühl in deine Füße zurück:

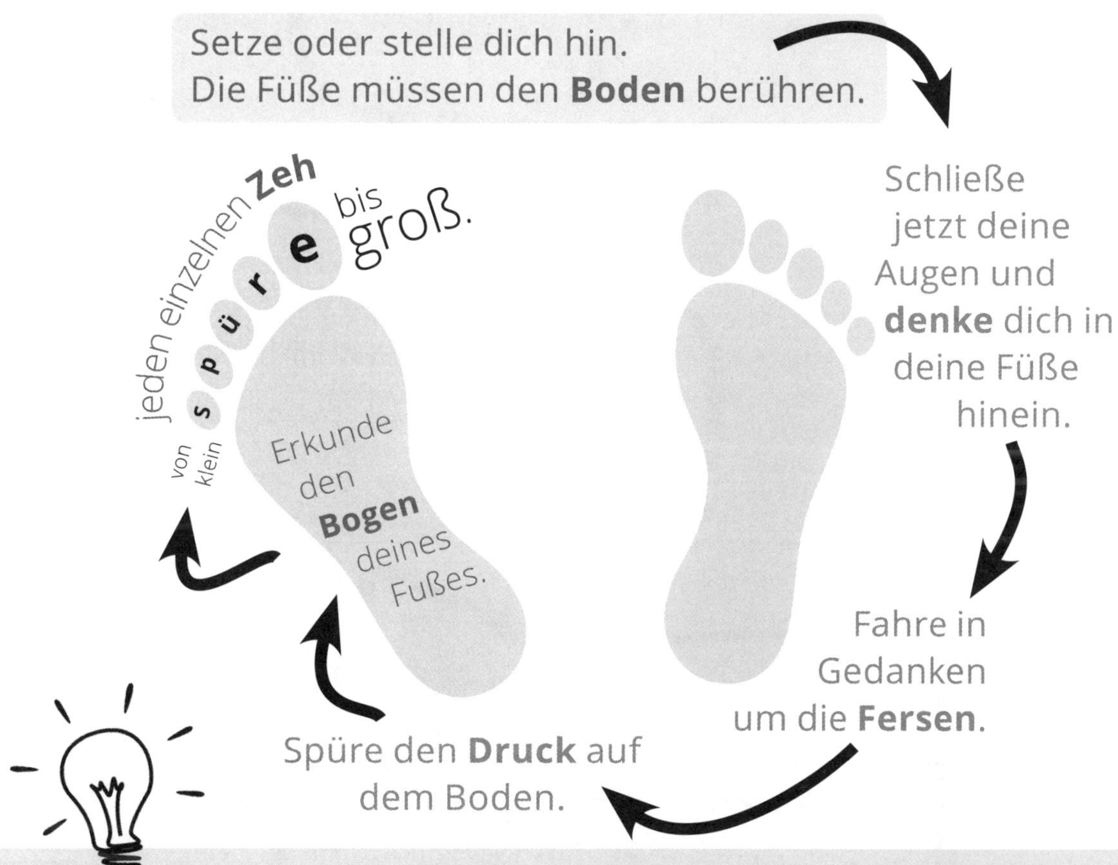

Dein Körper **fühlt** die Füße wieder und denkt, er sei in keiner Panik-Situation, sondern in **Sicherheit**.